本书受贵州财经大学引进人才科研启动项目"我国小农户融入现代农业体系的不同模式与实现机制研究"（2021YJ050）和贵州省高校人文社会科学研究基地项目"乡村振兴与贵州农业现代化研究"（23GZGXRWJD162）资助

小农户融入现代农业体系研究

基于"制度—组织—行为"的视角

徐灿琳 ○著

中国社会科学出版社

图书在版编目(CIP)数据

小农户融入现代农业体系研究：基于"制度—组织—行为"的视角 / 徐灿琳著. -- 北京：中国社会科学出版社，2024.5. -- ISBN 978-7-5227-3734-8

Ⅰ.F323

中国国家版本馆 CIP 数据核字第 20242EE962 号

出 版 人	赵剑英	
责任编辑	李斯佳	
责任校对	王　龙	
责任印制	戴　宽	

出　　版	中国社会科学出版社	
社　　址	北京鼓楼西大街甲 158 号	
邮　　编	100720	
网　　址	http://www.csspw.cn	
发 行 部	010-84083685	
门 市 部	010-84029450	
经　　销	新华书店及其他书店	
印　　刷	北京君升印刷有限公司	
装　　订	廊坊市广阳区广增装订厂	
版　　次	2024 年 5 月第 1 版	
印　　次	2024 年 5 月第 1 次印刷	
开　　本	710×1000　1/16	
印　　张	18.5	
插　　页	2	
字　　数	269 千字	
定　　价	99.00 元	

凡购买中国社会科学出版社图书，如有质量问题请与本社营销中心联系调换
电话：010-84083683
版权所有　侵权必究

前　言

始自20世纪70年代末的中国农村家庭承包经营改革，在坚持农村土地集体所有制的前提下赋予了农民土地承包经营权，随即中央提出，建立和完善以家庭承包经营为基础、统分结合的农村基本经营制度，从此农村土地集体所有制下的小农户成为中国最主要的生产经营主体。根据2017年12月16日国家统计局公布的第三次农业普查数据，我国小农户总量达2.3亿户，占农业经营主体的98%以上。在我国推动以规模化、机械化、集约化为特征的农业现代化进程中，小农户延续了传统的生产方式，难以满足现代农业生产经营的需求。在未来相当长的时期，我国农业都将保持以小农户为基础的生产经营格局。在这一基本国情下，如何实现我国农业的现代化，如何将小农户与现代农业发展有机衔接，成为我们必须直面的一个重大理论和实践问题。习近平总书记在2015年明确指出，推进农业现代化，要突出抓好加快建设现代农业产业体系、现代农业生产体系、现代农业经营体系三个重点。因此，现代农业三大体系成为现代农业发展的落脚点，要实现小农户与现代农业发展有机衔接，重点即在于实现小农户融入现代农业三大体系。

小农户是我国统分结合双层经营体制中"分"的主体，由于我国农村集体经济组织"统"功能的弱化，农业生产"分有余而统不足"问题明显，小农户依旧以分散经营为主，生产经营水平低下。在土地流转背景下，具有规模化、机械化、集约化生产经营特征的新型农业经营组织迅速崛起，成为发展现代农业的中坚力量。在这一过程中，虽有部分小农户通过土地、劳动力等生产资料的流动与新型农业经营组织产生了合作，但由于资源的稀缺性，以营利为目的的新型农业经营组织与广大小农户之间必然形成竞争关系。要实现我国小农户融入现代农业体系，必须依靠农村基本经营制度落实"统分结合"，建立起小农户和新型农业经营组织之间互利共赢的利益联结。因此，实现小农户融入现代农业体系，既是实现我国农业农村现代化的内在必然要求，又是坚持和完善我国以家庭承包经营为基础、统分结合的双层经营制度的题中应有之义。

现阶段研究中国小农户融入现代农业体系这一命题可以从以下几个方面入手：一是论证这一命题的科学性和现实性；二是探讨中国小农户融入现代农业生产体系、经营体系和产业体系的内涵；三是研究如何发挥新型农业经营组织的社会化组织功能，带动中国小农户融入现代农业体系；四是探究中国小农户融入现代农业体系的经济学动因。为此，本书运用马克思主义政治经济学、新制度经济学、新古典经济学等分析方法，在论证中国小农户融入现代农业体系这一命题的科学性和现实性的基础上，展开对中国小农户融入现代农业体系内涵的分析，构建小农户融入现代农业体系的"制度—组织—行为"分析框架，试图通过分析论述对以上问题做出自己的解答。此外，结合国外有关经验提出政策建议，以期对中国小农户融入现代农业体系研究贡献绵薄之力。

通过研究，本书获得以下主要结论。

第一，中国小农户融入现代农业体系是一个符合理论和实际的命题。马克思主义经典作家所论述的"小农消亡论"的立足点在于家庭生产是社会化分工落后的产物，随着资本主义的兴起，小农生产方式必将走向灭亡。中国农村实行的是统分结合的双层经营体制，与马克思恩格斯所说的生产资料私有制具有本质区别。改革开放以后，中国农村基本面貌发生了改变，家庭经营出现分化，小农生产被卷入社会分工体系，农业生产条件得以改善，使小农户融入现代农业体系具有现实性。因此，我国提出此命题是在坚持社会主义道路的基础上，将农业现代化和小农户生产经营现代化相结合，高度契合了我国的基本国情和农情，这一命题具有科学性和现实性。

第二，现代农业体系包含现代农业生产体系、经营体系和产业体系，三大体系既相辅相成又各有侧重。生产体系和产业体系主要属于生产力的范畴，而经营体系从组织化的视角来说主要属于生产关系的范畴。现代农业生产体系起基础作用，现代农业经营体系起支撑作用，现代农业产业体系起主导作用，现代农业产业体系决定现代农业体系的高度。因此，现代农业体系是有层次的，小农户融入现代农业体系的层次不同，小农户实现现代化生产经营的程度和成效也就存在差异。在坚持家庭承包制度的基础上，实现农业生产经营的组织化，这不仅能实现小农户融入现代农业经营体系，还是小农户实现生产现代化和产业化的重要途径，小农户融入现代农业经营体系成为小农户融入现代农业体系的重中之重。

第三，中国农村土地坚持集体所有与家庭经营相结合，农村经营制度实行以家庭承包经营为基础、统分结合的双层经营体制，这是小农户融入现代农业的基础性制度。在这些制度的基础上，国家为推进农业的发展，保障农业用地安全，给小农户提供支撑，衍生出了系列次级制度。一是为解决家庭承包制度下小土地生产经营的困境，推动土地产权制度改革，加强农村集体产权改革；二是解决小农户土地抛荒问题，形成土地流转制度；三是防范农用地在使用中产生土地荒废、转为他用、污染等问题，加强土地管理制度建设；四是为保障粮食生产安全，建立支持保障制度，加强农业科技、财政、金融、保险、信息化发展、信贷、人才培训等系列制度建设。但由于制度需求者具有异质性，而制度制定者囿于偏好和有限认知，致使制度制定者和需求者的目标难以完全一致。加之既得利益者的施压、小农户处于弱势地位等系列因素，导致小农户在发展现代农业中面临制度供给过剩和制度供给不足并存的困境。同时，由于制度的稀缺性以及路径依赖，政府作为资源分配者，在"成本—收益"比较下更倾向于将资源向具有现代农业生产能力的新型农业经营主体倾斜，在一定程度上造成小农户边缘化，妨碍了小农户融入现代农业体系的进程。这就不仅要求在农业制度变革中更加注重小农户的利益，还应推动小农户和新型农业经营组织建立利益联结体，建立小农户和新型农业经营主体协同发展的长效机制。

第四，中国已形成家庭类生产经营主体、合作经营组织、农业企业组织、新型农村集体经济组织并存的生产经营组织体系。在家庭类生产经营主体中，专业大户、家庭农场通过内部组织的优化成为现代农业体系的微观基础，是小农户的自我升级。农民专业合作社是农民利益的联合，产权流动是合作社建立社会化组织功能的前提。小农户将生产要素的使用权、决定权流转或入股合作社，与合作社构建契约模式、股权模式、混合模式等，合作社通过统一生产资料进行配置，建立社会化组织功能。农业企业是以资本为组织动力的组织形式。农业企业以资本为纽带，实现现代生产要素与传统农业生产要素的联结，再将这些生产要素进行整合与优化配置，实现社会化组织功能。而无论是合作社还是农业企业，都具有进入组织内部的门槛与条件，如何实现共同富裕，将所有小农户带入现代农业体系，还需充分发挥农村集体经济组织的社会化组织功能。由于单个新型农业经营主体能力有限，这些组织通常需要再组织化，以实现利益共享和风险共担，从而产生了农民专业合作社联合社（简称合作社联合社）、农业产业联合体、农业协会等更高级别的农业组织，这就进一步扩大了社会化组织功能的范围。农业生产经营主体之间通过组织与再组织实现不同程度的分工与合作，有效地提高了生产力，共同发挥起统分结合双层经营体制中"统"的功能。同时，农业社会化服务体系对带动小农户及其他农业经营主体融入现代农业生产体系、提高经营能力具有重要作用。当前农业社会化服务组织与新型农业经营组织已形成"你中有我、我中有你"的格局。培育新型农业经营组织与健全新型农业社会化服务体系，二者相辅相成，无疑都是推动小农户融入现代农业体系的重要手段。

第五，小农户选择是否加入以及加入何种新型农业经营组织，其行为主要受思想变革与路径依赖、理性与非理性思维以及要素禀赋变化的影响。新型农业经营组织的选择则主要受资产专用性、产权以及交易费用的影响，不同的组织类型具有不同的经济属性，直接反映为不同的组织行为。总体来看，专业大户、家庭农场比小农户具有更强烈的发展现代农业生产的诉求，更易成为农民专业合作社、农业企业的稳定成员。农民专业合作社能有效提高小农户的市场地位，成为小农户和农业企业的重要纽带。小农户和新型农业经营组织之所以选择组织起来，关键在于能够实现降低双方交易费用、提高规模效率和资源配置效率。农村集体经济组织这一特殊的组织形式，其行为不仅需要在市场经济规律下带动小农户生产经营，践行社会化组织功能，还要兼顾发挥基层组织服务、监督、管理等职能，实现经济职能和政治职能的协调。

第六，统分结合双层经营体制是生产力与生产关系的统一，"统"的实质是农民认可的农业生产经营的社会化组织功能，能够发挥社会化组织功能的新型农业经营组织就是发挥"统"功能的主体。这就从理论上转变了只有农村集体经济组织才具有"统"功能的传统观点，重新审视了我国农村基本经营制度中"统"与"分"的辩证关系。从分析来看，小农户融入现代农业体系的关键在于如何通过农民专业合作社、农业企业、农村集体经济组织以及具有更高级别组织功能的合作社联合社、农业产业联合体等与小农户实现生产资料流动、利益共享，实现生产要素的优化配置，形成社会化分工合作，这一过程在推动小农户融入现代农业体系的同时，也发挥了双层经营体制中"统"的功能。由此可见，实现小农户融入现代农业体系是巩固农村基本经营制度的新举措，坚持和完善农村基本经营制度是实现农业现代化的重要途径与手段，二者相辅相成，协同发展。

本书可能的创新之处主要体现在三个方面。

第一，基于马克思主义政治经济学分析范式，借鉴新制度经济学有关分析方法，在坚持农村基本经营制度的基础上构建"制度—组织—行为"多视角的分析框架，基于方法论角度，主要从宏观到微观厘清小农户融入现代农业体系的逻辑框架，丰富发展具有中国特色的农业理论。基于制度视角，主要从制度变迁主体和方式、制度变迁动因、制度结构和制度均衡方面进行阐述；基于组织视角，主要从组织形式及组织化过程、新型农业经营体系和社会化服务体系协同共建方面进行阐述；基于行为视角，充分考虑小农户和新型农业经营主体之间的博弈，探究双方行为选择的经济依据。制度、组织、行为三个视角从宏观到微观，构建起中国小农户融入现代农业体系的理论分析框架。

第二，从马克思主义分工理论出发，对新型农业经营组织区分内部组织功能与社会化组织功能，指出我国农村基本经营制度中"统"的实质是农民认可的农业生产经营的社会化组织功能，从理论上阐明新型农业经营组织是"统"的主体，转变只有农村集体经济组织才具有"统"功能的传统观点，重新审视我国农村基本经营制度中"统"与"分"的辩证关系。通过统分结合将小农户"统"起来，将小农户与新型农业经营组织之间对立的关系转变为互利共赢的关系。对"统"的内涵及主体的认识丰富了我国统分结合的农村基本经营制度的理论内涵。同时，提出重视农村集体经济组织的经济功能和政治功能，要重建农村集体经济组织生产经营、服务等职能，注重农村集体经济组织所有权、管理权、收益权等权能的实现，推动农村集体产权改革等建议。这些研究将中国小农户融入现代农业体系与坚持和完善农村基本经营制度紧密结合，推动二者协同发展。

第三，提出了中国小农户融入现代农业体系这一命题，为小农户与现代农业发展有机衔接提供一个可研究的视角。本书认为，实现小农户与现代农业发展有机衔接，必须让小农户融入现代农业生产、经营以及产业体系,这就构成了中国小农户融入现代农业体系这一命题的科学内涵。要实现小农户与现代农业发展有机衔接,根本在于将小农户生产力与生产关系融入现代农业三大体系。小农户融入现代农业生产体系,重在通过生产要素的流动,解决小农户生产力低下的问题。小农户融入现代农业经营体系,从组织化视角来看,重点在于实现小农户与农业经营组织之间的利益共享,要求将小农户纳入新型农业经营组织统一生产经营核算体系,侧重于改善生产关系问题。而小农户融入现代农业产业体系,重点在于推动小农户加入社会化分工体系,融入产业细分和产业融合过程。

目　　录

第一章　绪论 …………………………………………（1）
　第一节　选题背景与研究意义 …………………………（1）
　第二节　基本概念界定 …………………………………（7）
　第三节　国内外相关研究及评述 ………………………（13）
　第四节　研究思路、研究内容及研究方法 ……………（35）
　第五节　可能的创新与不足 ……………………………（39）

第二章　理论基础与分析框架 ………………………（42）
　第一节　理论基础 ………………………………………（42）
　第二节　基于制度、组织和行为多视角构建分析框架 …（55）
　第三节　"制度—组织—行为"分析框架的直观刻画 ……（60）

第三章　中国小农户融入现代农业体系：命题审视及现状 ………（62）
　第一节　中国小农户融入现代农业体系：命题的由来 …（62）
　第二节　中国小农户融入现代农业体系：命题的科学性 …（68）
　第三节　中国小农户融入现代农业体系：命题的现实性 …（73）
　第四节　中国小农户融入现代农业体系：命题的内涵 …（81）
　第五节　中国小农户融入现代农业体系的现状 ………（89）

第四章　中国小农户融入现代农业体系的制度分析 …………（106）
　第一节　制度分析要素………………………………………（106）
　第二节　中国小农户融入现代农业体系的制度结构…………（118）
　第三节　中国小农户融入现代农业体系的制度均衡…………（129）
　第四节　本章小结……………………………………………（136）

第五章　中国小农户融入现代农业体系的组织分析 …………（138）
　第一节　内部组织功能与社会化组织功能……………………（138）
　第二节　新型农业经营组织带动小农户融入
　　　　　现代农业体系………………………………………（141）
　第三节　农业社会化服务组织在小农户融入
　　　　　现代农业体系中的作用……………………………（170）
　第四节　本章小结……………………………………………（175）

第六章　中国小农户融入现代农业体系的行为分析 …………（177）
　第一节　小农户和新型农业经营组织行为的影响因素………（177）
　第二节　小农户和新型农业经营组织行为博弈分析…………（186）
　第三节　小农户和新型农业经营组织行为目的分析…………（194）
　第四节　农村集体经济组织行为分析…………………………（199）
　第五节　本章小结……………………………………………（200）

第七章　中国小农户融入现代农业体系的实例分析 …………（202）
　第一节　山西省洪洞县以现代农事服务带动小农户融入
　　　　　现代农业体系………………………………………（202）
　第二节　贵州省娘娘山产业园区带动小农户融入
　　　　　现代农业体系………………………………………（208）

  第三节 贵州省兴仁县依托薏仁米产业发展带动小农户融入现代农业体系 …………………………………………（218）
  第四节 本章小节 ……………………………………………（227）

第八章 小农户融入现代农业体系的国际经验及启示 ………（229）
  第一节 日本小农户融入现代农业体系的经验 ………………（229）
  第二节 韩国小农户融入现代农业体系的经验 ………………（235）
  第三节 荷兰小农户融入现代农业体系的经验 ………………（241）
  第四节 本章小结 ……………………………………………（247）

第九章 研究结论、政策建议及展望 ………………………………（249）
  第一节 主要研究结论 ………………………………………（249）
  第二节 政策建议 ……………………………………………（254）

主要参考文献 …………………………………………………………（261）
后记 ……………………………………………………………………（281）

第一章 绪 论

第一节 选题背景与研究意义

一 选题背景

中国农业现代化水平远低于世界先进国家水平。农业现代化包括从传统农业向初级现代农业和从初级现代农业向高级现代农业的两次转型升级。农业发达国家在1763—1969年实现第一次农业现代化并于1970年进入第二次农业现代化。[①] 据统计，2008年法国、日本农业劳动生产率超出中国100倍；英国、美国等农业经济水平比中国领先100多年。相较于美国、英国、法国、日本等农业现代化国家，中国农业现代化起点低、起步晚。

农业是三大产业的基础产业，农业是国之根本，直接关系着粮食安全、城乡稳定、环境保护等目标的实现。农业是工业发展的基础和摇篮，农业现代化的进程关系到整个国家现代化的实现。中华人民共和国成立初期，面对工业落后的实际情况，国家不得不制订出优先发

---

① 第一次农业现代化：从传统农业向初级现代农业、从自给自足农业向市场化农业转型，具有市场化、商业化、集约化、专业化、工业化、机械化、电气化、自动化、化学化、良种化、水利化、规模化、标准化、科学化、制度化和体系化等特征。第二次农业现代化：从初级现代农业向高级现代农业、从工业化农业向信息化农业转型，具有知识化、信息化、智能化、精准化、生态化、绿色化、多样化、订单化、立体化、工厂化、国际化、生物技术的普遍应用等特点。发展中国家可采用追赶农业现代化路径、两次农业现代化的综合农业现代化路径以及第二次农业现代化路径实现农业现代化。

展重工业的计划，推动资源向工业倾斜，要素流向城镇。1952—1978年，农业增加值占 GDP 的比重由 50.5% 下降至 27.7%，农业劳动人口占总就业人口的比重由 83.5% 下降至 70.5%。改革开放以后，工业、第三产业实现快速发展，农业逐渐成为我国现代化的短板。为此，2004—2022 年，国家连续 19 年发布以"三农"为主题的中央一号文件，多次强调农业现代化，并将乡村振兴与农业农村现代化结合起来，为"三农"事业的发展指明方向。为实现农业现代化发展目标，农村土地制度改革顺势展开，农业支持保护政策、补贴政策等也配套发展起来，随着农业社会化服务体系的建设和农业基础物质装备的升级，农业现代化水平得以提升。

在农业现代化进程中，坚持农村土地集体所有，坚持家庭承包经营制度和统分结合的双层经营制度是实现农业现代化的制度基石。坚持家庭承包经营制度决定了小农户是我国农业的基本经营单位。改革开放推动了国家现代化，而小农户分散的生产经营方式并未得到相应的改造，中国土地仍然以小农经济为主要生产方式，[①]这种分散式、小规模的经营方式制约了中国农业现代化的进一步实现。

从总量上看，小农户规模庞大。中国 98% 以上的农业经营主体仍是小农户，户均不过十亩，"大国小农"的格局并未得到根本改变。从生产特点来看，传统小农户分散生产经营具有自发性、滞后性、随意性等特点，农业生产难以满足农业结构调整的需求。同时，农民为了提高产出收益，超标使用化肥、农药等，难以保证农产品的质量。户均不过十亩还造成了农田改造困难，导致设施更新缓慢，农业科技也很难推广。从市场交易来看，小农户具有交易成本高、交易效率低、投资回报率低等特点，在利益分配中必然处于弱势地位。在这种经营方式下，小农户难以产生农业剩余，更难实现富足。从发展趋势来看，

[①] 叶敬忠、豆书龙、张明皓：《小农户和现代农业发展：如何有机衔接?》，《中国农村经济》2018 年第 11 期。

虽然国家出台了"三权分置"制度，鼓励土地有序流转，促进了家庭农场、农民合作社、涉农企业等农业主体的成长。但截至2018年10月底，全国入社农户占总农户的48.7%，并且农民专业合作社增长率持续降低，已降至1.4%，①小农户依旧是主要的农村生产经营主体，并且占多数的新型农业经营组织与小农户只是建立起简单的买卖关系，未能与小农户建立起"风险共担、利益共享"的利益联结，难以形成联系紧密的产业化农业组织。从地域分布来看，新型农业经营主体主要分布在东部沿海地区和传统农业大省，发展呈现出严重的区域不平衡。此外，在国际市场上，自加入WTO以来，中国农业面临着价格和质量的双重竞争，中国农产品加工率、科技进步贡献率、科技成果转换率等都远低于发达国家水平。②在"黄箱"政策下，随着天花板临近，农业补贴政策效果收窄，中国小农户所生产的农产品在国际市场中难以占据优势地位。在以上各方面因素的影响下，小规模、分散化的小农户生产经营呈现出高生产成本、低产出率、低竞争力的特点，导致农村生产要素持续外流，成为实现农业现代化和解决"三农"问题的障碍。③

中国农业发展已从满足食品供给、提高农民收入的阶段进入解决农业生产方式的阶段，传统小农户的粗放式生产经营方式已难以匹配农业发展需求。因此，为顺应时代的发展需要，推动小农户生产方式转型升级，党的十九大报告指出："健全农业社会化服务体系，实现小农户和现代农业发展有机衔接。"④此后，2019年中央一号文件强调要落实有关扶持政策，完善农户与农业组织的利益联结机制，培育社

---

① 郭芸芸、胡冰川、方子恒：《2019中国新型农业经营主体发展分析报告（一）——基于农业产业化龙头企业的调查和数据》，《农民日报》2019年2月22日第7版。

② 我国科技转换率为20%—30%，发达国家高达90%，我国科技进步贡献率为40%，而发达国家高达80%。

③ 蔡昉、王美艳：《从穷人经济到规模经济——发展阶段变化对中国农业提出的挑战》，《经济研究》2016年第5期。

④ 习近平：《决胜全面建成小康社会 夺取新时代中国特色社会主义伟大胜利——在中国共产党第十九次全国代表大会上的讲话》，人民出版社2017年版，第32页。

会化服务组织等，并于 2019 年 2 月 2 日印发《关于促进小农户和现代农业发展有机衔接的意见》，推动了小农户与现代农业发展有机衔接工作全面展开。2021 年，中共中央、国务院发布《关于全面推进乡村振兴加快农业农村现代化的意见》，再一次把"三农"问题提到新高度，将小农户融入现代农业发展中，推进现代农业体系的建设，成为农业农村现代化、巩固脱贫攻坚成果、实现乡村振兴的必要手段。

"实现小农户和现代农业发展有机衔接"是我国改革开放四十多年来，首次在中央重要文件中提出"小农户"这一概念，中央连续出台政策对小农户和现代农业发展有机衔接进行指导，反映出这一工作的重要性、紧迫性、必要性。毋庸置疑，家庭承包经营制度决定了小农户在农业生产经营中的基础地位，是符合广大人民利益和社会主义性质的根本制度。而家庭承包经营分散的特点以及农村基本经营制度中"统"功能的缺失，有关农业制度的不完善，阻碍了农业现代化的发展进程。国家适时提出"小农户和现代农业发展有机衔接"这一任务，重点在于在坚持家庭承包经营制度下深化农村改革，转变小农户生产方式，这既是坚持和完善农村基本经营制度的题中应有之义，也是实现农业现代化的内在要求。现代农业体系包含现代农业生产、经营以及产业体系，推进小农户和现代农业发展有机衔接，落脚点应在于实现小农户融入现代农业三大体系，这就需要理论紧密联系实践予以研究。

因此，本书试图构建中国小农户融入现代农业体系的理论分析框架，尝试解决以下问题：在中国特色社会主义市场经济体制下，中国小农户融入现代农业体系这一命题是否具有科学性和现实性以及命题内涵是什么？中国小农户融入现代农业体系的制度安排是否实现均衡，存在什么问题？现阶段中国在探索小农户融入现代农业体系的过程中产生了哪些组织形式，这些组织形式具有哪些特点，如何通过社会化组织功能推动小农户融入现代农业体系？在组织化过程中，小农户与新型农业经营组织双方行为具有哪些影响因素、行为目的，双方如何在利益博弈中实现稳定？为此，本书运用马克思主义政治经济学、新制度经济学、行为选择理论、产业组织理论等,从宏观到微观构建"制度—组织—行为"三维度分析框架,以研究中国小农户融入现代农业体系的问题,在理论研究的基础上结合中国国情,借鉴国际经验,试图得出研究结论并提出有关政策建议。

二 研究意义

(一) 理论意义

研究中国小农户融入现代农业体系的问题,对于丰富中国农村基本经营制度的理论内涵、发展中国特色农业经济理论以及社会主义经济理论均具有重要意义。

第一,对中国小农户融入现代农业体系进行研究,讨论如何通过新型农业经营组织实现小农户的组织化,是对中国农村基本经营制度内涵的丰富与发展。统分结合的农村基本经营制度是中国的基础性制度之一,处理好"统"与"分"的关系,在"分"的基础上形成适合农村发展"统"的形式,是农村基本经营制度的题中应有之义,也是现阶段完善农村基本经营制度的重要举措。本书正是基于统分结合的现状和存在的问题,探索如何从学理的视角对中国小农户融入现代农业体系进行阐述,通过实践上升至理论,有利于对中国农村基本经营制度的深入研究。

第二,对中国小农户融入现代农业体系进行研究,紧密结合中国农村制度,从学理的源头阐明小农户存在的理论基础,论述中国小农户融入现代农业体系这一命题存在的科学性和现实性,构建"制度—组织—行为"三维度分析框架,通过对制度的结构与均衡、组织的构建与体系以及行为主体的选择等多视角进行系统性分析,其研究结论有助于丰富和发展中国特色农业经济理论。

第三,以马克思主义科学世界观和方法论为指导,对中国小农户融入现代农业体系进行研究,利用制度变迁理论、产业组织有关理论、行为选择理论等,实现分析方法的优势互补,探索马克思主义政治经济学分析范式与现代经济学分析工具的结合应用,以践行"分析的马克思主义"。① 这样的研究方法更能适应社会主义经济理论与实践的研究需求,有利于丰富和发展马克思主义分析范式。

(二) 实践意义

从全国范围看,广大小农户依旧处于分散的生产经营状态。中国传统农业、初级现代农业与高级现代农业并存,小农户和农民合作社、涉农企业等农业组织并存,农业现代化程度参差不齐。本书从"制度—组织—行为"三个视角展开对小农户融入现代农业体系的研究,在此基础上紧紧围绕小农户这一主体,提出深化农村土地制度改革、推动农村集体产权制度改革、发挥新型农业经营组织社会化组织功能、推进社会化服务体系构建、加大政策法规的支持与管理、推进新型职业农民培育工程等政策建议,对推动中国小农户融入现代农业体系具有一定的现实意义。

第一,从多视角研究小农户融入现代农业体系,建立小农户融入现代农业体系的一般分析框架,以理论指导实践,有助于系统地指导小农户由传统分散的、落后的生产方式,转变为有组织的、先进的、现代化的农业生产方式,指导生产方式的转型升级,让千千万万小农户参与农业现代化的建设,共享发展成果,推动中国农业现代化目标的实现。同时,大力发展具有社会化组织功能的新型农业经营组织,丰富实现农村基本经营制度的组织形式,对完善中国农村生产关系具有一定的现实意义。

第二,从制度视角对中国小农户融入现代农业体系进行研究,有助于深刻认识政府制度供给对推动小农户融入现代农业体系的重要性,为农村制度的变革提供参考。通过对农业基础性制度和次级制度的划分,厘清制度关系,明晰在推动小农户融入现代农业体系的实践中,应始终坚持和巩固基础性制度,不断改革次级制度,提高制度的适应

---

① 段忠桥:《20世纪70年代以来英美的马克思主义研究》,《中国社会科学》2005年第5期。

性。通过对制度均衡的分析发现，现阶段在推进小农户发展现代农业中存在部分制度供给过剩、部分制度供给不足的问题。由于广大小农户和新型农业经营组织之间存在竞争关系，而不是互利共赢的关系，这就要求政府在制定制度时不仅要保障小农户的利益，还应注重推动二者形成利益联结体，通过制度变革助推小农户融入现代农业体系。

第三，从组织视角对中国小农户融入现代农业体系进行研究，有利于构建新型农业经营体系，实现小农户组织化。分析新型农业经营组织通过不同形式的利益联结带动小农户融入现代农业体系的过程和方式，深入探索新型农业经营组织如何实现资源的整合与配置，有利于构建"利益共享、风险共担"的利益联结机制。加强对社会化服务组织与新型农业经营组织二者关系的认识，有利于合理定位社会化服务功能。研究表明，小农户难以融入现代农业经营体系，为保障小农户利益，重点应通过组织化与再组织化构建新型农业经营体系，发展多元化的新型农业经营组织，重塑农村集体经济组织职能，同时还应完善社会化服务体系。这些思想对提高小农户组织化程度、保障小农户利益、提高小农户生产经营能力、促进小农户分享产业链红利和发展集体经济等都具有重要的实践价值。

第四，从行为视角对我国小农户融入现代农业体系进行研究，认识行为选择的经济依据，根据"成本—收益"比较法，对不同农户的行为选择、农业经营主体的行为选择进行深入探析，从理论上分析产业组织的策略行为，有助于科学认识市场主体的行为选择规律，有利于建立稳定的农业组织结构。

第二节 基本概念界定

一 小农

"小农"是特定历史时期政治经济制度的产物，其概念来自19世纪马克思恩格斯对当时农民的描述。马克思认为，小农生产是以小块土地私有制和个体劳动为基础、以实现农户自给自足为目的的一种简单再生产方式，"在这种生产方式中，耕者不管是一个自由的土地所有者，还是一个隶属农民，总是独立地，作为单独的劳动者，同他的家人一起生产自己的生存资料"①。恩格斯在《法德农民问题》中对小农进行了经典定义，即小农"是指小块土地的所有者或租佃者——尤其是所有者，这块土地既不大于他以自己全家的力量通常所能耕种的限度，也不小于足以让他养家糊口的限度"②。从而，小农是生产力与生产关系的有机统一体。从生产力来看，主要依靠落后的生产方式、简单的手工劳动，利用传统劳动技术进行农业生产活动，人多而分散；从生产关系来看，农民私人所有或租用小块土地，以家庭为生产和消费单元，自给自足或半自给自足，受剥削严重，社会身份低下。

结合马克思恩格斯的定义，小农主要有以下鲜明的特点：一是小土地私有制；二是自给自足，产品主要用于满足自我消费；三是独立生产。这些特征也决定了小农的生产工具落后、技术难以更新、缺乏市场交易、难以形成合作，导致小农经济的分散性、封闭性、脆弱性和落后性。

二 小农户

"小农户"是指以家庭为单位进行生产经营活动的农业经营组织，是一种小规模经营群体，③ 其基本概念发轫于马克思主义经典作家所论述的"小农"，主要反映出小农量的规定性。④ 在这一组织形式下，家庭是一个完整的生产单位，是集生产和消费于一体的农业微观组织。⑤

---

① 《马克思恩格斯文集》（第7卷），人民出版社2009年版，第911—912页。
② 《马克思恩格斯文集》（第4卷），人民出版社2009年版，第512页。
③ Joachim von Braun：《全球化及其对小农户的挑战》，《南京农业大学学报》（社会科学版）2005年第2期。
④ 叶敬忠、张明皓：《"小农户"与"小农"之辩——基于"小农户"的生产力振兴和"小农"的生产关系振兴》，《南京农业大学学报》（社会科学版）2019年第1期。
⑤ 张红宇：《大国小农：迈向现代化的历史抉择》，《求索》2019年第1期。

农民承担基本经济单位职能，自行决定经济决策、制订生产计划、配置资源、展开劳动，具有家庭经营、独立核算、自负盈亏等特征。小农户与不同的经济制度结合，形成了不同性质的小农户，即封建主义制度下的小农户、资本主义制度下的小农户、社会主义制度下的小农户等。不同制度下的小农户代表不同性质的小农生产方式，具有不同的生产经营特征。

我国小农户是中国特色的家庭经营组织模式，是指在集体土地所有制下，土地家庭承包经营的生产主体，具有生产经营规模小、以家庭劳动力为主、分散经营等特征。我国通常所说的农户、分散农户、传统农户、普通农户等都是小农户的范畴。家庭联产承包责任制初期的所有农户都是小农户，[①] 随着家庭经营的分化，部分小农户发展为专业大户、家庭农场，这两种形式已具备规模化生产特征，脱离了小农户的范畴。传统小农户内部也产生了分化，可分为自给自足型、兼业型、发展型农户。[②] 这些主体正是本书论述的对象。与小农户相对应的是具有规模生产特征的农业经营主体，如家庭农场、农民合作社等，这些农业经营主体代表了规模化、组织化、集约化经营的现代农业生产方式。

由于受土地资源分布不均、农业生产技术条件不同以及土地产出率、地形地貌、人口分布等因素的影响，小农户的规模大小难以形成统一的评判准则。按世界银行认定的30亩及以下为小农户，中国小农户约占89.1%，而根据劳动力耕作极限以及能维持家庭生活的规模，50亩以下均可称为小农户，[③] 那么中国小农户约占97%，[④] 其庞大规模决定了我国小农户在未来相当长的时间内都是农业生产经营的主体。

[①] 郎秀云：《关于小农户若干观点的辨析》，《马克思主义与现实》2019年第5期。
[②] 具体分类见本书第三章第三节。
[③] 贺雪峰：《论中坚农民》，《南京农业大学学报》（社会科学版）2015年第4期。
[④] 屈冬玉：《这篇文章关系着全国2.6亿小农户：农业部副部长手把手教小农户衔接现代农业》，http：//www.sohu.com/a/207169441_355256。

可见，小农与小农户两个概念密切相关。从内涵来看，小农是生产力与生产关系的辩证统一，而小农户是小农量的规定性的独立体现。从范围来看，小农是特定历史背景下的、具有制度属性的概念，而小农户不具有制度性质，是一个更一般化的概念。因此，二者既具有共性，也各有特性，不能混为一谈。对我国而言，由于我国小农户发源于封建制度下的小农，以家庭为单位展开生产经营，其中部分小农户具有自给自足的特征，与马克思主义经典作家所描述的小农在内涵和外延上都具有一定的重合，马克思主义经典作家的小农理论可作为研究我国小农户的核心理论。但也应明确，我国小农户不是小土地私有者或租赁者，而是集体土地的承包经营者，不完全等同于马克思主义经典作家笔下的小农。长久以来，我国小农户与马克思主义经典作家所论述的小农概念互用，概念不清，导致了研究中的系列争论，为避免这一争论，应在讨论中加以明确区分。当然，我国小农户也不是发达国家的具有规模经营特质的家庭农场，发达国家的家庭农场采用现代的生产技术，参与社会化大生产与分工协作，其投入产出远高于我国的家庭经营。[①] 因此，本书讨论的小农户既不是马克思主义经典作家所论述的小农，也不是发达国家土地私有制下形成的家庭农场，而是在土地集体所有、家庭承包经营制度下采用传统生产方式的小农户。

三 现代农业

综观农业发展历史，农业经历了"原始农业—传统农业—现代农业"三个发展阶段。原始农业是以刀耕火种为生产工具、以集体为单位进行生产的农业方式，氏族内部虽进行集体劳动，但是以简单协作为主，其劳动产出仅能维持集体内部最基本的生活水平，生产力极其

[①] 韩朝华：《个体农户和农业规模化经营：家庭农场理论评述》，《经济研究》2017 年第 7 期。

低下。传统农业以农民世代使用的生产要素为基础,在发展中不断对其改良,从原始的铁器工具发展到机械化肥的使用。现代农业以工业、服务业和先进科技为基础,通过大规模地运用现代工业提供的生产资料,运用现代科学技术、现代物质装备、现代管理手段,结合先进的制度共同推动的新农业,是一种社会化生产的农业模式。因此,现代农业是相对于传统农业的新型农业,[1] 其内涵具有相对性和历史动态性等特征。[2] 当前,现代农业表现形式多样,如有机农业、循环农业、都市农业、休闲农业、高科技农业等。

从中华人民共和国成立以来提出的"四化"[3] 目标发展到现阶段实现农业现代化建设,现代农业的重点和实现方式随着经济环境的变化而发展。总体来看,现阶段我国现代农业特征可归纳为以下几个方面:一是现代科学技术是现代农业最重要的标志之一,现代农业在生产过程中充分运用以生物技术、信息技术为先导的高科技;[4] 二是现代农业是复合型的产业体系,涉及农业生产、流通和经营环节,突破传统农业的单一结构,实现工农贸一体化,实现三产融合;[5] 三是现代农业是一种社会化大生产的农业形态,充分实现社会化分工与合作;四是现代农业涉及新能源和物质投入并进行循环,强调环境与自然资源和谐共处,注重可持续发展;五是现代农业涉及社会体制、农村组织等方面的配合,具备一套较高效能的农业支持保护体系;[6] 六是现代农业具有多功能性,农业生产目标体现生产、生态、生活一体化发展。[7]

---

[1] 蒋和平、辛岭:《建设中国现代农业的思路与实践》,中国农业出版社2009年版,第110页。
[2] 毛飞、孔祥智:《中国农业现代化总体态势和未来取向》,《改革》2012年第10期。
[3] 指在1954年召开的第一届全国人民代表大会上提出的实现工业、农业、交通运输业、国防的四个现代化任务,也被称为"老四化"。
[4] 卫思祺:《现代农业发展的要素整合与政策选择》,《中州学刊》2012年第3期。
[5] 郭津佑、石白玉、萧洪恩:《乡村振兴:中国现代化道路探索的新成果》,《贵州民族研究》2018年第12期。
[6] 陈锡文:《中国特色农业现代化的几个主要问题》,《改革》2012年第10期。
[7] 刘喜波、张雯、侯立白:《现代农业发展的理论体系综述》,《生态经济》2011年第8期。

结合这些特征，本书认为，当前现代农业主要表现在合理的农业发展方式、完善的产业体系、先进的科学技术以及多元化的产业组织形式等方面。从实现方式来看，以体制、机制创新为动力，以现代农业生产体系、经营体系和产业体系为支撑，可通过农业所具备的物质条件情况、农业科技水平、产业化发展程度、社会化服务发展程度等方面来衡量。

四 现代农业体系

现代农业与现代农业体系是两个不同但紧密相关的概念。体系，通常是指在一定范围内或同类事物、相关事物以某种规则和联系构成的一个紧密结合的系统整体。体系中包含许多要素，这些要素之间具有较强的关联性。现代农业体系建立在现代农业发展的基础上，是现代农业发展在一定时期内的具体体现。现代农业内涵不同，现代农业体系的内涵也就不同。作为农业领域研究的新兴方向，学术界尚未就现代农业体系的内涵和外延形成科学且权威的定义，本书结合党的十八大以来中央涉农文件以及已有学者的研究，尝试对现代农业体系做出内涵界定，即现代农业体系是农业有关生产、经营、产业、农事服务、技术支撑等主体之间通过相互作用、相互关联，把农业的产前、产中和产后紧密结合，实现第一、第二、第三产业分工与合作的综合型农业系统。该系统将农业产业相关的制造业、加工业、保鲜储藏业、运输业、商业、服务业、信息业等产业紧密相连，提高了农业生产力，创造出先进的生产关系，实现优化资源配置，推动农业集约化、组织化、产业化发展，最终提高农业综合效益。

2015年习近平总书记首次提出构建现代农业生产体系、经营体系、产业体系，以"三大体系"为抓手积极推进现代农业建设。党的十九大报告提出实施乡村振兴战略，把构建现代农业"三大体系"作为推动乡村振兴战略的重要措施。现代农业生产体系、经营体系和产业体系成为当前现代农业体系的核心内容，"三大体系"形成了一个有机整体，影响着现代农业的供给结构、总量、效率等，成为供给侧结构性改革的重要着力点。① 鉴于此，本书所论述的现代农业体系就是现代农业生产体系、经营体系和产业体系的总称。

第三节 国内外相关研究及评述

一 国内外关于小农户的研究

（一）国外关于小农户的研究

对小农的研究可以追溯到18世纪70年代中后期，英国古典经济学家亚当·斯密指出，自由的市场竞争和个人致富的追求能够带来劳动分工、资本积累和社会变革，随着资本主义的发展，资本主义大工业必然会将农民小生产吞没。这一论断奠定了小农分析的基本论调。

1. 马克思主义学者有关小农的研究

马克思恩格斯是马克思主义学派小农理论的创始人、奠基者。马克思恩格斯秉承小农消亡论，在有关著作中对其进行了详细论述。马克思认为，小农生产是以小块土地私有制和个体劳动为基础、以实现农户自给自足为目的的一种简单的再生产方式，其主体包括封建农民、佃农以及小块土地经营者。"小农人数众多，他们的生活条件相同"②，只同生产和社会的狭隘的自然产生的界限相容，在这样的小块土地生产下，小农生活资料主要与自然交换，难以形成丰富的社会关系，也难以实现分工与应用科学技术。即便能基本实现自给自足，但其拥有的少量生产资料和土地也不足以让他们过上体面的生活，造就了小农的贫穷落后。面对这一孤立、落后、封闭的生产方式，马克思认为："生产条件日趋恶化和生产资料日益昂贵是小块土地所有制的必然规律。"③ 随着资本主

---

① 张红宇:《发挥新型农业经营主体对改革的引领作用》,《经济日报》2017年2月10日第15版。
② 《马克思恩格斯文集》（第2卷），人民出版社2009年版，第566页。
③ 《马克思恩格斯全集》（第25卷），人民出版社1974年版，第910页。

义的发展，大工厂生产方式的推进，小农生产方式终将走向灭亡。

列宁、斯大林遵循马克思恩格斯的"小农消亡论"，结合国家实际情况进行了分析研究。列宁认为，小农生产规律是"生产过程在原有规模上，原有技术基础上的重复"[①]，斯大林也指出"小农经济……是最没有保障、最原始、最不发达、出产商品最少的经济"[②]，封闭落后的小农经济只能加重农民的贫困。列宁指出，面对这样一个小资产阶级占优的农业国家，要经历一个漫长的无产阶级专政的过渡时期，解决小农问题首先应将土地收归国有，再由国家平均分配给广大农民耕种。待土地问题解决以后，通过合作社计划和走农业集体化道路把小农经济改造为合作社和国营农场的组织模式，实现规模化、集体化、专业化生产，推动小生产发展成为社会主义现代化大生产。

考茨基在《土地问题》一书中对小农问题也做出了丰富的论述。考茨基继承了马克思恩格斯对大生产优越性的肯定，主张以大生产取代小生产。大生产除在技术上优于小生产，能有效节省劳动力及物资外，其最大的优点在于使用大量的劳动者获得体力和智力的分工。灌溉、排水等基础设施也只能在大生产中实现。考茨基十分强调科学指导在农村经济中的作用，科学指导使有计划的经营成为可能，这种计划便于指导经营并监督经营，通过各方面的管理办法提高劳动生产效能。考茨基还认为，只有大规模经营才会有科学修养的农业家，才能制订出科学的计划，从而应推动小生产发展为大生产。同时，考茨基也结合当时资本主义的发展对小农得以延续的原因给予分析。考茨基客观地指出现代农业仍然和家庭经营紧密相连，农业不能像工业生产资料那样无限增加，农户小生产相较于大生产，其优势在于小农户能付出最大的勤劳和努力以及具有极低的生活需求，加之私有制对小块土地的保护阻碍了大经营所需的土地集中，因此小农户难以被消灭。

[①] 《列宁全集》（第3卷），人民出版社2013年版，第49页。
[②] 《斯大林全集》（第11卷），人民出版社1955年版，第36页。

2. 关于小农户生产经营行为的研究

20世纪以来，西方学者另辟蹊径，围绕农民行为展开系列研究，形成了不同的小农经济理论体系。经济学家 N. H. 斯特恩曾说，对"小农经济"的分析主要在于探讨小农的经济决策和相互作用，小农与其他人以及整个经济其余部分的关系，直接决定了小农的经济福利总水平和分配的因素。因此，分析小农生产经营行为对研究小农问题十分重要。国外关于小农生产经营行为的研究主要基于农民是理性的经济人，在古典经济学、新古典经济学、新制度经济学的不同视角下，农户的行为具有明显的差异。其中，古典经济学形成了理性小农、生存小农、道义小农等鲜明的农户观点。

理性小农的代表作家主要有西奥多·W. 舒尔茨、塞缪尔·L. 波普金。舒尔茨在《改造传统农业》中从要素投资的角度论述了小农是一种有效的农业生产方式，并用印度塞纳普尔的案例证明了农民"贫穷而有效率"[1]，小农会认真比较商品价格并计算投入、产出，追求生产要素的最优配置，从而小农经济是有效率的。此后，波普金在《理性小农》中提出小农的农场可用资本主义企业来描述，小农会为实现最大利益而做出合理的生产抉择，只要是开放的市场，在利益的驱动下，小农经济就能实现现代化转型。当个人利益与集体利益产生冲突时，农民更关注自身获利。

生存小农的代表作家是恰亚诺夫。恰亚诺夫在《农民经济组织》中认为，家庭农场不同于企业性质的资本主义农场，农民家庭是生产和消费的结合体，小农生产以实现家庭劳动收入最大化为目的。小农并不是单纯地追求利润最大化，而是追求"劳动—消费"均衡，对于如何开发与配置劳动力，综合地由劳动辛苦程度与需求满足程度来决定。因此，即使是边际产出低于收益，小农也还是会继续投入劳动以

---

[1] [美]西奥多·W. 舒尔茨：《改造传统农业》，梁小民译，商务印书馆2006年版，第39—42页。

提高单位产出，这便产生了小农户对农业的精耕细作。改进生产工具、规范农田管理、兴修农田水利等，都属于精耕细作的具体方式。为保障生存需求，生存小农面对市场风险时，更倾向于选择收入稍低但更为稳定的生产组合。当出现非农就业机会时，小农"就会视手中的土地和生产资料如敝屣而弃之不用"，以寻求最大化的利益。因此，农民家庭作为一个生存和消费的有机结合体，会在劳动辛苦和需求满足程度之间平衡自己的生活，安排具体的生产经营活动。精细化耕作或外出务工，都是生存小农为实现家庭利益的合理选择。

道义小农的代表作家主要是詹姆斯·C. 斯科特。在生存小农的基础上，斯科特在对东南亚小农经济的考察中发现，小农不是完全以生产利润最大化为准则的，而是以追求"避免风险"和"安全第一"为基本目标，小农之间通过互惠、道义互助，共同抵御风险建立起合作关系。在道义小农中，农户具有高度的集体认同感，集体安危与利益高于个人安危与利益。虽然这些行为看起来不合理，但这些行为也是农户出于理性生存法则做出的决定。[1]

在新古典经济学中，主要通过构建模型来研究农户行为，典型代表包括Becker模型[2]、Barnum & Squire模型[3]等，在此基础上，学者还将一般均衡分析、比较静态分析引入农户行为分析中，并且在实证和经验研究中得到广泛应用。[4] 在新制度经济学中，主要引入交易成本的概念展开对农户行为的分析，提高了农户参与市场行为[5]、

---

[1] Michael, L., "The Theory of the Optimising Peasant", *Journal of Development Studies*, Vol. 4, No. 3, Aug. 1968, pp. 327 - 351.

[2] Becker, G. S., "A Theory of the Allocation of Time", *The Economic Journal*, Vol. 75, No. 299, Sep. 1965, pp. 493 - 517.

[3] Barnum, H. N., et al., Squire Lyn and IBRD, "A Model of an Agricultural Household: Theory and Evidence", *World Bank Occasional Paper*, No. 27, Jan. 1979, pp. 105 - 107.

[4] Sauer, J., Davidova, S., Latrnffe, L., "Determinants of Smallholders' Decisions to Leave Land Fallow: the Case of Kosovo", *Journal of Agricultural Economics*, Vol. 63, No. 1, Feb. 2012, pp. 119 - 141.

[5] Sadoulet, E., Fukui, S., Janvry, A. D., "Efficient Share Tenancy Contracts under Risk: the Case of Two Rice-Growing Villages in Thailand", *Journal of Development Economics*, Vol. 45, No. 2, Dec. 1994, pp. 225 - 243.

契约选择行为[1]的解释力。此外，Chiappori 还建立了一个一般的家庭劳动力供给集体模型，深入对家庭内部有关劳动力供给与消费的研究。[2] 这些研究发展了家庭行为理论，丰富了有关农户行为研究的方法。

（二）国内关于小农户的研究

毛泽东曾经指出，中国几千年来都是个体经济，一家一户就是一个生产单位，这种生产方式形成了封建统治的经济基础，也是农民穷苦的根源。我国小农户历史悠久、根深蒂固，国内对于小农户的研究的学术成果也非常丰富。

1. 关于"小农消亡论"的延续与否定

深受马克思主义经典作家的影响，部分学者秉承"小农消亡论"的观点，结合我国国情展开了研究。于金富、胡泊认为小农生产模式的基本特征是生产资料分散、生产条件落后、自给自足等，这些特征造成了我国"三农"问题，改革开放虽然推动了生产经营方式的改变，但并未脱离小农经营方式的窠臼，阻碍了现代农业的实现，因此，提出通过构建农民专业合作社、实行土地股份制以及实现生产经营组织企业化等措施彻底扬弃小农经营方式，实现农业的现代化。[3] 张新光认为，马克思恩格斯关于"小农制趋于衰落"具有科学性，西方资本主义的现代农业发展历程体现了大农场排挤小农场不可逆转的规律，我国需要加紧对小农经济的改造，通过赋予农地财产权，充分发挥市场的配置作用，实现农业内部的规模经济，完成小农制与现代农业有机衔接。还有学者从新古典主义和新制度经济学的视角提出，由于人

---

[1] Frank, S. D., Henderson, D. R., "Transaction Costs as Determinants of Vertical Coordination in the U.S. Food Industries", *American Journal of Agricultural Economics*, Vol. 74, No. 4, Nov. 1992, pp. 941–950.

[2] Chiappori, P. A., "Collective Labour Supply and Welfare", *Journal of Political Economy*, Vol. 100, No. 3, Jun. 1992, pp. 437–467.

[3] 于金富、胡泊：《从小农经营到现代农业：经营方式变革》，《当代经济研究》2014 年第 10 期。

的经济理性以及伴随着自由竞争的不断激烈,小农分化与土地集中成为必然,最终小农生产将转变为规模化生产。

更多的学者对"小农消亡论"持否定意见,认为小农依旧具有很强的生命力,主要代表有周其仁[1]、罗必良[2]、丁长发[3]、陈锡文[4]等。其中,丁长发专门针对张新光《关于小农经济的理论争论与现实发展》一文提出疑问,认为马克思主义经典作家所说的"小农消亡论"在理论上是存在系列条件的,包括生产者的分离、生产资料的分散、劳动力巨大的浪费、税收制度对小农的盘剥、高利贷对小农的压榨以及农地实现自由交易、资本实现自由进出农业等。[5] 而实际情况是,在第二次世界大战后,不仅这些外部条件得到了巨大改善,而且很多国家和地区积极采取农地制度改革,推动小农土地所有权和经营权匹配,激发了农民对土地的保护,加强了对农地用途的控制,小块土地并没有迅速贫瘠、地力枯竭,因此,小农并未出现大范围的消亡。当前,世界农业经济甚至呈现出小规模经营回归的趋势。就我国而言,我国小农经济具有生产性、生态性、生活性以及文化性等特征,具有顽强的生命力。[6] 随着农业生产制度的创新,小农户具有更低的监督成本,小生产反而比规模化生产更具有适应性。[7] 小农生产还能有效解决就业压力,[8] 在不充分的工业条件以及我国庞大人口基数的现实基础上,

---

[1] 周其仁:《家庭经营的再发现——论联产承包制引起的农业经营组织形式的变革》,《中国社会科学》1985 年第 2 期。

[2] 罗必良:《农地经营规模的效率决定》,《中国农村观察》2000 年第 5 期。

[3] 丁长发:《百年小农经济理论逻辑与现实发展——与张新光商榷》,《农业经济问题》2010 年第 1 期。

[4] 陈锡文:《把握农村经济结构、农业经营形式和农村社会形态变迁的脉搏》,《开放时代》2012 年第 3 期。

[5] 丁长发:《百年小农经济理论逻辑与现实发展——与张新光商榷》,《农业经济问题》2010 年第 1 期。

[6] 张孝德、张文明:《农业现代化的反思与中国小农经济生命力》,《福建农林大学学报》(哲学社会科学版)2016 年第 3 期。

[7] 张树焕、李传松:《现代社会中自耕农持久生命力原因探析》,《华南农业大学学报》(社会科学版)2011 年第 2 期。

[8] 宋亚平:《规模经营是农业现代化的必由之路?》,《江汉论坛》2013 年第 4 期。

"小农持续论"符合我国的基本国情。① 小农农作方式始终是我国多元农作系统中的重要组成,我们应保留和发展小农模式。② 只是随着经营形式的演变,我国小农户数量越来越少,小农户的经营模式也会有更多的变化,兼业化与专业化都将成为我国家庭型生产组织的发展方向。③

2. 关于小农户生产经营行为的研究

基于我国的实际情况,国内学者创新性地提出商品化小农、社会化小农、中国式小农等概念,不同的小农具有不同的生产经营行为逻辑。黄宗智以华北平原33个自然村的实地调研和历史资料为研究对象,论证了小农不仅是一个利润的追求者,还是一个维持生计的生产者,提出"商品化小农"概念。④ 徐勇、邓大才认为,现阶段农民的本质依旧是小农,只是形式上更具有社会性,是公民化的"社会化小农",在货币收入最大化支配下形成了劳动力社会"内卷化",农户的经营模式逐步跳出传统小农的封闭性,从社会化小农的动机和行为模式里演绎出了具有新一代特征的小农理论范式。⑤ 贺雪峰提出了"中国式小农经济"概念。贺雪峰认为,在家庭承包经营基础上,随着老一代劳动力的衰落,在劳动力的更迭中形成"代际分工为基础的半工半耕"的农业模式,青年劳动力从农村流失又难以融入城市生活,留下来的老年劳动力产出率较低,在该农业模式下,家庭内部的老年务农者和新兴劳动力行为选择各有特点。⑥ 高帆认为,我国同时面临着经济体制的转轨与经济结构优化,正从道义小农向理性小农过渡,兼有中国式

---

① 伍嘉冀、杨君:《走向"终结"抑或迈向转型:传统"小农"的现代转向》,《西北农林科技大学学报》(社会科学版)2018年第1期。

② 吴菊安、祁春节:《家庭农场和小农户生产效率的比较》,《江苏农业科学》2017年第3期。

③ 赵佳、姜长云:《兼业小农抑或家庭农场——中国农业家庭经营组织变迁的路径选择》,《农业经济问题》2015年第3期。

④ 黄宗智:《中国过去和现在的基本经济单位:家庭还是个人?》,《人民论坛·学术前沿》2012年第1期。

⑤ 徐勇、邓大才:《社会化小农:解释当今农户的一种视角》,《学术月刊》2006年第7期。

⑥ 贺雪峰:《关于"中国式小农经济"的几点认识》,《南京农业大学学报》(社会科学版)2013年第6期。

小农、商品化小农的特征,从而小农户生产经营行为复杂多样。①

国内还有学者将研究视角聚焦在小农户某一特定的生产经营行为上,如孙亚范以江苏省小农户为例剖析农民选择合作的机理,归纳总结其行为规律;② 郭红东以浙江省小农户为例分析小农户参与订单农业的影响因素;③ 朋文欢、傅琳琳以广西富川县为例分析了贫困地区小农户加入合作社的行为机理④。这些研究对分析小农户的行为具有一定的参考意义。

二 国内外关于现代农业的研究

(一) 国外关于现代农业的研究

早在 1964 年,西奥多·W. 舒尔茨就指出,传统农业以农民世代使用的生产要素为基础,这种农业生产方式不具备快速增长的能力,需要将传统农业改造升级为现代农业。现代农业是不断发展的,对现代农业的研究首先要认清农业发展阶段以及该阶段所具备的特征。

1. 关于农业发展阶段的研究

农业发展阶段是西方学者研究的重点领域。1966 年约翰·W. 梅勒以发展中国家农业为研究对象,将农业发展划分为传统农业阶段、传统农业向现代农业过渡阶段、现代农业阶段。迈克尔·P. 托达罗从农民的视角提出三种不同的农民形式:自给自足的低生产、低效率的农民;部分农产品用于自己消耗、部分农产品用于销售的农民以及由市场主导、高社会劳动生产率的农民,这三种不同的农民对应了三种不同的农业发展模式。这一划分与美国经济学家韦茨在 1971 年提出的

---

① 高帆:《过渡小农:中国农户的经济性质及其政策含义》,《学术研究》2008 年第 8 期。
② 孙亚范:《现阶段我国农民合作需求与意愿的实证研究和启示——对江苏农户的实证调查与分析》,《江苏社会科学》2003 年第 1 期。
③ 郭红东:《我国农户参与订单农业行为的影响因素分析》,《中国农村经济》2005 年第 3 期。
④ 朋文欢、傅琳琳:《贫困地区农户参与合作社的行为机理分析——来自广西富川县的经验》,《农业经济问题》2018 年第 11 期。

"生存农业阶段、混合农业阶段、现代化商品农业阶段"所对应的农业发展模式高度契合。速水佑次郎在1988年提出农业发展可分为提高产量、消除贫困以及优化农业产业结构三个阶段,被称为"速水农业发展理论"。现阶段,世界农业整体处于传统农业向现代农业过渡的阶段,具有注重资源合理利用、注重生态保护、注重循环发展、注重科技投入等阶段性特点。

2. 关于实现现代农业的一般方式的研究

Lewis在《劳动无限供给下的经济发展》中提出,发展中国家农业部门缺乏资本与技术,农业剩余劳动力丰富,生产率极低,由于工业部门工资水平高于农业水平,将会经历"农业部门劳动力流向工业部门—以现行的工资雇佣农民—工业部门获得高利润—扩大再生产"这样一个周而复始的过程。当工业部门吸收完剩余农业劳动力时,农业实现现代化,二元经济变一元经济,即实现了农业的变迁和经济发展。[1] 这一论述从规律上揭示了现代农业的实现路径。速水佑次郎和弗农·W.拉坦指出,现代农业技术的增长决定了农业生产率,又进一步推动了现代农业的实现,从而技术创新是实现现代农业的必要手段,这也被称为诱导技术创新理论。

同时,现代农业的实现还受多种因素的影响。如自然环境束缚[2]、企业家才能[3]等。若农业内部种植养殖业、粮食作物和经济作物分布不均,也会影响现代农业平衡发展。[4]

现代农业组织是实现现代农业的重要方式。在农业经营组织中,

---

[1] Lewis, A., "Economic Development with Unlimited Supplies of Labour", *The Manchester School of Economic and Social Studies*, Vol. 22, No. 2, May. 1954, pp. 139 – 191.

[2] Fleisher, B. M., Liu, Y., "Economies of Scale, Plot Size, Human Capital, and Productivity in Israel Agriculture", *Quarterly Review of Economics and Finance*, Vol. 32, No. 3, Aut. 1992, pp. 112 – 123.

[3] Gras, C., "Changing Patterns in Family Farming: The Case of the Pampa Region, Argentina", *Journal of Agrarian Change*, Vol. 9, No. 3, July. 2009, pp. 345 – 364.

[4] Ironstone, R. G., "Rural Renovation in les Landes, South West France: A French Regional Development Experiment", *Policy Reform*, Vol. 12, No. 27, 1968, pp. 347 – 482.

家庭农场仍然是农业生产的主导模式，建立在合作基础上的组织能有效推动家庭生产经营实现现代化，主要包括合作社组织形式、企业组织形式和集体经营组织形式，不同的合作组织形式具有不同的优缺点。第一，合作社组织形式。合作社具有灵活的组织形式、完善的销售系统、强大的技术传播能力等特点，凭借自身优势为农户提供公平的市场价格，[1] 是一种比较有效率的组织形式。合作社能通过机械化和合作制度促进农村发展和保证粮食安全，其管理中存在的问题主要为难以进行统一规范。第二，企业组织形式。农业合同这种方式在保留家庭经营的前提下减少了传统农业劳动时间，增加了农业经营的多样性，对农业发展起到积极作用，[2] 但合同的形式也影响着租金的高低，尤其是短期合同推高了租金价格，继而影响整个农业的健康发展。第三，集体经营组织形式。集体经营组织形式能够更好地实现集体内部的资源配置，集体经营需要规模适度，其面临的最大障碍是金融问题。至于在实现现代农业过程中更适合哪类农业生产组织形式，Allen 和 Lueck 认为，需要考虑农业生产的具体自然特点和技术特征，如常年劳动密集型、生产周期短的农业更适合家庭农场，而季节型劳动密集型、技术含量高的农业更适合企业型农场。[3]

（二）国内关于现代农业的研究

早在 19 世纪末，孙中山就提出，现代农业建设的关键要素是制度、科技和先进生产工具，这对指导现代农业的建设具有重要意义。中华人民共和国成立以后，我国真正进入农业现代化实践阶段。[4]

---

[1] Ghosh, A. K., Maharjan, K. L., "Impacts of Dairy Cooperative on Rural Income Generation in Bangladesh", *Journal of International Development and Cooperation*, No. 8, Jan. 2001, pp. 91 – 105.

[2] Lobley, M., Potter, C., "Agricultural Change and Restructuring: Recent Evidence from A Survey of Agricultural Households in England", *Journal of Rural Studies*, Vol. 20, No. 4, Oct. 2004, pp. 499 – 510.

[3] Allen, D. W., Lueck, D., "The Nature of the Farm", *Journal of Law and Economics*, Vol. 41, No. 2, Oct. 1998, pp. 343 – 386.

[4] 张红宇等：《中国特色农业现代化：目标定位与改革创新》，《中国农村经济》2015 年第 1 期。

2000年前后，中国农业农村发展得以突破，在农村制度安排、农产品供给、农业生产成本、农业经营方式等方面呈现出明显的新特征。① 此后，随着农业生产能力、要素投入、体制机制、市场环境等方面实现长足的发展，我国农业进入崭新时期。② 国内学者对现代农业的研究主要涉及现代农业发展阶段的特点和实现形式等方面。

1. 关于现代农业发展阶段的研究

我国现代农业发展主要分为四个阶段。一是20世纪50年代至70年代，农业现代化致力于提高农业中的工业技术水平，主要表现为机械化、水利化、电气化和化肥化。二是20世纪70年代末至80年代末，随着农村基本经营制度的确立，农业现代化不再局限于生产环节，而是扩展到经营管理领域，通过生产工具机械化、生产技术科学化、生产组织社会化等实现农业现代化。三是20世纪90年代初至90年代末，随着社会主义市场经济的发展，市场机制逐渐发挥作用，推进了市场化、商品化和产业化。此时，农业现代化从生产领域、经营领域扩展到流通领域、消费领域等，③ 更加注重先进科技对农业物质装备的改造，科技化成为实现现代农业的重要手段。四是进入21世纪以后，国内生产条件的改变和国外环境的变化，不仅为现代农业的实现提供了有利条件，也提出了新的挑战。在我国加入WTO以后，农产品质量和价格都面临新竞争，农业与国内其他产业、与国外市场联系更加密切，规模化、开放化、国际化、绿色化等成为现代农业的新要求。

2. 关于现代农业实现方式的研究

现代农业实现方式也是农业现代化的实现方式，随着农业现代化进程的不断推进，现代农业实现方式也在不断进行动态演化。综观我国农业现代化发展的四大阶段历程，在生产力水平的发展、制度的变

---

① 孔祥智：《农业农村发展新阶段的特征及发展趋势》，《农村工作通讯》2012年第2期。
② 刘明国：《我国农业发展进入新阶段》，《宏观经济研究》2010年第3期。
③ 韩士元：《农业现代化的内涵及评价标准》，《天津社会科学》1999年第5期。

迁、环境的改变等因素影响下，不同农业发展阶段的实现方式各有侧重。进入 21 世纪以后，农业生产规模小、产量低，农业产业化、组织化程度低，生态环境恶化等问题日渐突出。[①] 为解决这一系列问题，快速实现农业现代化，学者从不同的角度提出了解决思路。贺雪峰、印子[②]和刘守英[③]均指出，产业化是农业现代化的重要途径，资本下乡、合作经营等是重要方法。张冬平、黄祖辉强调应大力投入服务、科技等具有现代化特征的生产要素，推动现代农业进程；[④] 张孝德、张文明指出，在保障粮食安全的基础上，完善社会化服务体系；[⑤] 黄宗智则强调走"小而精""资本和劳动双密集化"的新农业。[⑥]

对于农业组织研究而言，现代农业组织是实现现代农业的纽带，从我国家庭联产承包责任制确立时起，国内就逐渐展开了对农业经营组织形式的探索。集体经济组织是双层经营体制的载体，其形式取决于各地经济发展程度、集体产权的表现形式。具体来看，包括分包制、专业合作经济组织、社区合作经济组织、农村股份合作经济组织以及各种农业经营组织形式的中间组织形态。[⑦] 从农村基本经营制度的视角，可以将现阶段各地不同的组织形式划分为高度集体型、合作经营型、统一经营型和承包经营型。[⑧] 不同的模式具有不同的特点，其形成条件、运行基础各不相同。在资源禀赋和技术条件等因素已定的情

---

① 吕萍：《产业化：农业现代化的重要途径》，《贵州财经学院学报》2005 年第 4 期。
② 贺雪峰、印子：《"小农经济"与农业现代化的路径选择——兼评农业现代化激进主义》，《政治经济学评论》2015 年第 2 期。
③ 刘守英：《适度规模家庭农场将成为我国农业经营主要形式》，《中国合作经济》2012 年第 12 期。
④ 张冬平、黄祖辉：《农业现代化进程与农业科技关系透视》，《中国农村经济》2002 年第 11 期。
⑤ 张孝德、张文明：《农业现代化的反思与中国小农经济生命力》，《福建农林大学学报》（哲学社会科学版）2016 年第 3 期。
⑥ 黄宗智：《农业合作化路径选择的两大盲点：东亚农业合作化历史经验的启示》，《开放时代》2015 年第 5 期。
⑦ 曹利群：《农村组织形态创新：现状与问题》，《农业经济问题》2000 年第 10 期。
⑧ 蒋永穆：《积极探索农村基本经营制度的多种实现形式》，《社会科学辑刊》2017 年第 3 期。

况下，不同的模式产生不同的效率，市场会选择更优的模式进行发展，使我国农业经营组织形式不断创新和改进。① 组织内部的管理成本和市场交易费用是影响组织运行效率的关键因素。从众多学者对新型农业经营组织模式的分析和效率的评价中可以得出，农民专业合作社是一种准市场性质的中介组织形式，② 相较于农业企业，农民专业合作组织可以避免分散小农与企业之间的一次性博弈，是实现农业现代化的重要模式。③

三 国内外关于小农户融入现代农业的研究

（一）国外关于小农户融入现代农业的研究

1. 小农户与现代农业之间存在的问题

现代农业是具有高效率的农业，小农户与现代农业之间的首要问题是探讨小规模农业能否满足现代农业的发展需求。不同国家的经济发展水平具有差异，农业生产经营的规模和效率也具有差别。来自发展中国家的证据更多地倾向于农场规模和产出效率成反比，小农场比大农场有更高的产出效率，④ 因此，即使政府倡导大规模种植，小生产模式依旧发展迅速。⑤ 而来自发达国家的证据更多地倾向于农场规模和产出效率成正比，生产规模的扩大能提高生产效率，⑥ 尤其是来

---

① 廖祖君、郭晓鸣：《中国农业经营组织体系演变的逻辑与方向：一个产业链整合的分析框架》，《中国农村经济》2015 年第 2 期。
② 池泽新等：《制度经济学的逻辑与中国农业经济组织形式的选择》，《中国农村经济》2003 年第 11 期。
③ 张晓山：《农民专业合作社的发展趋势探析》，《管理世界》2009 年第 5 期。
④ Assunção, J. J., Ghatak, M., "Can Unobserved Heterogeneity in Farmer Ability Explain the Inverse Relationship Between Farm Size and Productivity", *Economics Letters*, Vol. 80, No. 2, Aug. 2003, pp. 189–194.
⑤ Bissonnette, J. F., Rodolphe, D. K., "The Return of the Plantation? Historical and Contemporary Trends in the Relation between Plantations and Smallholdings in Southeast Asia", *Journal of Peasant Studies*, Vol. 44, No. 3, May. 2017, pp. 918–938.
⑥ Dethier, J. J., Effenberger, A., "Agriculture and Development: A Brief Review of the Literature", *Economic Systems*, Vol. 36, No. 2, Jun. 2012, pp. 175–205.

自美国大农场的经验。① 经济发展程度、自然环境条件等，都将影响农户规模经营的效率。

总的来看，在小农户和规模生产经营主体的竞争中，小农户处于弱势地位，其原因在于：一是小农场技术效率低下，规模报酬有限，农业经营者所获得的教育、培训等资源都欠缺，尤其缺乏有效的信息指导，决策信息不足；② 二是小农场生产能力有限，难以得到相关机构的帮助及服务，③ 土地分配和农业支持系统都更倾向于大农场。④ 因此，小生产具有更高的生产成本，在发展现代农业时，需要通过提高农地规模来降低农场生产经营的单位成本。当然，农场规模并非越大越好，当农场规模超出一定范围时，农场平均成本函数呈典型的 L 形，⑤ 应追求农地的适度规模经营。

2. 小农户融入现代农业的方式

从世界农业的现代化进程来看，绝大多数国家在发展初期的农业经营主体都是小农户，农业现代化的起点也是小农户家庭经营。学者对如何将传统小农户的农业生产改造为现代农业生产，具有丰富的论述。

马克思恩格斯根据小农生产的落后性分析，提出应打破小农户孤立的局面，通过合作或国家统一生产经营实现规模化。合作化是解决小农问题的重要手段，这一思想成为社会主义国家改造小农户的核心思想。舒尔茨指出，现代农业的特征是农民大量使用现代农业生产要

---

① Paul, C., et al., "Scale Economies and Efficiency in U. S. Agriculture: Are Traditional Farms History?", *Journal of Productivity Analysis*, Vol. 22, No. 3, 2004, pp. 185 – 205.

② Raungpaka, V., Savetpanuvog, P., "Information orientation of small-scale farmers' community enterprises in Northern Thailand", *Journal of Social Sciences*, Vol. 38, No. 3, 2017, pp. 196 – 203.

③ Helfand, S. M., Levine, E. S., "Farm Size and the Determinants of Productive Efficiency in the Brazilian Center-West", *Agricultural Economics*, Vol. 31, No. 2 – 3, Aug. 2004, pp. 241 – 249.

④ Uzun, V., Shagaida, N., Lerman, Z., "Russian Agriculture: Growth and Institutional Challenges", *Land Use Policy*, Vol. 83, Apr. 2019, pp. 475 – 487.

⑤ Chavas, J. P., "Chapter 5 Structural Change in Agricultural Production: Economics, Technology and Policy", *Handbook of Agricultural Economics*, Vol. 1, Part A, Jun. 2001, pp. 263 – 285.

素，因此对传统农业的改造需要引入"特殊的新的生产要素"，具体可以通过以下方式。第一，制定适用于改造传统农业的制度；第二，为供需引入现代生产要素创造必要的条件；第三，投资农业人力资本。恰亚诺夫认为，小农应实现部分生产环节由企业或合作社经营，通过纵向一体化增强实力。此外，学者还从增加对农业生产要素的投入、技术与制度创新、提高生产效率等方面提出对传统农业的改造措施。Tummalapalli 等主张，通过农业科学技术以及有关物质装备提高小农户生产能力，推进农业现代化。[1] 雷纳和科尔曼主张，通过扩大规模经营和降低小农户生产成本实现农业现代化。[2] Lemba 等则主张，通过政府加强基础设施建设、加大生产资料投入、推进小农户与市场对接等方式，解决农民资源稀缺的困境，推动小农户实现现代化生产经营。[3]

（二）国内关于小农户融入现代农业的研究

1. 小农户与现代农业之间存在的问题

国内学者对小农户生产经营是否有效率，能否满足现代农业的需求展开了深入研究并形成了专门的文献综述[4]。总的来说，"小农户生产是否具有效率"这一论题是存在争议的。部分学者认为，土地生产效率与规模成反比，肯定了小农户生产经营。如孙新华基于 IR（Inverse Relationship）假说提出，小农户的生产率高于大农户，每一单位

---

[1] Tummalapalli, T. P. K., Swamy, V. R., Muralikrishna, I. V., "Land Resources Information System for Sustainable Land Use Planning", *Nature Environment and Pollution Technology*, Vol. 10, No. 4, Dec. 2011, pp. 525 – 534.

[2] ［英］A. J. 雷纳、［英］D. 科尔曼主编：《农业经济学前沿问题》，唐忠、孔祥智译，中国税务出版社、北京腾图电子出版社 2000 年版，第 74—75 页。

[3] Lemba, J., et al., "Comparing the Technical Efficiency of Farms Benefiting from Different Agricultural Interventions in Kenya's Drylands", *Development Southern Africa*, Vol. 29, No. 2, May. 2012, pp. 287 – 301.

[4] 许庆、尹荣梁：《中国农地适度规模经营问题研究综述》，《中国土地科学》2010 年第 4 期；石晓平、郎海如：《农地经营规模与农业生产率研究综述》，《南京农业大学学报》（社会科学版）2013 年第 2 期；吴菊安、祁春节：《家庭农场和小农户生产效率的比较》，《江苏农业科学》2017 年第 3 期。

土地或每一单位投入计算的产出随着农户规模的增大而递减。[1] 李谷成等通过对比研究指出，小农户比大农户在土地生产率上有比较优势。也有部分学者否定小农户的生产效率。[2] 如张光辉、宋伟等认为，土地规模与生产率成正比，小农户的生产难以实现高效率。[3] 范红忠、周启良以马克思主义生产力要素理论为基础，以中国西部七县为样本，在控制距离市场远近、种植方式、气候条件等变量的基础上，得出种植面积与土地的生产率呈正相关关系，倡导扩大土地经营规模。[4] 还有学者认为，全要素节约优势和单位产量优势与规模大小并没有显著关系，土地规模与生产效率也没有明显关系。[5] 我国小农户经营是否具有效率根据所选指标不同，测算结果也不尽相同。当然，即使技术层面能证明规模经营更有效率，但在现实中也还需要具体问题具体分析，不能盲目推进规模化。[6]

小农户除了规模有限，还受困于生产弱势、资本弱势、市场弱势、政策弱势，阻碍了小农户现代化的实现。[7] 当前，高经营成本、高环境约束、低信息对称等进一步加剧了小农户的经营困境。[8] 小农素质较低、合作意识较弱，农业保险保障力度弱、农业政策难落实，农村

---

[1] 孙新华：《农业经营主体：类型比较与路径选择——以全员生产效率为中心》，《经济与管理研究》2013年第12期。

[2] 李谷成、冯中朝、范丽霞：《小农户真的更加具有效率吗？来自湖北省的经验证据》，《经济学》（季刊）2010年第1期。

[3] 张光辉：《农业规模经营与提高单产并行不悖——与任治君同志商榷》，《经济研究》1996年第1期；宋伟、陈百明、陈曦炜：《东南沿海经济发达区域农户粮食生产函数研究——以江苏省常熟市为例》，《资源科学》2007年第6期。

[4] 范红忠、周启良：《农户土地种植面积与土地生产率的关系——基于中西部七县（市）农户的调查数据》，《中国人口·资源与环境》2014年第12期。

[5] 刘凤芹：《农业土地规模经营的条件与效果研究：以东北农村为例》，《管理世界》2006年第9期。

[6] 王建军、陈培勇、陈风波：《不同土地规模农户经营行为及其经济效益的比较研究——以长江流域稻农调查数据为例》，《调研世界》2012年第5期。

[7] 蒋永穆、刘虔：《新时代乡村振兴战略下的小农户发展》，《求索》2018年第2期。

[8] 李铜山、周腾飞：《小农户经营困境：表象、成因及破解》，《中州学刊》2015年第4期。

基本经营制度落后、农村集体经济组织建设缓慢等，都阻碍了小农户发展现代农业的步伐。[1]

2. 小农户融入现代农业的方式

长久以来，主流政策界和学界常将小农经济和现代农业对立起来，但小农户和现代农业发展之间并不存在实质性的矛盾。近年来，学界展开了对小农户与现代农业有机衔接的研究，形成了丰富的学术成果。总的来看，小农户可以通过市场化或者组织化的方式融入现代农业。市场化的方式是指小农户在市场中通过交易获得现代农业生产要素，是一种简单的买卖关系，如购买土地托管服务[2]、发展电商模式[3]、获得农业社会化服务组织的生产经营性服务[4]等。组织化的方式是通过建立小农户与现代农业融合发展的组织载体，如村民自治的村社统筹模式[5]、农民专业合作社[6]、农业企业[7]等新型农业经营组织。相较于农业企业，农民专业合作组织可以避免分散小农与企业之间的一次性博弈，是实现农业现代化的重要模式。[8] 这些组织各具优势，在资源禀赋和技术条件等因素已定的情况下，不同的模式产生不同的效率，市场会选择更优的模式进行发展。[9] 当前，并没有形成以小农户为主体的衔

---

[1] 阎世平、龚大永：《我国小农户经营困境与出路》，《广西大学学报》（哲学社会科学版）2018年第6期。

[2] 管珊：《社会化服务的双重组织化：小农户与现代农业的衔接机制——基于土地托管模式的分析》，《当代经济管理》2020年第11期。

[3] 何宇鹏、武舜臣：《连接就是赋能：小农户与现代农业衔接的实践与思考》，《中国农村经济》2019年第6期。

[4] 孔祥智、穆娜娜：《实现小农户与现代农业发展的有机衔接》，《农村经济》2018年第2期。

[5] 陈靖、冯小：《农业转型的社区动力及村社治理机制——基于陕西D县河滩村冬枣产业规模化的考察》，《中国农村观察》2019年第1期。

[6] 徐旭初、吴彬：《合作社是小农户和现代农业发展有机衔接的理想载体吗?》，《中国农村经济》2018年第11期。

[7] 曾博：《基于组织形态发展的工商资本下乡合作模式研究——兼论农户主体权益保障》，《学习与探索》2018年第3期。

[8] 张晓山：《农民专业合作社的发展趋势探析》，《管理世界》2009年第5期。

[9] 廖祖君、郭晓鸣：《中国农业经营组织体系演变的逻辑与方向：一个产业链整合的分析框架》，《中国农村经济》2015年第2期。

接方式，小农户与农业经营组织之间地位悬殊、关系不平等，小农户更多地处于市场或人格依附状态，① 这种关系存在潜在的不稳定性。因此，实现小农户与现代农业融合发展要注重提高小农户在价值链中的"话语权"。② 此外，要解决小农户和现代农业有机衔接的问题，还应注重推进有关农户产权制度、交易和收入分配制度等制度改革。③

四 国内外关于中国农村基本经营制度的研究

在坚持家庭经营的前提下，如何推进农业经营方式的创新，是以小农经营为主的国家需要解决的困难。④ 中国农村基本经营制度是指导和规范中国农村经济发展的基础性制度之一，统分结合双层经营体制既决定了小农户这一生产主体的存在，也包含了各种实现农业现代化的组织形式。因此，坚持和完善农村基本经营制度与实现小农户融入现代农业体系密切相关。

（一）国外关于中国农村基本经营制度的研究

农村基本经营制度是中国特色社会主义的产物，国外虽未能形成系统的研究，但有关中国农村基础性制度及次级制度⑤的探讨对中国实现小农户融入现代农业体系具有一定的启发。

一是农村基本经营制度符合中国国情，具有制度活力。Liu 等认为，中国分散的制度创新协调了国家、地方和个人之间的冲突，实现了集体生产到家庭经营的帕累托改进，但制度的确立也使农民地权个人化，加剧了产权复杂性，导致了新的社会问题。此外，这种家庭分

---

① 叶敬忠、豆书龙、张明皓：《小农户和现代农业发展：如何有机衔接？》，《中国农村经济》2018 年第 11 期。
② 蒋永穆：《积极探索农村基本经营制度的多种实现形式》，《社会科学辑刊》2017 年第 3 期。
③ 阮文彪：《小农户和现代农业发展有机衔接——经验证据、突出矛盾与路径选择》，《中国农村观察》2019 年第 1 期。
④ 罗必良、李玉勤：《农业经营制度：制度底线、性质辨识与创新空间——基于"农村家庭经营制度研讨会"的思考》，《农业经济问题》2014 年第 1 期。
⑤ 本书将小农户融入现代农业体系的制度分为基础性制度和次级制度，具体见第四章。

散经营还带来了土地细碎化、缺乏规模效益等难题，阻碍了农业现代化的实现。[1]

二是土地制度改革在农村发展中能发挥重要作用。中国的农村土地使用权及相关产权安排能直接影响农民的生产行为，稳定并长期的土地使用权能促进农民增加土地和资本的投入。[2] 近年来，中国的土地目标是保护农民土地使用权和提高土地资源使用率，要提高农民的土地收益，集体所有权应给予一定的权利让渡。面对人口密度大、土地紧缺等现状，Rodríguez 等指出，中国土地分配政策须伴随家庭人口结构的变化而变化，可以通过土地再次均分，缓解家庭和集体之间的矛盾。[3] 可见，国外学者主张通过土地制度改革来解决中国农村经济中存在的问题，十分重视土地制度的功能。

（二）国内关于我国农村基本经营制度的研究

我国农村基本经营制度是历史的选择，集体的"统一经营"能发展生产力，小农户的"分散经营"能提高小农户的积极性，二者相辅相成，不容动摇。国内对农村基本经营制度的研究涉及范围广，其重点在于制度的内涵、制度所存在的问题以及如何对制度进行改革等。

近些年农村基本经营制度从"二元论"[4]"三元论"[5] 扩展到"一个中心，三个基本点"[6]，丰富了农村基本经营制度的内涵。同时，针

---

[1] Liu, S., Carter, M. R., Yao, Y., "Dimensions and Diversity of Property Rights in Rural China: Dilem-mas on the Road to Further Reform", *World Development*, Vol. 26, No. 10, Oct. 2004, pp. 1789 – 1806.

[2] Li, G., Rozelle, S., Brandt, L., "Tenure, Land Rights, and Farmer Investment in Centives in China", *Agricultural Economics*, Vol. 19, No. 1 – 2, Sep. 1998, pp. 63 – 71.

[3] Gutiérrez, R. L., et al., "Maintaining the Contract Responsibility System of Forest Land Distribution in China: Evidence from a Novel Financial Compensation Scheme in Daxi Village of Anji County, Zhejiang", *Land Use Policy*, Vol. 30, No. 1, Jan. 2013, pp. 863 – 872.

[4] 孙中华：《关于稳定和完善农村基本经营制度的几个问题（上）》，《农村经营管理》2009 年第 5 期。

[5] 张德元：《农村基本经营制度的异化及其根源》，《华南农业大学学报》（社会科学版）2012 年第 1 期。

[6] 米运生、罗必良、曾泽莹：《农村基本经营制度改革：中心线索、重点变迁与路径取向》，《江海学刊》2015 年第 2 期。

对双层经营制度中"统"的认识也在不断深入。程民选、徐灿琳指出,"统"的实质是农民认可的农业生产经营的社会化组织功能。① 从而"统一经营"不再局限于农村集体经营组织,而是多样化的农业产业组织或农业社会化服务组织。② 当下,分散经营和统一经营潜能未能释放,需要发挥集体经济组织的作用提高农业组织化程度。③ 而作为发挥"统"功能的核心组织——农村集体经济组织,国家政策虽确立其法律地位和权利,但没有具体地规定其定义、表现形式、如何成立与运营、如何参与经济活动等,这就在根源上导致了农村集体经济有名无实,形如虚设。

　　农村基本经营制度的发展史就是生产关系在调整过程中实现适应生产力发展水平的演变史。④ 其中,农村土地制度是农村基本经营制度的基础,是农村基本经营制度变迁的核心。⑤ 当前,在农村基本经营制度下,土地分散化、细碎化问题严重,⑥ 现行的土地产权制度不完善,法律赋予农民使用权不完整,流转规模小,集体经营名存实亡等,⑦ 影响了农地利用效率,制约了农村基本经营制度的完善。⑧ 为此,在土地制度改革中,不仅要不断探索集体成员之间持有土地权利的方式,⑨ 还

---

① 程民选、徐灿琳:《对坚持和完善农村基本经营制度的新探索》,《江西财经大学学报》2018年第5期。
② 谭贵华:《改革开放以来农村基本经营制度的内涵演变》,《农林经济管理学报》2014年第4期。
③ 翟涛、胡俊、孙哲、韩旭:《我国农村基本经营制度的制度潜力与实现路径》,《农业经济》2016年第2期。
④ 刘笑萍:《论我国农村基本经营制度的演变与创新》,《经济地理》2009年第2期。
⑤ 李尚蒲:《农村基本经营制度:在稳定的前提下不断完善——"中国农村基本经营制度学术研讨会"综述》,《中国农村经济》2013年第4期。
⑥ 翁贞林、阮华:《新型农业经营主体:多元模式、内在逻辑与区域案例分析》,《华中农业大学学报》(社会科学版)2015年第5期。
⑦ 陈江:《家庭经营为基础、统分结合的农村基本经营制度的反思与重构》,《西华师范大学学报》(哲学社会科学版)2016年第4期。
⑧ 孔祥智、刘同山:《论我国农村基本经营制度:历史、挑战与选择》,《政治经济学评论》2013年第4期。
⑨ 唐忠:《改革开放以来我国农村基本经营制度的变迁》,《中国人民大学学报》2018年第3期。

要严守用途管制等制度底线，实现农业经营方式的转型。① 此外，还应协调规模经营与小生产的关系，落实农地"三权分置"制度，推进经营权抵押贷款，强化耕地保护，改革土地征收制度等。②

五 相关文献评述

通过以上关于小农户的文献梳理可以看出，国内外学者对小农理论、小农生产经营的行为进行了系列研究。马克思主义经典作家坚持"小农消亡论"，主张通过合作化运动进行改造，具有一定的历史意义，也为社会主义国家的小农发展与改造指明了方向。但小农这一生产方式得以保存与延续，也说明了这种生产经营形式具有一定的生命力。国内外学者都对小农户行为进行了深入研究，形成特点鲜明的小农类型。这些文献对研究我国小农户具有启发意义。综合已有研究来看，学者虽对小农是否消亡展开了激烈的辩论，但是，对我国小农户存在的客观性和必然性缺乏全面的认识。同时，对小农户本身的经济行为选择的文献较少，结合小农户生产经营行为对其融入现代农业体系的考察并不丰富。

通过以上对现代农业的文献梳理可以看出，国内外学者专注于现代农业的发展阶段以及实现方式等研究。现代农业是进入现代社会以后用现代生产要素、现代生产经营组织形式进行生产经营的农业阶段。国内外的农业发展阶段各具特点，不同的农业现代化阶段具有不同的实现方式。对于农业组织研究而言，学者的主要关注点在于对各种组织形式及效率的研究，这为小农户融入现代农业体系提供了可行的组织路径以及组织选择。综合已有研究可以看出，某一具体组织形式的研究较多，而组织之间的比较研究较少；以经济效益评论为视角的研

---

① 罗必良、李玉勤：《农业经营制度：制度底线、性质辨识与创新空间——基于"农村家庭经营制度研讨会"的思考》，《农业经济问题》2014年第1期。
② 韩长赋：《中国农村土地制度改革的历史变迁与创新实践》，《农村·农业·农民》（B版）2019年第1期。

究较多，而鲜有以小农户作为经济主体，将小农户利益、小农户选择与农业组织形式联合起来研究。同时，并未对如何将小农户组织起来的路径进行全面剖析，缺乏一个系统性的讨论。

通过对小农户融入现代农业的文献梳理可以看出，规模化并不是影响小农户提高生产效率、实现现代农业的唯一因素，当前小农户还面临制度支持不足、素质低下、信息不足等一系列问题。在推进规模化的同时可以通过市场化、组织化实现小农户融入现代农业。虽然已有研究认识到了小农户相较于规模经营主体而言存在竞争劣势，但对于制度、组织如何影响小农户融入现代农业并未深入探讨。对于小农户融入现代农业而言，也并未系统分析农业生产体系、经营体系和产业体系，难以形成推动现代农业发展与兼顾小农户融入现代农业体系的全局观。

通过对我国农村基本经营制度的文献梳理可以发现，国内外对我国农村基本经营制度的探讨主要集中在制度的内涵、土地产权制度改革、制度存在的问题以及完善方法等方面。虽然一些学者已认识到农村基本经营制度中"统"功能缺失影响了该制度发挥作用，但是现阶段对"统"功能的理解依旧过于片面，未给予有关理论支撑。随着改革的推进和各种新型农业经营主体的兴起，改变着农村的基本面，若对制度的理解并不能随着实践的发展而推进，那么，在实践中所形成的多种多样的"统"就难以得到认可，不利于推动小农户实现现代化，也不利于农村基本经营制度的进一步完善。

综上所述，现有文献虽然涉及小农户、现代农业、农村基本经营制度等主题词的文献繁多，但并未对"中国小农户融入现代农业体系"这一命题进行系统性研究，也鲜有对这一命题与农村基本经营制度的关联性研究，以致对我国小农户与现代农业发展有机衔接的研究缺乏一个理论密切联系实践的解释框架，也未能将小农户与现代农业发展有机衔接和坚持与完善我国农村基本经营制度从理论上联系起来。由于小农户是一个具有争议的话题，论述这一命题，首先，应对小农户的争议进行回应，论证其存在的客观性；其次，应将农村制度、农业经营组织、农民的行为特征等影响小农户实现现代农业的因素联系起来。为此，本书基于马克思主义研究范式，在论证"中国小农户融入现代农业体系"这一命题的基础上，研究在我国农村基本经营制度下如何实现小农户融入现代农业体系，为小农户融入现代农业体系提供一个理论解释框架，也为坚持和完善我国农村基本经营制度提供一个可行的思路。

第四节 研究思路、研究内容及研究方法

一 研究思路

我国小农户融入现代农业体系是补齐农业现代化短板的必要环节，也是坚持和完善我国农村基本经营制度，充分发挥制度优越性和提升制度活力的重要举措。随着"两权分离"到"三权分置"、土地流转制度的推进、新型农业经营体系的建立等，我国农业生产规模化、组织化、集约化等日益凸显，小农户分散经营的局面有所改善，但目前小农户分散经营仍然占据主要地位，阻碍现代农业的推进。为此，本书基于小农户生产经营落后、阻碍现代农业发展的背景，首先，论证中国小农户融入现代农业体系这一命题的科学性和现实性，检视我国小农户融入现代农业"三大体系"的现状，提高对这一命题的认知；其次，在理论分析的基础上，构建"制度—组织—行为"分析框架，具体分析如何实现小农户现代化；最后，借鉴国外发展成果为我国小农户融入现代农业体系提供政策参考，推动我国小农户与现代农业发展有机衔接。从而，本书遵循"提出问题—构建分析框架—论证问题的科学性与现实性—对问题进行具体分析—提出对策建议"这样一个逻辑路径展开研究，研究的技术路线如图1-1所示。

```
问题的提出 ──→ 选题背景与研究意义
              基本概念界定              ⇐  绪论
              国内外相关研究及评述
              研究思路、研究内容及研究方法
     ↓
问题研究基础 ──→ 马克思主义政治经济学相关理论
              新制度经济学相关理论        ⇐  基础理论梳理
              产业组织理论
              行为经济学理论

              命题价值、命题内涵及命题现状  ⇐  命题审视及现状
     ↓
问题的具体    ──→ 我国小农户融入现代农业体系的制度分析   "制度—组织—
分析              我国小农户融入现代农业体系的组织分析  ⇐  行为"分析
                  我国小农户融入现代农业体系的行为分析

                  我国小农户融入现代农业体系的案例分析  ⇐  案例分析
     ↓
问题的解决 ──→ 小农户融入现代农业体系的国际经验及启示  ⇐  国际经验借鉴
              研究结论、政策建议及展望             ⇐  政策建议
```

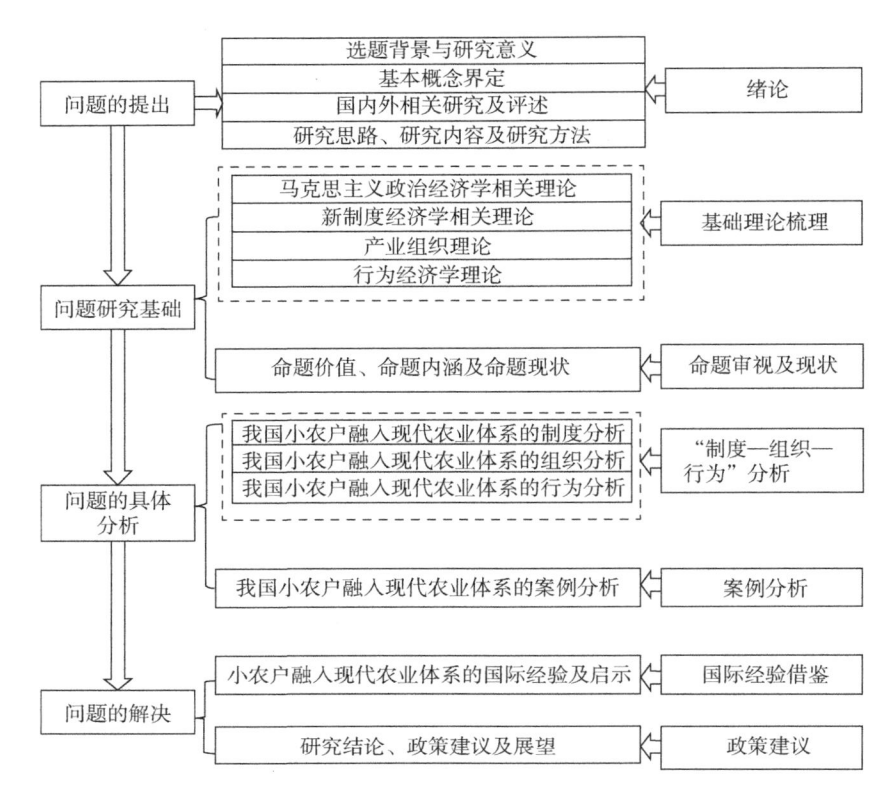

图 1 – 1 本书研究的技术路线

二 研究内容

本书总共分为九章,具体安排如下。

第一章是绪论。阐明研究背景,据此提出本书研究的理论意义和现实意义。概述基本概念,评述国内外相关研究现状,在此基础上构建本书的研究思路、研究内容和研究方法。

第二章是理论基础与分析框架。阐述本书的相关理论基础:马克思主义政治经济学相关理论、新制度经济学相关理论、行为经济学理论以及产业组织理论。以"制度—组织—行为"分析框架,从制度的结构与均衡、组织的构建与体系以及行为主体的选择视角入手,对小农户融入现代农业体系进行分析。

第三章论述"中国小农户融入现代农业体系"的命题价值与理论内涵。揭示我国当前的小农户并非马克思恩格斯当年所论述的"小农",论证中国小农户融入现代农业体系这一命题的科学性与现实性,检视我国小农户融入现代农业体系的基本情况。

第四章从制度视角分析我国小农户融入现代农业体系的作用机理。阐述制度变迁逻辑,分别从农村制度变迁主体、动因、结构中分析制度对小农户生产经营的影响及推动农业现代化的情况;探索如何在坚持农村土地集体所有制、小农户家庭承包经营制度的基础上进行次级制度改革。

第五章从组织视角分析我国小农户融入现代农业体系的作用机理。从分工的角度分析内部组织功能和社会化组织功能,对不同新型农业经营组织的组织化过程进行分析,阐明不同组织带动小农户融入现代农业体系的具体方式,厘清新型农业社会化服务组织和新型农业经营组织的关系。

第六章从行为视角分析我国小农户和新型农业经营组织双方行为选择的依据和目的。基于思想观念、理性选择、要素禀赋变化对小农户行为进行分析,基于新制度经济学的交易费用、契约理论、产权理论对新型农业经营组织的行为进行分析,探究双方行为目的,通过博弈的方法研究双方行为选择。

第七章选取不同的实践案例对我国小农户融入现代农业体系进行分析。在实际调研的基础上,以山西省洪洞县、贵州省娘娘山产业园区、贵州省兴仁县为研究对象,对所选区域如何带动小农户融入现代农业体系进行研究,分析制度变革、组织构建在带动小农户融入现代农业体系中的作用,通过案例分析小农户融入现代农业体系的不同实践模式。

第八章是小农户融入现代农业体系的国际经验及启示,通过总结日本、韩国、荷兰小农户实现现代农业的经验,以期获得对我国小农户融入现代农业体系的有益启示。

第九章是研究结论、政策建议及展望。通过上述理论联系实际的分析,概要总结本书的研究结论,针对如何促进我国小农户融入现代农业体系提出相关政策建议，对后续研究做出展望。

三 研究方法

本书研究遵循马克思主义理论紧密联系实际的基本方法，借鉴新制度经济学等学科的分析方法，综合运用制度分析方法、实证分析与规范分析相结合的方法、归纳分析与比较分析相结合的方法进行研究。

一是制度分析方法。制度分析方法主要借鉴马克思主义制度分析思想，结合新制度经济学分析方法进行分析。马克思主义制度分析思想建立在生产力与生产关系矛盾运动的基础上，通过"生产方式—社会结构"解释制度变迁的动力，从理论抽象的角度揭示社会发展规律，强调任何制度都处于动态演变中，由低级向高级不断完善。新制度经济学主要通过分析交易费用与制度形成的内在关系，以个人追求利益为假设，以"成本—收益"为动力探索经济发展与制度变迁的原因。本书基于马克思主义的制度分析思想，借鉴新制度经济学的合理成分，将二者结合起来论述我国农村制度变迁，以奠定本书的理论基础。再通过对小农户加入新型农业经营组织的成本与收益的分析，研究组织行为选择和小农户行为选择、利益博弈等问题。

二是实证分析与规范分析相结合的方法。实证分析主要用于回答"是什么""为什么"的问题，规范分析则用于回答原本"应该是什么"的问题。前者通常对经济现象、经济行为采用定性与定量、均衡与非均衡、动态与静态等具体的研究方法进行客观分析，其结论需用事实进行验证；而后者在价值判断的基础上，根据已有的判断准则研究事物是否符合这些标准，若不符合，如何进行相应的调整；二者虽有本质区别但又紧密联系，相互贯通。本书首先采用实证分析与规范分析相结合的方法，在我国农村现行制度约束下，客观描述和研究小农户融入现代农业体系的制度安排、组织类型和行为选择；其次，运用规范分析方法，在价值判断的基础上，根据小农户融入现代农业体系的内涵与要求，选取案例分析小农户如何融入现代农业的不同体系；最后，结合已成功的国际经验提出促进我国小农户融入现代农业体系的政策建议。

三是归纳分析与比较分析相结合的方法。归纳分析法是在收集系列事物经验与素材的基础上,通过总结所得材料的特点而寻求基本规律与基本结论,是从个别到一般的思维过程。比较分析法可选取适当的评价指标,通过横向或纵向视角对事物区别比较,实现对事物性质的深入研究。归纳分析与比较分析的综合运用,可以将细散的知识系统化,深入分析事物的本质特征,克服简单归纳对事物认识的不足。本书通过对新型农业经营组织进行分类归纳,以明确新型农业经营组织的类型及其特点;也通过对不同新型农业经营组织在经济属性、形成过程、产权界定等方面的分析,在比较研究中深入探索不同新型农业经营组织的运行机理以及带动小农户融入现代农业体系的不同形式。

第五节 可能的创新与不足

一 可能的创新

第一,基于马克思主义政治经济学分析范式,借鉴新制度经济学有关分析方法,在坚持农村基本经营制度的基础上构建"制度—组织—行为"多视角的分析框架,从方法论角度,从宏观到微观厘清小农户融入现代农业体系的逻辑框架,丰富发展具有中国特色的农业理论。制度视角主要从制度变迁主体和方式、制度变迁动因、制度结构和制度均衡进行阐述;组织视角主要从组织形式及组织化过程、新型农业经营体系和社会化服务体系协同共建进行阐述;行为视角充分考虑小农户和新型农业经营主体之间的博弈,探究双方行为选择的经济依据。制度、组织、行为三个视角从宏观到微观构建起我国小农户融入现代农业体系的理论分析框架。

第二,从马克思主义分工理论出发,对新型农业经营组织的内部组织功能与社会化组织功能进行区分,提出我国农村基本经营制度中

"统"的实质是农民认可的农业生产经营的社会化组织功能，从理论上阐明新型农业经营组织是"统"的主体，转变只有农村集体经济组织才具有"统"功能的传统观点，重新审视我国农村基本经营制度中"统"与"分"的辩证关系。通过"统分结合"将小农户"统"起来，将小农户与新型农业经营组织之间对立的关系转变为互利共赢的关系。对"统"的内涵及主体的认识丰富了我国统分结合的农村基本经营制度的理论内涵。同时，提出重视农村集体经济组织的经济功能和政治功能，要发挥农村集体经济组织生产经营、服务等职能，注重农村集体经济组织所有权、管理权、收益权等权能的实现，推动农村集体产权改革等建议。这些研究将我国小农户融入现代农业体系与坚持和完善农村基本经营制度紧密结合，推动二者协同发展。

第三，提出了中国小农户融入现代农业体系这一命题，为小农户与现代农业发展有机衔接提供一个可研究的视角。本书认为实现小农户与现代农业发展有机衔接，必须让小农户融入现代农业生产、经营以及产业体系，这就构成了中国小农户融入现代农业体系这一命题的科学内涵。现代农业发展的落脚点在于构建现代农业"三大体系"，要实现小农户与现代农业发展有机衔接，其实质就是将小农户生产力与生产关系融入现代农业三大体系。小农户融入现代农业生产体系，重在通过生产要素的流动，解决小农户生产力低下的问题。小农户融入现代农业经营体系，重在从组织化视角实现小农户与农业经营组织之间的利益共享，要求将小农户纳入新型农业经营组织统一的生产经营核算体系，侧重于改善生产关系问题。而小农户融入现代农业产业体系，则重在推动小农户加入社会化分工体系，融入产业细分和产业融合过程。

二 存在的不足

我国小农户融入现代农业体系是一个复杂的系统工程，也是一个不断演进的议题，囿于作者水平和文章篇幅，本书的研究也存在诸多不足，主要体现在以下方面。

第一，本书研究主要依靠理论分析，尽管对理论分析进行了案例的经验性检验，但缺乏量化的实证分析。其原因一是缺乏微观层面的数据样本；二是"制度—组织—行为"的多视角研究难以量化处理。在后续的研究中，需要持续关注这一领域的问题，以寻求对其量化分析的切入点。

第二，本书的政策建议主要是依据所构建的理论框架分析得出的逻辑结论，研究过程中虽进行了实际的田野调查，但因样本有限难免存在局限。本书从宏观的视角提出的政策建议，各地实施需结合实际情况予以考量。因此，政策建议还需不断细化和深化。

第三，本书在全国视角下对小农户融入现代农业体系展开研究，但是我国农业发展水平参差不齐，小农户融入现代农业体系水平也不同，地区间的差异难以在仅有的篇幅中展开论述，还需后续予以专题探讨。

第二章 理论基础与分析框架

第一节 理论基础

一 马克思主义政治经济学相关理论

（一）马克思主义小农理论

马克思主义小农理论是研究农民问题的基础理论。马克思恩格斯以 18 世纪英法德等国家的小农为研究对象，形成了对小农的内涵、特点、发展方向以及改造的系统理论，这一系统理论有效地启发和支撑后续有关农民问题的研究。

首先，马克思恩格斯笔下，小农定义清晰，具有自给自足、私有性质等特点。小农"是指小块土地的所有者或租佃者——尤其是所有者，这块土地既不大于他以自己全家的力量通常所能耕种的限度，也不小于足以让他养家糊口的限度。……家庭是自给自足的，几乎生产它所需要的一切，而村庄则更是如此"①。这种生产方式互相隔离，彼此封闭，不相往来，它只同生产与社会的狭隘的自然界相容，小农生活资料也主要与自然交换。因此，小农生活条件相同，"排斥生产资料的积聚，也排斥协作"②，彼此间难以形成多种多样的关系。这样的

---

① 《马克思恩格斯文集》（第 4 卷），人民出版社 2009 年版，第 512—513 页。
② 《马克思恩格斯文集》（第 5 卷），人民出版社 2009 年版，第 872 页。

生产方式难以满足社会发展的物质需求。在自给自足的生产体系中，随着小农人口的增加，土地越发分散，导致土地的价格也不断提升，加之传统小生产抵御自然风险能力弱，极易贫困化。

其次，小农生产方式将被资本主义社会化大生产所取代。马克思恩格斯认为，小农生产方式必然和资本主义生产方式形成尖锐的冲突，形成落后分散的生产经营与先进生产工具和技术应用之间的矛盾以及私有产权和社会化大生产之间的矛盾。生产力的发展推进了生产关系的变革，个体小生产被社会化大生产所淘汰，土地与劳动力分离，小农变成无产者。最终，社会化大生产将取代小生产。随着规模的扩大，资本主义先进生产技术和机械的运用，资本主义农场集体的、有组织的劳动及各种发明的应用，小农生产方式将转变为社会化生产方式。

最后，在工人阶级运动过程中，工人取得政权后面对不同的农业情况，应采取不同的改造措施。马克思恩格斯认为，在大土地私有制占主导地位的国家或地区，采取以土地国有化的方式消灭工业和农业中的资本主义生产方式，[1] 实现土地收归国有。同时，马克思恩格斯也指出，土地国有化更适合英国或德国东部、东北部等大土地私有制占主导地位的国家或地区。而小土地私有制占主导地位的国家或地区，工人阶级"一开始就应当促进土地的私有制向集体所有制过渡……但是不能采取得罪农民的措施"[2]。在掌握政权以后，也"不会考虑用暴力去剥夺小农"[3]，不能以自身干预去强加其灭亡，而是应充分尊重农民意志，通过示范、社会帮助将私人占有和生产变为合作社占有和生产。若小农坚持不采取过渡到合作社的形式，也应给

---

[1] 马克思指出："在一个资产阶级的政权下，实行土地国有化，并把土地分成小块租给个人或工人合作社，这只会造成他们之间的残酷竞争，促使'地租'逐渐上涨，反而为土地占有者提供了新的便利条件，靠生产者来养活自己。"从而，马克思提倡工人阶级取得政权以后应实行土地国有化，而不是指资产阶级采取土地国有化。参见《马克思恩格斯文集》第3卷，人民出版社2009年版，第232—233页。

[2]《马克思恩格斯文集》（第3卷），人民出版社2009年版，第404页。

[3]《马克思恩格斯文集》（第4卷），人民出版社2009年版，第524页。

他们留足思考的时间，以尽可能地争取小农，提高其社会改造的可能性。

因此，在对小农的改造过程中，马克思主义小农理论主要是通过土地所有制改革、生产方式变革来改造小农。从生产关系来看，必须废除土地私有制；从生产方式来看，以合作生产作为资本主义向共产主义过渡的中间环节，合作化是对小农落后生产关系改造的重要方式。

(二) 生产力与生产关系理论

生产力与生产关系理论是马克思历史唯物主义理论的根基。马克思认为，生产力即劳动生产力，是人们征服和改造自然的能力，是人类改造自然的一般过程。生产力是客观存在的能力。同时，生产力是集体的、社会的力量，人们的共同生活可造就"成倍增长的生产力"[1]，并且"表现为一种完全不依赖于各个人并与他们分离的东西"[2]。生产力受多种因素影响，包括自然条件、生产规模、劳动力素质、科学发展水平以及交通、能源等。同时，马克思也给出生产关系观念，"人们在自己生活的社会生产中发生一定的、必然的、不以他们的意志为转移的关系，即同他们的物质生产力的一定发展阶段相适应的生产关系"[3]。生产关系是"以一定的方式进行生产活动的一定的个人，发生一定的社会关系和政治关系"[4]。这种关系不仅是在生产中、交往中形成的人和物的关系，更是人们彼此之间的关联。在多种生产关系中，最核心的内容是生产资料所有制关系，这是人进行生产活动的前提，决定着生产、分配、交换、消费之间的相互关系。

在《德意志意识形态》中，马克思提出生产力与生产关系之间的矛盾是社会发展的动力源泉，揭示了生产关系和社会经济关系发展的规律与动因。生产力和生产关系是经济过程的两个侧面，共处于矛盾

---

[1] 《马克思恩格斯文集》(第1卷)，人民出版社2009年版，第538页。
[2] 《马克思恩格斯文集》(第1卷)，人民出版社2009年版，第580页。
[3] 《马克思恩格斯文集》(第2卷)，人民出版社2009年版，第591页。
[4] 《马克思恩格斯文集》(第1卷)，人民出版社2009年版，第523—524页。

的统一体中，贯穿于人类历史发展的全过程。首先，生产力对生产关系具有决定作用。人类生产、分配、交换和消费等社会关系是在生产活动中产生出来的，主要由生产力决定，也随着物质生产资料、生产力的变化而变化，当生产关系难以满足生产力发展要求时，将被更高级的生产关系所取代。在这种螺旋式的发展中，推动了生产力的增长，产生了社会关系的变动；同时，生产关系也将反作用于生产力。当"社会的物质生产力发展到一定阶段，便同它们一直在其中运动的现存生产关系或财产关系……发生矛盾。……随着经济基础的变更，全部庞大的上层建筑也或慢或快地发生变革"①。可见，马克思主义历史唯物论包含了丰富的制度分析思想，对制度的研究首先应分析整个社会制度基础的生产力与生产关系，再对上层建筑进行合理说明。

（三）分工与协作理论

马克思主义经典作家在批判和继承亚当·斯密的劳动分工理论的基础上，对分工理论做了科学的完善，如厘清分工与交换的关系，研究资本主义分工的特殊性，对内部分工与社会分工进行区别等。

马克思认为，生产力的进步必然带来社会生产方式的改变，小生产方式将实现劳动社会化和生产资料的社会使用。这种社会关系从性质来看，又可以分为人与人之间的经济关系和人与人之间的技术关系，即分工和协作的关系。

分工是在生产规模扩大、劳动种类增多、人口增长等多种因素下共同作用而形成的，是生产力发展到一定阶段的产物，其本质是社会劳动的一种形式。马克思将分工划分为"工场手工业分工和构成一切商品生产的一般基础的社会分工"②，也即通常所说的企业内部分工和社会分工，这两种分工具有不同的性质。企业内部分工以生产资料集中在企业为前提，体现了私人劳动过程转化为社会劳动过程的历史性，重

---

① 《马克思恩格斯文集》（第2卷），人民出版社2009年版，第591—592页。
② 《马克思恩格斯文集》（第5卷），人民出版社2009年版，第406页。

在提高商品生产的劳动生产率。从生产力来看，企业是一种生产力组织，从产权、利益关系来看，企业又体现了特定社会制度下的生产关系，反映出社会及时代特有的本质特征。社会分工"以生产资料分散在许多互不依赖的商品生产者中间为前提"①，并且"以不同劳动部门的产品的买卖为中介"②，通过市场交易来实现。由于这些商品生产者处于不同的生产领域，这一过程也就伴随着互不依赖的生产领域之间的交换，是由多个生产部门和生产单位组成的复杂系统。人类发展历史是生产力发展的历史，也是分工影响下的生产力与生产关系发展的历史。从而，分工是生产力决定生产关系、经济基础决定上层建筑的关键所在，具有生产力与生产关系的双重属性，分工的演进成为社会制度变迁的根据。

在分工的基础上，马克思进一步提出"许多人在同一生产过程中，或在不同的但互相联系的生产过程中，有计划地一起协同劳动，这种劳动形式叫做协作"③。这种协作所产生的生产力并非单个劳动力的机械相加，在这种有计划的协同劳动中，劳动者"摆脱了他的个人局限，并发挥出他的种属能力"④，提高了个人生产力，并创造出一种新的生产力，"这种生产力本身必然是集体力"⑤，又可以称之为"社会的劳动生产力或社会劳动的生产力"⑥。这种协作所产生的生产力来源于协作过程中劳动机械力的提高、劳动范围的扩大、劳动力使用效率的提高、非生产费用的节约以及被激发的个人竞争力等方面。这种协作需要劳动者集结在一定的空间，生产资料积聚的程度决定了协作的范围和生产的规模。

劳动分工与协作既有区别又有密切联系。分工侧重于某一劳动

---

① 《马克思恩格斯文集》（第5卷），人民出版社2009年版，第412页。
② 《马克思恩格斯文集》（第5卷），人民出版社2009年版，第412页。
③ 《马克思恩格斯文集》（第5卷），人民出版社2009年版，第378页。
④ 《马克思恩格斯文集》（第5卷），人民出版社2009年版，第382页。
⑤ 《马克思恩格斯文集》（第5卷），人民出版社2009年版，第378页。
⑥ 《马克思恩格斯文集》（第5卷），人民出版社2009年版，第382页。

的专门化，而协作侧重于劳动的群体效应。在工厂内部，劳动小组之间是分工关系，小组内部是协作关系。在企业内部，当单个工人出卖劳动力给同一资本时，随之便产生了对协作的需求，因此在资本主义社会中，劳动协作的前提是实现生产资本化，实现形式是市场交换。

分工和生产力之间是相互影响的关系。一方面，分工极大地促进了生产力的发展。社会分工将复杂劳动细分为多个简单劳动，通过大量的重复性劳动提高熟练程度来提高劳动生产率。同时，社会分工把分散的劳动聚集起来，形成一种新的劳动方式，创造出新的生产力。在分工系统中形成的协作也能提高分工效率。不仅如此，社会分工形成的劳动专业化进一步推进了生产工具的专业化，通过生产工具的改良促进生产力的发展。分工成为生产力发展水平的外显标志。另一方面，生产力也对分工有着显著的影响。只要不是已知生产力的简单扩大，都会引起分工的进步，生产力的发展水平决定了分工的阶段。

二 新制度经济学相关理论

（一）制度变迁理论

新制度经济学以科斯、威廉姆森、德姆塞茨、诺斯等为代表，通过综合运用马克思历史唯物主义、近代制度学派等理论，采用新古典经济学的分析方法，对制度变迁、国家理论、意识形态以及制度与经济的发展等进行了系统的分析。虽然分析起点、分析方法与马克思历史唯物主义不同，但思想体系深受马克思主义制度分析思想的影响，其理论体系是对马克思主义制度分析思想的补充，拓展了制度、制度变迁的研究视角。

新制度经济学家认为，由于人的有限理性以及有限认知，在交易中会产生各种机会主义行为，为降低交易的不确定性，帮助交易双方形成稳定的预期，形成了制度。因此，制度是行为人主动设定的"游戏规则",包括规章和法律等"正规约束"和行为准则、习惯等"非正规约束"以及这些约束的"实施特性"。① 因此,制度包含法律和道德两个层次的内容。

诺斯认为制度变迁的动力源于对外部利润(潜在利润)的追求。当外部环境变化,如相对价格(要素比率、技术、信息成本等)或偏好(观念、宗教、教义以及其他意识形态)发生根本变化,已有制度结构不能获取环境变化带来的收入增加或防止外部环境带来的收入减少时,制度已不再是最佳状态,需要建立新的制度以进行权力和利益的再分配,实现潜在利润内部化。这种相对价格或偏好的变化可能是内生因素,也可能是外生因素。这种制度分析是以个人主义为方法论,充分强调个人的偏好,坚持以自身利益最大化为目标,从个人认知、技能、知识差异、外在环境等基础上分析研究问题。从而在新制度经济学中,个人主义、有限理性、效用最大化是分析制度变迁的重要准则。

在《经济史中的结构与变迁》中,诺斯在对经济制度变迁的历史研究中指出,保持经济活力的源泉在于长期有效的制度结构,因此,制度变迁是国家发展的重要议题。制度变迁是对规则、准则、实施组合的边际调整,继而新制度学家将供求均衡与非均衡的分析框架用于制度变迁分析,从制度供给与需求两个方面分析制度演变。影响制度供给的因素主要有正式制度、非正式制度、意识形态以及对现有制度的路径依赖、制度变迁成本等;而影响制度需求的因素主要有宪法秩序、技术、市场规模、产品和要素价格等。不同于普通商品的供给方与需求方能对供需情况做出灵敏的反应,制度变迁中存在制度变迁成本和路径依赖,那些经济绩效极差的经济模式还能存在相当长的时间,也就"不存在任何因果的或是必然的理论推动社会制度走向成熟"②。

---

① North, N. C., "Economic Performance through Time", *American Economic Review*, Vol. 84, No. 3, June. 1994, pp. 359 – 368.
② 伍开群:《制度变迁:从家庭承包到家庭农场》,《当代经济研究》2014年第1期。

在人的有限理性与机会主义下，报酬递增以及由复杂的交易费用所确定的不完全市场将规范制度变迁的路径。前者旨在说明正规制度的创立将演变出大量非正规制度，制度矩阵相互依赖造就巨大的规模效益，同时也成为制度变革的保守力量，使制度与组织具有相对稳定性；后者旨在说明在信息不完全、交易成本巨大的市场中，路径依赖不可避免，将形成动态的经济变迁。

制度变迁是制度创立、变化及被打破的方式，根据变迁的方向不同，可分为自下而上的诱致性制度变迁以及自上而下的强制性制度变迁。诱致性制度变迁是指行为主体在追逐利益时自发性地进行再签约，当主体不能获利后，就产生了改变制度的需求。而强制性制度变迁是由权力中心决定的制度变迁，由权力中心对制度进行直接供给。前者主要存在于具有市场经济特征的分散型决策体制中，后者主要存在于供给型主导体制中。这些参与制度变迁的主体被分为初级行动集团和次级行动集团，"任何一个初级团体的成员至少是一个熊彼特意义上的企业家"[①]。

（二）产权理论

1. 产权内涵

产权以财产所有权为基础，反映不同利益主体对某一财产的占有、使用、收益和处分的法定权益，基本内容包含行动团体对资源的使用权、转让权以及收入的享用权。[②] 因此，产权是一组权利束而非单一权利。衡量权能是否完整，可以根据所有者对其是否具有排他性、是否能转让以及转让的程度来判断。总的说来，产权理论以提高资源配置为主线，分析产权安排对经济运行的影响。

[①] ［美］兰斯·E. 戴维斯、［美］道格拉斯·C. 诺斯：《制度变迁的理论：概念与原因》，载于［英］罗纳德·H. 科斯等《财产权利与制度变迁》，刘守英等译，格致出版社、上海三联书店、上海人民出版社2014年版，第189页。

[②] Cheung, S. N. S., "The Structure of a Contract and the Theory of a Non-Exclusive Resource", *Journal of Law and Economics*, Vol. 13, No. 1, Apr. 1970, pp. 49–70.

科斯在《论社会成本问题》中通过系列具体案例分析，对产权在经济中的作用进行了另辟蹊径的诠释，提出和回答了产权界定、产权清晰与经济效率之间的关系。科斯定理说明，在不存在交易成本的情况下，产权清晰界定是资源最优配置的充分必要条件，即无论物品产权在当事人的哪一方都不会影响配置效率；在存在交易成本的情况下，不同的产权界定具有不同的交易成本，从而影响最终的经济效率，影响社会的总福利。也就是说，产权结构的优化对经济效率产生重要影响，直接关系着交易费用的大小，甚至通过重新界定产权产生比产权交易更高的社会福利。

产权源于资源优化配置的需要。具体来看，诺斯和托马斯认为在人口不断增长而资源稀缺的情况下，必然形成对资源的争夺，为了维护经济的正常运行，需要确定产权关系，因此产权源于人口增长；德姆塞茨则认为资源稀缺是由商业活动造成的，商业活动的扩张是产权制度的根源，并且指出产权能引导人们将外部性的激励转变为内在化的激励。从而，由于存在资源稀缺性，为节约交易费用，优化资源配置，便产生了产权。产权成为影响人们行为的重要制度，可通过产权的配置为行为人带来收益。

2. 交易费用

交易成本是产权理论的核心。通俗地讲，交易费用就是在信息不对称的市场下，为了获得市场信息付出的费用、双方谈判费用以及经常性契约费用等。具体来说，包括使用价格机制的费用、经济制度运行的费用、获得信息的费用，或是签订契约、维护契约、修改契约直至推行契约的费用等。其大小受有限理性和机会主义（人的因素）、市场因素（潜在对手数）、交易特征（资产专用性、不确定性、交易频次）以及交易者双方信任关系、分工程度、信息不对称等因素的共同影响。

科斯在《企业的性质》中提出交易费用这一观点并将交易成本引入制度分析框架。在《社会成本问题》中，科斯进一步指出市场和企业是两种组织劳动分工不同的"交易"方式,当企业以"低于利用市场时的成本而达到同样的结果"①时,便能够实现产值的增加,其增加的产值来源于节约的交易费用,即企业配置资源、组织分工所产生的交易费用与市场配置和分工的费用差值。科斯认为,企业之所以能产生更低的交易费用,其原因在于:一是企业实现所有者的联合投入,组成一个独立的交易单位参与市场交易,减少单个交易者之间的交易次数,节约了交易成本;二是在企业内部,市场交易被企业所取代,降低内部交易成本。企业拥有再谈判权、剩余索取权以及出售合约的剩余索取权等,这些权利使企业成为团队生产的有效组织形式。因此,企业存在的边界是企业管理费用与节约的交易费用的差额,交易费用是企业形成的条件。

马克思也曾说:"形态变化 W—G 和 G—W,是买者和卖者之间进行的交易;他们达成交易是需要时间的,尤其是因为在这里进行着斗争,每一方都想占对方的便宜……状态的变化花费时间和劳动力"②。这里所说的花费的时间和劳动力,指的是交易费用。只是马克思将交易费用局限于流通领域,主要指交易中的计算、簿记、买卖、通信等费用,而科斯将交易费用扩展到生产领域,包括生产过程的组织费用,更加全面地体现了交易费用的内涵。

3. 契约理论

威廉姆森在康芒斯的影响下,将交易作为研究的基本单元,通过契约论范式分析交易活动,展开对组织和治理的研究,通过对人际交往的研究,将研究深入微观层面。交易费用理论认为,交易的实质是契约,不同的契约具有不同的交易费用,进而匹配不同的治理结构。交易双方签订契约的目的即节约更多的交易费用,获得最大可能的交

---

① [英]罗纳德·H. 科斯:《社会成本问题》,载于[英]罗纳德·H. 科斯等《财产权利与制度变迁》,刘守英等译,上海格致出版社、上海三联书店、上海人民出版社 2014 年版,第 15 页。

② 《马克思恩格斯文集》(第 6 卷),人民出版社 2009 年版,第 147 页。

易收益。企业本质是一种合约结构，企业内部交易一般是通过长期合约维系的。企业剩余权和控制权是企业所有权的根本所在，不确定性以及由此导致的交易成本产生的企业剩余是企业契约不完全性的内生特征，表现在对剩余额具有要求权和投票权、监督权等。

"委托—代理"理论是契约理论的重要组成部分。随着生产力的大力发展，实现了规模化生产，推动了分工细化，而所有者在生产经营中的能力、知识储备等有限，难以进一步提高组织效率，这便产生了对具备专业知识的代理人的需求，"委托—代理"关系应运而生。委托方即所有权方，是制定契约内容的主导方；而经营权方即代理方，接受契约后负责开展经营活动，以获取报酬。在这一过程中，双方都是为实现自身利益最大化的"理性人"。在委托代理关系中，双方存在不同的效用函数，委托人追求实现自身财富更大化，而代理人致力于实现自身收入最大化和享有更多的自由支配时间等。由于二者存在利益上的不一致，便产生了委托代理问题，需要有效的制度安排，优化激励机制。制度对经济人的激励在一定程度上可直接决定其经济行为，实现不同的经济绩效，从而制度作为内生变量将直接影响资源的优化配置。

三 产业组织理论

马歇尔于 1890 年首次将"组织"作为生产要素提出来。马歇尔认为，追求规模经济导致垄断，构成了规模经济和竞争的矛盾。20 世纪 30 年代，产业组织理论在西方国家发展起来，主要用于分析不同市场结构中的微观主体行为和市场绩效，研究如何建立保护市场机制、提高竞争活力与充分利用规模经济。产业组织的演进对产业规制和反垄断政策的发展产生了重要的影响，而反垄断政策的实施又进一步推动了产业组织理论的发展。随着产业组织理论的演化，张伯伦、罗宾逊等认识到完全竞争和完全垄断的市场都不存在，提出了垄断竞争市场，这为 20 世纪 50 年代哈弗学派提出经典的以"市场结构—市场行为—市场绩效"为框架的 SCP 分析范式奠定了基础。哈弗学派在垄断竞争理论的基础上，通过案例分析的实证方法，认为市场结构影响市场行为，进一步影响市场绩效，即产业组织的性质直接影响组织是否有动力提高技术、改善经营、降低成本。如何通过资源优化配置，建立合理的市场秩序，发挥价格机制的作用，是产业组织理论所要解决的问题。

贝恩的《产业组织理论》的出版，标志着产业组织理论的正式形成。20 世纪 60 年代，芝加哥学派兴起，对哈弗学派缺乏微观基础和逻辑进行了批判。不同于哈佛学派、芝加哥学派与奥地利学派，新制度经济学在交易费用的基础上，通过对企业内部的产权结构、组织结构等进行分析，提出了企业规模大小应由交易费用、技术、组织费用等决定，反过来影响市场结构。20 世纪 80 年代前后，新产业组织理论兴起，博弈论、信息经济学、计量经济学、福利经济学等引入产业组织理论，充分利用了交易费用理论、博弈论等方法分析企业行为，也被称为"行为主义"学派。

四　行为经济学理论

行为经济学引入认知不协调、人格情绪定势、身份地位、局部知识和情境理性等因素，弥补了主流经济学关于"自利""完全理性""信息完全""效用最大化"等基本假设的缺陷，推进了不确定条件下个人决策行为的研究，实现了经济学与心理学的融合。行为经济学家赫伯特·西蒙认为，由于人们受外在因素的影响以及自身能力有限，理性认识能力受到限制，行为人在做选择时，并非如"理性人假说"中以"给自己带来的价值最大"为依据，而是以自己的满意为依据，因此，人的行为难以实现完全理性，也难以做出最优决策。例如，在经济活动中，人们知道如何选择实现自身利益最大化，但是出于意志力、自控力等无法做出最优选择，又如，在追求长期利益或短期利益中，行为人往往偏向于选择短期利益。因此，行为人的行为决策受社会、心理、认知等多重因素的影响。

行为经济学对有限理性进行分类主要有两种思路，一是基于代表性个体的模型，这种模型赋予行为人相等且不完美的理性，决策者具有同质性的特点；二是基于噪声行动者的模型，该模型中存在聪明的人和愚钝的人，反映出行为人具有异质性。通过提出有限理性、有限自理与有限意志力三大基石，以放宽假设来增强新古典经济学的预测能力。

在关于农业经营主体行为的研究中，西奥多·W.舒尔茨在《改造传统农业》中认为，小农具有完全理性，否定了传统观点中认为农民是愚昧无知的，难以对外界刺激形成反应的观点。舒尔茨认为，小农的生产资料配置效率不低，可以凭借已有的经验对农业生产经营决策做出调整，实现资源的合理配置。塞缪尔·L.波普金、林毅夫等都提出了类似的看法，认为小农户可以在自身偏好的基础上做出自认为能带来期望收益和效用最大化的选择。而恰亚诺夫则认为小农户行为是社会理性而非经济理性，投入和产出率不是小农户主要的衡量标准，小农户主要考虑的是如何满足生存条件。由于存在劳动收入可用于消费的"收入正效应"和劳动中所要承担辛苦的"劳动负效应"，小农户主观决策需要在休闲和劳动中取舍，只要生存条件不能满足，就会持续投入。这也导致了小农经济是保守、非理性及低效的。此外，西蒙从人的信息不充分、自身条件约束、外部环境等因素出发，探讨人的"有限理性"，也得出小农户行为选择标准不是经济最大、最优，而是实现自身满意的结论。国内历史学派黄宗智教授根据我国小农户情况提出，我国小农户既不是舒尔茨认为的利润最大化追求者，也不是恰亚诺夫所定义的生计生产者，我国"过密化"的存在，农村剩余劳动力必须依附于小农经济，难以成为真正的劳动力，形成"半无产化"，小农户的行为是追求利润最大化的企业行为和追求效用最大化的消费者行为的有机结合。

行为经济学认为人是理性的，只是在不确定的环境下，行为人在做出行为选择时受自身认知、外界信息等因素的影响，其行为难以做到完全理性。因此，本书在分析行为主体的选择时，不仅要考虑其经济理性，还要分析其非理性行为，更客观地反映行为选择。

第二节 基于制度、组织和行为多视角构建分析框架

对我国小农户融入现代农业体系进行经济学分析，既要基于马克思主义的制度思想并结合制度经济学理论，阐明中国小农户融入现代农业体系这一命题是我国改革开放以来相应制度变迁的必然，分析我国小农户融入现代农业体系的制度结构；也要从组织视角探寻我国小农户融入现代农业体系的多种组织模式并落脚到经济主体行为进行分析。为此，本书构建"制度—组织—行为"多视角的分析框架，以分析论述中国小农户融入现代农业体系这一命题。

一 制度视角

马克思主义对制度的研究以生产力与生产关系、经济基础与上层建筑的对立统一关系为切入点。马克思主义历史唯物史观认为，当社会的物质生产力发展到一定阶段，便与其所在的生产关系或财产关系发生矛盾，社会革命随之到来。随着经济基础的变革，上层建筑也开始发生变革。首先，在新制度经济学中，对制度的分析主要在于降低不确定性风险。虽然二者制度观的核心思想不同，但都认为制度能够通过规则的制定规范人与人之间的关系，实现对经济行为的约束，提高经济运行效率。因此，本书在马克思主义理论的基本框架和研究方法的指导下，结合新制度经济学的制度变迁理论，展开有关我国小农户融入现代农业体系的制度视角研究，其基本逻辑是：生产力的发展带来潜在利润的出现，制度环境的改变使潜在利润不断积累，

在制度供给和需求因素的共同影响下，导致行动主体进行制度变迁。其中需求动因涉及自然力、劳动力、科学技术、需求升级、宪法秩序等因素，而供给动因涉及制度设计和实施成本、旧制度的清除成本以及其他成本。

其次，非正式制度（社会意识、价值观等）也会影响制度变迁。生产力的发展推动生产关系的调整、社会制度的变迁和国家政策的调整，这些政策不仅受经济主体的影响，也将进一步引起经济主体行为的演变。因此，社会存在决定社会意识、意识反作用于人的行为这一思想贯穿于整个制度分析。改革开放以来，在制度变迁中已形成农村基础性制度与次级制度的制度结构，这些制度共同作用于小农户融入现代农业体系。在政府和小农户之间既包含了政府对小农户融入现代农业体系的制度支持，也包含了制度约束；既涉及了小农户对制度的需求，也存在政府对小农户的制度供给，从而形成"供给—需求""支持—约束"两组互动力量共同作用于小农户融入现代农业体系。

最后，制度具有稀缺性，制度的实施客体包含小农户在内的有关农业生产经营主体，因此，在制度的制定和实施中，各种因素都会影响制度的供给与需求，造成制度供给与制度需求的失衡，进而影响小农户融入现代农业体系的实现。

二 组织视角

"组织"一词，往往包含两种含义，一是指行为角色、主体特点，二是指行为的规则和过程。之所以存在两种不同的含义，其原因在于对组织和制度两种概念在理解上的不同。一些学者认为组织即制度，二者是同一事物的两个不同名称；另一些学者认为二者应加以区分。诺斯提出，制度代表社会游戏规则，是人们为了限制行为而形成的框架，制度是博弈的规则，而组织即博弈参与者，组织是为了一定目标而组成的，用于解决一定问题的人群，是运行规则的角色。组织的存在和运行需要制度来确定其如何实施，如何建立与外界的联系以及如何处理利益关系。因此，制度与组织既有联系又有区别，界定的角度取决于分析的需求和目的。结合研究内容，本书采用诺斯的组织概念，展开对小农户融入现代农业体系的分析。

诺斯认为，制度提供行为规则，组织是在既有约束条件下的"追求利润最大化"的行为主体，合理有效的经济组织能促进经济增长。而要建立合理有效的经济组织，首先需要制度发挥必要作用，做出必要的制度安排，通过建立竞争性产权和排他性产权，对经济活动形成激励。就农业来看，农业产业组织是在制度变革下形成的产业组织形态。农业产业组织类型和模式需要与农业发展阶段和水平相适应，与生产关系相匹配。随着社会生产力的提高、分工协作的推进，农业生产越发专业化、集约化，只有将有关农村生产要素有机组合，才能实现资源优化配置，推动专业化、集约化生产。

我国小农户无论是在生产中还是在市场上，都处于弱势地位，信息成本高、谈判能力弱、抵御风险能力差，小农户和大生产、大市场之间的矛盾尖锐，不利于小农户融入现代农业体系。小农户需要组织起来成为一个群体或加入具有组织功能的主体并通过联合提高自身在市场中的地位。产业组织的发展，能优化农业资源配置、提高农业生产水平、改进农业生产方式，进而带动小农户实现生产现代化、生产产业化，提高其经营能力。因此，分析农业经营组织的组织功能以及如何建立利益联结尤为重要。组织视角是三个视角的核心，是实现小农户融入现代农业体系的关键。

加强对组织的理解，首先，从分工理论来讲，根据内部分工和社会化分工对生产经营主体内部组织功能和社会化组织功能加以区分，辨识不同的组织功能。其次，针对现阶段国内多元化的组织形式，分析其经济属性、组织化过程以及在组织化过程中如何通过不同的契约关系带动小农户融入现代农业体系。再次，探析农民专业合作社、农业企业、新型农村集体经济组织的社会化组织功能以及农业产业联合体、合作社联合社、农业协会的社会化再组织功能。最后，厘清新型农业社会化服务组织与新型农业经营组织之间的关系。通过以上对有关农业经营组织功能以及带动小农户融入现代农业体系的方式的剖析，分析小农户与有关农业经营组织的经济关系，有助于建立科学完善的农业经营组织网络。

三 行为视角

"组织"背后是行为人以及人格化行为人的选择。马克思恩格斯强调个人是处于一定历史条件和关系中的，因而作为社会经济主体的人具有社会性，需要在特定的经济关系下分析人的行为。在历史实践中，人与人的关系是动态的、不断变化的，人的行为特质也将随着社会的发展而变化，根据所处的社会环境而改变。改革开放以来，我国农业生产经营组织发生巨大变革，具有强烈的时代印记，需要从理论上分析决定这些组织形态的行为影响因素和形成机制。小农户和新型农业经营组织之间的行为选择，也就成为分析小农户融入现代农业体系不可或缺的视角。

小农户深受思想观念变革与路径依赖、经济人内在要求以及要素禀赋变化的影响，其行为分析不仅需要结合"成本—收益"进行，还要兼顾其思想认知。总的说来，现阶段我国小农户急需改变农业生产方式，提高农业收入，其经济行为也遵循这一逻辑。新型农业经营组织主要是以获利为目的的组织形式，其组织规模和组织稳定性等受资产专用性、产权控制能力以及交易费用大小的影响，需要尽可能地降低交易费用，提高组织的稳定性。在这两方因素的共同作用下，双方秉承"成本—收益"法则作为行为选择的主要依据，在双方博弈下形成稳定的结合，实现降低双方农业生产经营交易费用、提高资源配置效率和规模效率的经济目的，在互利共赢中实现小农户融入现代农业体系。

四 制度、组织与行为的内在逻辑关系

马克思主义分析范式认为，生产力决定生产关系，经济基础决定

上层建筑。毋庸置疑，农业的制度变迁是基于生产力发展而发展的。当外生性环境发生改变（如市场需求的改变、要素价格的改变等），形成潜在利润，各主体为了最大可能地获取潜在收益，采取可能的选择以节约交易成本，从而政府自上而下的制度设计与实施以及小农户、现代农业组织等行动者自下而上的制度需求共同推动制度变迁，形成制度的动态演进，最终产生新的生产关系，以适应生产力需求。

在实现我国小农户融入现代农业体系这一过程中，制度安排、现代农业组织形式以及行为主体的目标效率与行为选择密切相关。首先，在制度结构下，必须坚持土地集体所有制、家庭承包经营制以及统分结合的双层经营体制，任何农业经营组织都是在这一系列的制度基础上形成的。制度框架将影响组织的形成以及演化。土地是最基础的生产资料，小农户与农业经营主体之间的交易成本主要是农地产权在农业经营主体之间转移所需花费的成本，包括转移前期需要付出的搜寻成本、谈判成本，转移过程中的签约成本，转移后的监督成本、履行契约的成本等。同时，制度对个人选择施加的约束无处不在。交易成本的高低将直接影响农地产权交易频率，影响小农户交易意愿，进而影响新型农业经营组织生成，从而制度决定了行为边界，影响了新型农业经营组织的形成及特征，也影响了小农户的行为选择。其次，组织是促进制度变迁的主角，组织也将影响制度框架的演化。新型农业经营组织在组织过程中形成对土地的需求，推动"三权分置"制度，形成对社会化服务的需求，推动社会化服务体系的建设，倒逼农业制度改革，影响次级制度的变迁。同时，组织的经济属性也决定了行为差异。最后，对制度的分析需从个人开始。小农户和新型农业经营组织双方在博弈中地位不对等、信息不对称，要实现稳定的组织关系，就要对次级制度提出新的需求，反过来影响次级制度的变迁。同时，小农户之间的行为选择直接影响了组织的形成与稳定。由此，制度主导组织生成，组织反作用于制度变迁，制度影响市场主体的行为选择，市场主体行为选择也与组织的产生和运行密切相关，影响次级制度的变迁。三者之间相互联系，相互影响，其逻辑关系如图2-1所示。

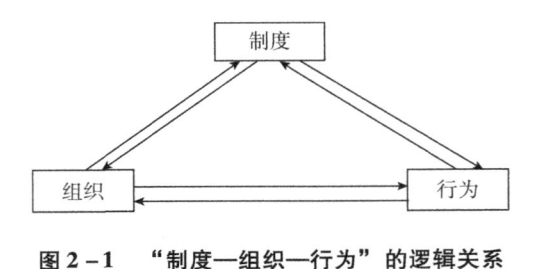

图2-1 "制度—组织—行为"的逻辑关系

第三节 "制度—组织—行为"分析框架的直观刻画

基于以上对我国小农户融入现代农业体系"制度—组织—行为"三个视角的分析，可提炼出本书的分析框架。由于"小农户"是一个具有争议性的话题，应单独对其进行回应，因此，在展开论述之前，首先对中国小农户融入现代农业体系这一命题进行审视，阐述这一命题的由来，论证这一命题的科学性以及现实性，挖掘小农户融入现代农业三大体系的内涵，对其进行现状分析。在此基础上展开"制度—组织—行为"分析："中国小农户融入现代农业体系的制度分析"一章阐明制度变革为我国小农户融入现代农业体系奠定制度基础，但仍需深化次级制度改革；"中国小农户融入现代农业体系的组织分析"一章分析我国小农户融入现代农业体系的多种组织模式，其中融入层次有别，有的仅是融入现代农业生产体系，而有的进一步融入了现代农业经营体系，更高层次的追求是融入现代农业产业体系；"中国小农户融入现代农业体系的行为分析"一章则分析了小农户和新型农业经营组织在行为博弈中通过建立稳定的关系，共同实现提高经营效益和经济效率的目的。

由此，本书从制度基础、组织化过程、主体行为三个层面构建起中国小农户融入现代农业体系的分析框架（见图2-2）。

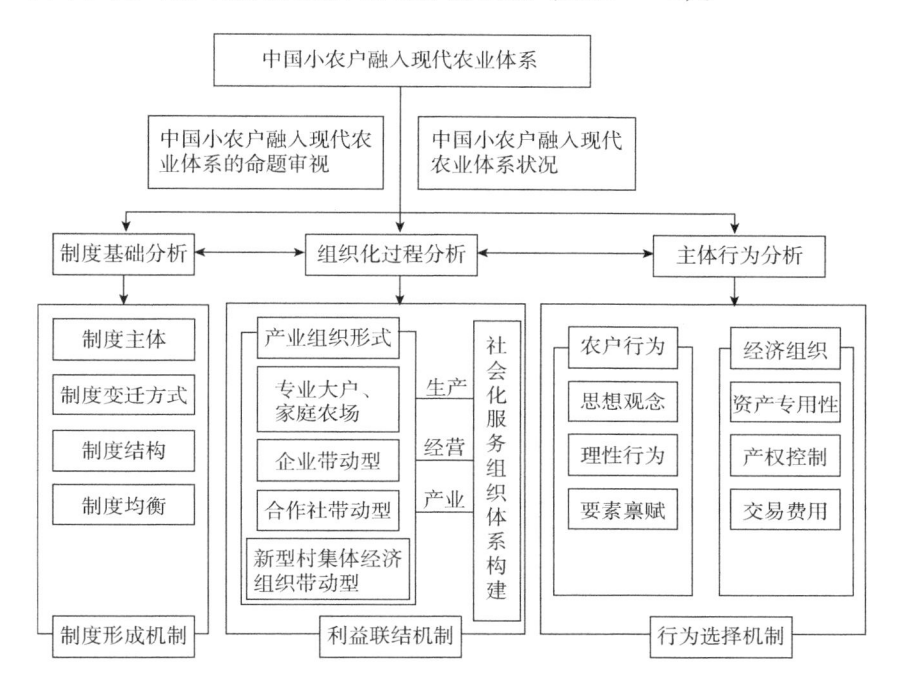

图2-2 中国小农户融入现代农业体系的分析框架

第三章 中国小农户融入现代农业体系：命题审视及现状

第一节 中国小农户融入现代农业体系：命题的由来

20世纪50年代起，国家推行优先发展重工业，实行工业和农业现代化并举。就农业现代化而言，在1952年土地改革完成以后，农村确立起小农户所有制，农村出现数以亿计的传统小农，整体农业生产力水平低下，国家缺乏资金与技术发展农业，根本无从谈及农业现代化。毛泽东曾在《组织起来：取消农业税后农村基层组织建设研究》一文中说过，要解决农民几千年的分散经营，"就是逐渐地集体化；而达到集体化的唯一道路，依据列宁所说，就是经过合作社"[①]。基于此，我国农业合作化运动拉开序幕，初级农业生产合作社迅速在全国普及，合作社统一经营，促进了农业生产发展，农业生产力得到提高。只是由于急于求成，照搬"集体农庄"模式，强制推行具有更高组织化程度的高级农业生产合作社以及人民公社，导致生产关系超越了生产力发展要求。在快速推进规模化、集体化的过程中也并未建立匹配的激励机制，增大了农业生产过程中的监督成本，降低了生产效率。同时，这一阶段国家实行"优先发展重工业"战略，工业化和农业技

[①] 《毛泽东选集》（第3卷），人民出版社1991年版，第931页。

术改造所需要的大量资金来自农业积累，集体农业还艰难地承担起维持"五小工业"的重任，农业为工业现代化作出重大贡献。最终，在生产关系与生产力错配以及分配方式的低效、集体农业的巨大负担等多重因素影响下，农业生产停滞不前，甚至出现倒退，农民连温饱问题都无法解决。

在实现农业集体化以后，1961年周恩来提出将农业机械化、化学化、水利化、电气化作为农业现代化的目标。周恩来强调"农业的根本在于机械化"，提出了"1980年基本上实现农业机械化"的目标。由于国家实行优先发展重工业的经济政策，大量的农业剩余转移到工业领域，形成城乡二元结构。同时，人工劳动成本低于机械成本，难以推进机械化的普及，导致这一目标不切实际，农业生产力难有实质性的提高。直至20世纪70年代初，国民经济面临的最大问题仍然是解决人民吃饭穿衣问题。1972年国家又制定"四三方案"①，致力于化肥技术设备的引进，化肥厂遍地开花，推动了化肥的普及，农业生产物质技术条件得到极大改善。只是化肥的大量使用又造成了化肥滥用的现象。最终，以机械化、化肥化为主要手段的农业现代化并未完全解决农民温饱问题，还带来了环境的破坏、资源的浪费等一系列问题。

可见，改革开放以前提出的农业现代化命题，其特征是国家指导、国家计划，以人民公社为载体，以机械化、化肥化等为手段的农业现代化。从生产力的角度来看，机械化、化肥化为手段的农业现代化在一定程度上提高了农业产出水平，农田水利等基础设施也依靠集体力量发展起来；从生产关系的角度来看，在人民公社化运动下把一盘散沙的小农户纳入计划经济体制，改善了生产关系。但中华人民共和国成立初期，生产力水平总体低下，农业生产主要依靠手工工具、人力劳动、落后技术等，仍然属于小生产范畴。在高度集中的生产经营制

---

① 1972年2月5日，中共中央批准了国家计委等部门共同提出的引进43亿美元成套设备和单机的方案——《关于进口成套化纤、化肥技术设备的报告》（即"四三方案"）。

度下，农民失去土地的自主经营权、收益权等权利，未能建立起科学的利益分配机制和经营管理制度，极大地挫伤了农民的积极性。加之工业发展的需要，国家通过农业税、农村储蓄净流出、农产品价格"剪刀差"等方式从农村获取了大量剩余，加重了农民负担，导致了农业基础薄弱，农村发展滞后。

在这样的背景下，农民内生出强烈的变革要求，以安徽省凤阳县为典型代表的部分农村地区开始出现对家庭经营的探索，中央逐渐认识到农村体制改革的必要性，推动了中央对人民公社体制这一"高集中、低效率"的农村经济体制的改革，以实事求是的态度面对农民的自发创造。1978年，党的十一届三中全会拉开改革的序幕，提出解放思想、实事求是的思想路线，推动了我国农业与农村经济走上新里程。在农村改革中，确立了在坚持土地集体所有的前提下，实行土地家庭联产承包经营制度，农户获得土地承包经营权。这一制度既适应了农村基本情况，又满足了现代农业发展需求。1986年，中央一号文件正式提出"双层经营体制"，并在1991年把该制度作为我国农村集体经济组织的一项基本制度长期稳定下来，最终于1999年写入国家宪法，农村基本经营制度得以确立。

以家庭经营为基础、统分结合的双层经营体制是在坚持人民公社制的集体所有的基础上对人民公社制生产模式进行的修正。土地承包关系经历了从集体所有制、联产承包责任制到家庭承包经营制的变迁。从整体上看，家庭联产承包责任制的确立对推动农业现代化的进程是利大于弊的。家庭联产承包责任制解决了"吃大锅饭"的问题，调整了分配方式，改善了经营方式。家庭联产承包责任制解放了农民的劳动力，有利于恢复小农户与市场的联系，这对实现农业现代化是必需的。同时，这一制度也在一定程度上保留了农业合作化的积极成果，为我国在坚持土地公有制基础上创立符合农业现代化要求的土地经营制度做了前期准备。随着农业商品经济的发展，取消了统购统销制度，农业由计划经济体制逐渐转变为市场经济体制，小农户进一步获得生产、经营、分配的自由,开始探索市场经济下的农业现代化道路。

毋庸置疑,家庭承包经营制度在实现生产资料集体所有制的基础上充分发挥小农户的积极性,改善了生产关系,农村生产力得到了极大的提高,但事物总是一分为二的,随之一些问题也逐渐凸显出来。首先,在小农户分散经营下,土地分割零碎,土地使用率低下、机械化水平低下、抗市场风险能力低下,整体呈现出低生产水平状态,增加了交易费用,也无规模效率、配置效率可言。其次,农民不再关心集体经济的发展,只关心自家土地的投入和产出,独自经营核算,毫无组织化可言。此外,随着家庭承包经营制度的稳定,一些农民视承包地为私有,不愿参与农业合作。农村集体经济组织逐渐丧失对小农户提供农事服务的能力,传统农村集体经济组织"统"的功能缺失,集体经营走向衰落。分散的小农户生产难以满足市场需求,小农户生产与社会化生产之间的矛盾尖锐,阻碍了现代农业的实现。随着乡镇企业的迅猛增长,尤其是农产品生产加工类乡镇企业的崛起,吸纳了大量农业劳动力,农业劳动力的流失又产生了土地抛荒问题。留在农村的农民进行农事生产也主要是为了满足基本的生存需求,农村商品化程度极低。

为解决小农户生产能力弱、农村集体经济组织服务功能缺失等问题,20世纪90年代,邓小平创新性地提出"两个飞跃"[1],从理论上肯定了家庭经营和集体经营、土地家庭承包与规模生产的兼容性,提出在家庭联产承包责任制的基础上走规模化、集体化的道路。邓小平还指出应采用更能调动农民积极性的生产方式,在这一思想的指导下,多元化的生产经营模式顺势兴起。此后,为解决劳动力转

---

[1] 1990年3月3日邓小平在同江泽民等谈话时提出了中国农业改革与发展的"两个飞跃"思想。他强调:"中国社会主义农业的改革和发展要有两个飞跃。第一个飞跃,是废除人民公社,实行家庭联产承包为主的责任制……第二个飞跃,是适应科学种田和生产社会化的需要,发展适度规模经营,发展集体经济。"《邓小平年谱(1975—1997)》(下卷),中央文献出版社2004年版,第1310—1311页。

移、土地撂荒等问题，土地制度从禁止流转放宽到允许流转、规范依法有偿流转，推动了"两权分离"到"三权分置"改革。土地向种田大户、农民专业合作社、农业企业等组织集中，出现了一批符合现代农业发展的新型农业经营组织。新型农业经营组织相对小农户具有更低的交易费用，更高的规模效率、配置效率，是现代农业的主要生产者和经营者。

同时，进入21世纪以后，随着工业化、城镇化、市场化的推进，逐渐改变农业现代化以单位面积产量和劳动生产率来衡量的评判体系，摆脱农业现代化就是机械化、工业化的思想。信息化（1994年）、农业科技发展（1996年）、农业产业化经营（1997年）等概念的不断提出，不断丰富现代农业的内涵。党的十六大以来，党中央更加强调农业现代化，提出"工业反哺农业、城市带动乡村"的战略思想，党的十七大报告提出，走中国特色的社会主义道路，强调实现现代农业的综合效益。2007年以后中央一号文件都涉及现代农业发展，为现代农业发展提出了具体的指导思想和执行细则（见表3-1），不断推动现代农业的发展和完善。从2007年以后的中央一号文件中可以看出，对现代农业从注重强调基础设施的建设，逐渐升级为加强农业制度、经营组织等建设，不断推进农业产业链的完善，对于农业的生产也更加注重绿色化、科技化。总之，农业政策的变化，切实反映出现代农业发展水平的不断提高。

表3-1　　2007年以来中央一号文件推进现代农业发展意见汇总

年份	现代农业指导思想	涉及农业现代化的细则
2007	社会主义新农村建设要把建设现代农业放在首位	发展现代物质条件装备、现代科学技术，构建现代产业体系，发展现代经营形式，提倡现代发展理念，培养新型农民
2008	加强农业基础地位，走中国特色农业现代化道路	加大基础设施建设，加大补贴，推动产业化发展，加强科技和服务体系建设，提高农村基础公共服务

续表

年份	现代农业指导思想	涉及农业现代化的细则
2009	保持农业农村经济平稳较快发展	加大基础设施建设,加大补贴,实施农产品区域布局,加强现代农业物质支撑和服务体系
2010	统筹城乡发展	健全强农惠农政策支撑体系,提高现代农业装备,转变农业发展方式,健全农业社会化服务的基础体系
2011	大力推进水利设施建设	突出农田水利建设,加快水利基础设施建设
2012	科技是加快现代农业建设的绝对力量	加大农业投入和补贴,完善农村土地制度,推动农业科技创新,发展农业社会化服务,加强教育科技培训,改善设施装备条件
2013	促进"四化"同步,着力强化现代农业基础支撑	夯实现代农业物质基础,创新农业生产经营体制,提高农民组织化程度,培育多元服务主体
2014	全面深化农村改革,加快推进农业现代化	强化农业支持保护制度,建立农业可持续发展长效机制,深化土地制度改革,构建新型农业经营体系,加快农村金融制度创新
2015	加大改革创新力度,加快农业现代化建设	转变农业发展方式,提高农业补贴效能,加快构建新型农业经营体系,加强社会化服务,促进农村一二三产业融合
2016	以创新、协调、绿色、开放、共享的新发展理念,大力推进农业现代化	强化物质装备、技术支撑,着力构建现代农业产业体系、生产体系、经营体系,促进产业融合发展,推进土地制度改革
2017	深入推进供给侧结构性改革,加快培育农业农村新动能	优化产品产业结构,拓展农业产业链,推行绿色生产,强化科技创新
2018	实施乡村振兴战略,加快推进农业现代化	提升农业发展质量,构建农村一二三产业融合发展体系,推进农业绿色发展,培育新型农业经营主体和扶持小农户,推动农业基础设施的升级
2019	农业农村优先发展	壮大乡村产业,调整农业结构,突破农业核心技术,完善支持保护制度,培育社会化服务组织
2020	补齐"三农"领域短板,推动农业高质量发展	鼓励发展适度规模经营,培育新型农业经营主体,健全小农户社会化服务体系,深化供销社综合改革,强化科技支持,加快现代农业设施建设
2021	构建现代乡村产业体系,加快推进农业现代化	推进生物育种产业化,强化农业科技物质装备支撑,打造农业全产业链,推进农业绿色发展,推进现代农业经营体系建设

资料来源:依据2007—2021年中央一号文件整理。

综观改革开放四十多年的发展历程，家庭联产承包责任制在确立初期是符合我国基本国情的，提高了单个农户的劳动生产率，发展了农村生产力，在农村基本经营制度提出并发展了四十多年后，现代农业得到突飞猛进的发展，而小农户分散经营生产力低下并大量存在，影响了我国农业现代化进程。随着新型农业经营组织的兴起，大量分散的小农户面临更加复杂的生存环境，小农户与现代农业发展有机衔接的命题也随之而来。正因如此，党的十九大报告提出"小农户"概念，提出实现小农户和现代农业发展有机衔接，这不仅是对农村改革发展中"分"有余而"统"不足的反思，也是持续调动生产力要素中"人"的积极性和提高农业经营效益与配置效率的深化改革方向，对改进生产关系、完善我国农村基本经营制度均具有重大意义。现代农业发展落脚点在构建现代农业生产、经营、产业体系，因此，要落实小农户和现代农业发展有机衔接，重点就在于实现小农户融入现代农业"三大体系"，故而本书提出中国小农户融入现代农业体系这一研究命题并以此展开系统研究。

第二节　中国小农户融入现代农业体系：命题的科学性

从已有的历史经验来看，小农户的发展方向要么是依照马克思主义经典作家笔下描述的那样走向消亡；要么是按照西方发达国家通过土地私有制实现兼并，走上扩大农业生产规模的道路。而我国小农户应何去何从，则需要对马克思主义经典作家所论述的小农以及西方国家的小农展开对比研究，探索出适合我国小农户发展的农业现代化道路。

一　"小农消亡论"的历史背景与我国情况不符合

19 世纪中叶是资本主义迅速发展的时期，在这一时期，机器大生产方式以摧枯拉朽之势吞噬小生产方式，大量破产的小生产者加入无产阶级队伍。马克思认为小农具有小块土地、自给自足、相互隔离等特点，这样的生产方式使小农彼此独立、目光短浅、思想保守。这种方式导致小农不仅生产力低下，而且生活水平也很低。马克思认为，生产力的发展推动了分工，分工造就了私有制，私有制又阻碍了分工的进一步发展，即生产力水平影响了分工水平。在当时的历史背景下，家庭生产是社会分工不发达的产物，随着社会分工体系的完善，家庭生产必然被社会化经营所取代。马克思进一步分析指出，造成这一现象的根源在于小土地所有制的固化，农民作为劳动者却因为土地所有制受资本剥削，带给小农贫困，进而形成农民与资产阶级的对立关系。在资本主义社会中，小农的命运将走向消亡，但小农作为一个庞大的阶级也并非只是等待"被消灭"，尤其是随着工人阶级的崛起，小农的社会处境变得更加复杂。一方面，农民作为劳动者受到资本家的残酷剥削，导致小农长期处于贫困状态，形成农民与资产阶级的对立关系。另一方面，由于竞争的存在，大量小农虽存在"利益同一性"，但又难以建立共同的联系，造成广大小农"是同一阶级"又"不是同一阶级"的矛盾。因此，小农难以用自己的名义来保护自身的阶级利益，需要别人来代表，与资产阶级对立的工人阶级遂成为农民的同盟者。对工人阶级而言，农民虽没有较强的革命主动精神，但农民和工人阶级都受资本的剥削，农民"毕竟是强大的和不可缺少的同盟者"[1]。此外，在农民作为私有者大批存在的地方，若要杜绝、阻碍和断送工业革命，工人阶级就应以政府的身份采取改善农民状况的措施，将农民吸引到革命中来。工人阶级在取得革命胜利以后，应把封建地产、资本家的土地都变为国有性质，并由农村无产阶级对其"利用大规模农业的一切优点来进行耕种"[2]。

---

[1] 参见《马克思恩格斯文集》（第4卷），人民出版社2009年版，第469页。
[2] 参见《马克思恩格斯文集》（第2卷），人民出版社2009年版，第196页。

经济理论是社会经济实践的产物。毫无疑问，在资产阶级与无产阶级、资本主义大生产方式与传统小农生产方式的双重矛盾下，马克思主义经典作家提出"小农消亡论"是与当时社会发展需求高度契合的论断。然而，我国小农户是中国特色社会主义制度下的小农，与马克思恩格斯所论述的小农具有不同的制度环境，这也就决定了其发展方向的不同。

第一，制度体系不同。所有制是一切生产关系的基础。马克思主义经典作家以资本主义私有制的建立和发展为背景展开对小农的论述，这一背景下资本家存在对小农的高利贷盘剥，而小农生产方式本身落后，生产效率低下，面对不断上涨的地租，小农只能勉强维持家庭生活，甚至被饿死。封建农民未能得以解放、佃农受高利贷者的盘剥、小块土地所有者因抵押借款受资本家的剥削，种种情况下的小农生存状态都十分严峻。最终，在资本主义小块土地所有制下，小农面对恶劣的生产条件、价格高昂的生产资料，必将走向灭亡。故此，"小农消亡论"主要是针对资本主义生产方式提出来的。不同于资本主义国家的剥削与被剥削关系，我国是以共同富裕为目标的社会主义国家，在我国社会主义制度下，对小农户采取的是尊重、联合的方略。我国农村基本经营制度是坚持土地集体所有，小农户是生产资料集体所有制下的成员，以土地集体所有制保障农民的根本利益。此外，国家高度重视推动农业现代化，农业经营体制的制定也以发展生产力和维护小农户利益为准则，从而在社会主义制度下，我国小农户的利益可以得到充分的保障。

第二，时代背景不同。马克思主义经典作家对小农问题的分析是在资本主义工业化和城市化突飞猛进、资产阶级与无产阶级不断斗争的时代背景下进行的。马克思恩格斯所选取的案例，如英国、法国、德国等国家，都具有资本主义工业快速发展的时代色彩。现代社会以工业和商业部门为基础，工业在推动社会现代化中占据核心地位，从而容易出现农业围绕工业发展而发展，农业成为服务于工业的基础产业，造成工业、农业发展的极不平衡。而我国经过数十年的发展，已从优先发展重工业进入工业反哺农业阶段，小农户已不需要承担工业发展的沉重负担，工业现代化还为农业现代化提供了强大的物质支撑。显然，我国工业与农业之间的关系与马克思主义经典作家所论述的资本主义社会中二者之间的关系具有本质区别。

第三，马克思主义经典作家虽然看到了小农的落后性，也承认了小农的重要性，但未看到小农经济模式下家庭经营的长期性和适应性。[1] 诚然，自给自足的小农正在逐渐消亡，但同时，部分进行小规模生产经营的家庭经营形式得以保留，并且被卷入社会化分工体系中。[2] 小农户的生产方式、发展演变机制等都与传统的小农具有明显的区别，其发展路径也产生了转变。我国提出以生产的社会化、适度的规模经营和发展集体经济为依托的"第二个飞跃"，实施统分结合的双层经营体制等，也是在保存家庭经营优势地位的同时克服家庭分散经营的弊端，推动小农户符合农业经济发展的现实需求，提高小农户生产经营的活力。

二 西方改造小农方式与我国社会主义道路相冲突

马克思曾说，"超过劳动者个人需要的农业劳动生产率，是全部社会的基础"[3]，也是资本主义生产的基础。西方国家的农业现代化进程就是农业资本主义化的进程。西方资本主义国家发展道路不尽相同，如英国的"圈地运动"建立了大农场，德国发展起"普鲁士式"道路，但这些国家对农业的改造都是采取直接掠夺农业生产者资料的方式，土地所有者将土地租予农场主并获得地租，[4] 攫取土地所有权的增值价

---

[1] 潘云：《对马克思小农经济改造理论的几点认识》，《中国农村经济》1991年第10期。
[2] 张慧鹏：《现代农业分工体系与小农户的半无产化——马克思主义小农经济理论再认识》，《中国农业大学学报》（社会科学版）2019年第1期。
[3] 《马克思恩格斯文集》（第7卷），人民出版社2009年版，第888页。
[4] 参见《马克思恩格斯文集》（第7卷），人民出版社2009年版，第698页。

值。"在苏格兰拥有土地所有权的土地所有者,可以在君士坦丁堡度过他的一生"①,这便是对西方农业生产方式下资产阶级的真实写照。这一过程为资本主义的发展提供了原始积累,也为资本主义工业的发展提供了廉价劳动力,促使资本主义大机器生产方式取代小农生产方式。也正基于此,马克思指出,资本主义生产方式改变了小农孤立、小规模的生产方式,推动了农业的合理化,促进了农业社会化经营。②

由此可见,西方改造小农生产方式主要以牺牲农民利益为手段,将土地所有权归属于大土地所有者,实际经营权归属于农业资本家即农场主,将农民转变为农业工人。在这一生产方式下,农民受到农场主以及大土地所有者的严酷剥削。

我国农业发展与西方国家有诸多不同,不能盲目地照搬照抄西方的发展模式。首先,社会体制不同。我国是社会主义国家,在社会主义体制中,个人并不具备土地所有权,即便是整个社会、民族,都不应是土地的所有者,而只是占有者、受益者,并且还肩负着改良土地的责任。③ 其次,利益追求不同。对小农生产方式的改造,社会主义国家应考虑小农的利益,马克思的"不能得罪农民",恩格斯的"不能违反小农意志",这些都是改造小农的基本原则。我国社会主义的最终目的是消灭阶级,实现共同富裕。农民的利益关系着社会主义制度的发展和巩固,在我国的现代化进程中,始终应将农民的利益放在首位,体现农民的意志。再次,我国自然条件有限。我国幅员辽阔,农业发展水平参差不齐,小农户占整个农民群体的65%,分散小农经营是我国的基本国情,难以大范围地推进规模化。最后,发展目标不同。我国经济已进入高质量发展阶段,要求以绿色发展为导向,力争走出一条高效、可持续、绿色的农业现代化道路。而西方国家在实现农业现代化过程中,主要依靠大规模的生产推动,如英国、加拿大、

---

① 《马克思恩格斯文集》(第7卷),人民出版社2009年版,第697页。
② 参见《马克思恩格斯文集》(第7卷),人民出版社2009年版,第697页。
③ 参见《马克思恩格斯文集》(第7卷),人民出版社2009年版,第878页。

美国等，总体呈现出高投入、高消耗、高污染等特征，这不符合我国农业可持续发展的目标。西方改造小农的方式有损农民的利益，不适合我国的社会主义性质，也不符合我国的可持续发展需求。

综上所述，现阶段我国小农户既不是马克思恩格斯笔下走向消亡的小农，也不是西方资本主义世界中被剥削的农业工人。我国在小农户现代化的道路上既不是为资本主义发展开门铺路，也不需要再承受发展工业的沉重负担。在推动农业发展的过程中，应完全遵从生产力发展需求和保护农民利益，保持与社会主义道路高度一致。在发展中遇到困难时，应创造条件激发家庭经营、集体经营的潜力，而不是简单否定或取缔。我国要实现小农户融入现代农业体系，将传统小农户改造为现代农户，就需要创造性地探索出一条符合我国基本制度、符合人民利益、具有中国特色的小农户现代化道路。

第三节 中国小农户融入现代农业体系：命题的现实性

一 中国小农户存在具有坚实的历史根基

我国的小农生产方式具有深厚的历史渊源。我国是一个以农耕文明为主的文明古国，小农思想、小农生产方式可谓根深蒂固。早在春秋时期各国就通过各种税制改革来解决"民不肯尽力于公田"的农业经济现象，如"相地而衰征""初亩税"等。自耕农兴起，土地成为农民的主要生产资料，也确立了小农户生产模式。在之后的朝代更迭中，小农户精耕细作，自给自足，为我国历史上的几次大繁荣提供了稳定的物质支撑。到了清代中叶，小农户逐步走向半无产化，造成了社会不稳定，随即爆发了世纪之交的大规模农民运动。另外，小农户家庭经营的稳定对经济发展至关重要，一旦农民诉求得不到满足，则易产生争端。所谓"农业盛，则国运昌，农业弱，则国运衰"，也就是这个道理。只是在封建社会中,这种分散的个体生产使农民自己深陷于穷苦中。[1]

中华人民共和国成立以后,国家社会性质发生了根本性的改变,农民真正实现了"耕者有其田"。随着改革开放的到来,家庭承包经营制度得以确立,农民获得了农地的承包经营权,成为土地自主经营的主体。中国共产党创新性地确立起统分结合的双层经营体制,小农户不再是封建社会中封闭的、落后的小农,而是在发展中被卷入合作化、市场化、产业化的小农。小农户家庭生产形式在中国共产党的带领下得以传承并不断创新发展。

二 小农户家庭经营符合中国现阶段农业生产特性和社会需求

党的十五届三中全会通过的《中共中央关于农业和农村工作若干重大问题的决定》深刻指出,家庭承包经营方式具有广泛的适应性和旺盛的生命力,不仅适应传统农业,也能适应现代农业。这一论断准确地表达了小农户家庭承包经营的优越性,为小农户家庭经营提供了支撑。我国农业人口基数大,农业生产基础条件薄弱,耕地总体质量不高,农业地形地貌多种多样,土地流转方兴未艾,难以实现大规模机械化生产。虽然现代农业生产经营组织,如专业大户、家庭农场、农民专业合作社等更符合现代农业生产需求,但基于我国国情和生产力水平,小农户家庭经营依旧具有合理性。

一是农业生产活动自身的特点决定了家庭经营的合理性。[2] 首先,农业生产集合了经济再生产和自然再生产属性。从自然再生产来看,农业生产具有季节性、复杂性、不确定性,农业生产需要根据作物特征结合气候进行作业,这就要求生产者灵活采取生产行动,应时应地

---

[1] 参见《毛泽东选集》(第3卷),人民出版社1991年版,第934页。
[2] 耿明斋、吴乐、蔡胜勋:《农业适度规模家庭经营的理论思考与政策建议》,《河南大学学报》(社会科学版)2015年第1期。

地对农地进行耕种、播种、栽种、田间管理、收割等。其次,农业生产空间具有分散性,不同的地域具有不同的生产自然条件,决定了农作物在空间上难以实现统一。最后,农业生产在大自然中完成,农业劳动者在生产过程中的努力程度不是决定农产品的唯一因素,雇佣劳动必然会产生高昂的监督成本。而在家庭承包经营制度下,小农户高度享有对生产资料的经营权、剩余索取权,能有效解决农业生产劳动中的监督问题,① 提高劳动的效率与质量。

二是我国粮食安全需要保持家庭经营。② 列宁曾指出,粮食储备是经济建设的基础。我国是世界人口大国,我国人口占世界人口的20%以上。如何保障粮食安全,是党和政府的重要议题,也是关系农民切身利益的重大问题。当前,小农户家庭承包经营所生产的粮食约占粮食总量的80%,用于种植粮食的土地约占总耕作土地的90%,③ 在未来30年,用于大宗农作物的耕地占85%左右。④ 若在推进农业现代化进程中,简单地以追求工业现代化的方式实现农业现代化,资本将大规模流转土地,工商资本将在市场中完全以追求经济利益最大化为目标种植经济效益更高的农作物,这不仅导致小农户在失去土地生产经营权后依附于工商资本,还会极大地增加国家粮食风险。因此,粮食类大宗农作物生产最适合家庭经营,能够有效实现"藏粮于民"。

三是我国社会稳定需要保持家庭经营。⑤ 虽然我国劳动力不断转

---

① 孙新华:《农业经营主体:类型比较与路径选择——以全员生产效率为中心》,《经济与管理研究》2013年第12期。

② 刘承昊:《新时代我国粮食生产小农户经营的现实性及其现代化路径探究》,《兰州学刊》2019年第9期。

③ 董志凯:《当代中国环境变化与小农经济形态、作用变异》,《古今农业》2013年第3期。

④ 贺雪峰:《组织起来:取消农业税后农村基层组织建设研究》,山东人民出版社2012年版,第34—35页。

⑤ 贺雪峰、印子:《"小农经济"与农业现代化的路径选择——兼评农业现代化激进主义》,《政治经济学评论》2015年第2期。

移，城市化率已超过50%，但我国还有2.6亿农户，其中2.3亿农户是承包户。城镇化发展速度难以吸收过多的剩余劳动力。在未来相当长的时期内，我国农业人口还将占很大比例，小规模家庭经营依然是我国农业现代化经营的基础。小农户家庭经营是适应社会主义初级阶段生产力发展的有效形式。家庭经营能让广大农户具有稳定的就业，有效地解决农村劳动力，保障农民的基本生活，对稳定农村秩序发挥着重要作用。为此，2020年中央一号文件明确提出，展开第二轮土地承包后再延长30年的试点，以切实稳定家庭承包经营。

三 中国小农户融入现代农业体系的现实基础

改革开放以来，我国农村各个方面都已经发生了巨变，为小农户融入现代农业体系提供了现实基础。

（一）家庭经营的分化为现代农业提供了条件

从我国改革开放以来的实践看，家庭联产承包责任制初期所有农户都是小农户，而随着土地产权制度的不断改革和统分结合双层经营制度的不断完善，小农分散、孤立的生产方式也发生了改变。特别是20世纪90年代以来，大量农民流向城市，部分农民流转土地经营权，促进了农村生产资料的流动与优化配置，土地、资金、劳动力等生产要素不再局限于家庭内部，家庭经营走向分化，在小农户的基础上逐渐发展起了专业大户、家庭农场等生产经营主体。小农户、专业大户、家庭农场三种类型的生产经营主体内部又可细分为不同的类别，其中已有部分主体具备现代农业生产经营的特性。

具体来看，小农户根据生产经营内容及发展目标可划分为自给自足型小农户、发展型小农户、兼业型小农户。这三种不同类型的小农户共约2.3亿户，其中经营耕地10亩以下的有2.1亿户，是我国农业生产经营中占比最大的主体。具体而言，首先，自给自足型小农户仅生产经营自己承包的土地，生产规模小，劳动力主要来自家庭，农业是家庭的主要来源，能基本实现温饱。这类农户缺乏农业资本积累，没能力也没动力引入新技术新品种。其次，发展型小农户在自给自足型小农户的基础上，为了获得更高的生活满意度，适当流转土地，扩大土地规模。该类农户的劳动力也主要来自家庭。这类农户为提高生产效率引进现代化生产技术，但囿于生产资金有限，对现代生产技术、品种等引入的能力较低。最后，兼业型小农户由于农业明显的季节性、生产周期、劳动过程和生产不一致等自然属性，其劳动力间断地处于闲置状态。该类农户为了充分利用农闲时间，兼务工与务农于一体，选择"半工半耕""半商半耕"的生产模式。这类农户的土地主要来源于家庭承包，而收入主要来自务工，农业劳动主要依靠雇工或社会化服务。

专业大户一般由发展型小农户演变起来，凭借较大的规模，积极引进现代技术以降低单位成本，具有一定的专业水平，规模效益是专业大户得以存在的经济基础。根据其生产经营的内容可分为生产型专业大户和兼及服务型专业大户。生产型专业大户是专门从事种植养殖业的大户，是专业大户的主要形式。生产型专业大户通过土地流转快速扩大生产规模，经营某一种或多种农产品。兼及服务型专业大户是以种植养殖业为主、兼顾提供种植养殖业相关的生产经营服务的农户。这类农户扩大了生产经营范围，凭借现代技术装备、信息资源等为其他农户提供服务，获得服务收益。

家庭农场是在专业大户基础上发展起来的、经工商注册、具有品牌意识的生产经营主体。这类主体不仅具有一定的规模效益，还具备较强的市场竞争意识。根据生产经营内容也可分为生产型家庭农场和兼及服务型家庭农场。生产型家庭农场是经工商注册的专门从事种养业的家庭农场；兼及服务型家庭农场是经工商注册，不仅从事农业种植养殖业生产，还提供与其相关的生产经营服务、休闲观光和体验等服务的生产经营主体。相较于专业大户，家庭农场经营范围更广，生产能力更强，市场经济特征更明显。

为了全面认识家庭型农户的不同属性和特征，可通过生产规模、经营目标以及劳动力来源、代表类型等方面对这三大类农户进行比较，具体如表3-2所示。通过对比可知，自给自足型小农户农业生产规模小，农业生产只是为了简单地维持生存，缺乏投资动力，缺乏引进先进技术、设备等生产要素的动力，发展型小农户和兼业型小农户为追求更高的满意度，通过流转土地扩大规模效益或采用社会化服务等，已具有一定的现代农业生产特征，但总体来看，这些小农户都存在缺乏市场信息和现代管理经验等问题，现代农业生产能力弱。专业大户、家庭农场大量采用现代生产要素对自家或流转的土地进行生产，以利润最大化为目标，相较于小农户更具有发展现代农业的动机，具有较强的信息获得能力、市场谈判能力，呈现出明显的现代农业生产特征。其中，生产型专业大户和生产型家庭农场通过土地流转、雇佣劳动等推动外部劳动力、信息等生产要素流入；兼及服务型专业大户和兼及服务型家庭农场在此基础上还能为小农户提供简单的生产经营服务，为小农户发展注入活力。

表3-2 家庭经营主体类型及特征

	小农户			专业大户		家庭农场	
	自给自足型小农户	发展型小农户	兼业型小农户	生产型专业大户	兼及服务型专业大户	生产型家庭农场	兼及服务型家庭农场
生产规模	小	中等	小	大	模糊	大	模糊
劳动力来源	家庭劳动	家庭劳动	家庭非主要劳动力	雇佣劳动为主、家庭劳动为辅	雇佣劳动为主、家庭劳动为辅	家庭劳动为主、雇佣劳动为辅	家庭劳动为主、雇佣劳动为辅
收入来源	农业收入	农业收入	农业与其他	农业收入	农业收入、服务性收入	农业收入	农业收入、服务性收入
土地来源	家庭承包土地	家庭承包土地、流转土地	家庭承包土地	家庭承包土地、流转土地	家庭承包土地	家庭承包土地、流转土地	家庭承包土地

续表

	小农户			专业大户		家庭农场	
	自给自足型小农户	发展型小农户	兼业型小农户	生产型专业大户	兼及服务型专业大户	生产型家庭农场	兼及服务型家庭农场
技术来源	传统经验	经验与现代技术	社会化服务为主	现代技术装备、社会化服务	现代技术装备	现代技术装备、社会化服务	现代技术装备
经营目标	维持生存	追求满意	追求满意	利润最大化	利润最大化	利润最大化	利润最大化
代表类型	普通农户	流转少数土地的农户	外出务工和务农农户	种粮大户、种草大户、养牛大户等	农机大户、运销大户、加工大户等	蔬果农场、养猪农场、综合农场等	加工农场、休闲农场、观光农场

因此，现阶段我国小农户家庭经营已出现明显的异质性，传统小农生产方式虽然大量存在，但在家庭经营的分化下，小农户不再是封闭的、经验式的全能生产主体。发展型小农户、兼业型小农户的兴起，使小农户逐渐走向市场化，同时，专业大户、家庭农场等实现了部分传统小农户向现代农户的转型升级，专业大户、家庭农场分布分散，有效辐射周边小农户，与其他新型农业经营组织一起为小农户融入现代农业体系提供组织基础。

（二）小生产被卷入社会化分工体系

从家庭经营的分化中可以看出，我国农业虽然主要以家庭生产为单位，但已卷入小生产向社会化生产发展的洪流。尤其是在家庭经营基础上建立起来的家庭农场、专业大户等新型农业经营主体，由于规模较大，易于采用先进的生产技术与工具，且在保留小农生产的同时发展起经营服务功能，逐渐向现代化生产靠近，呈现出社会化分工以及相互依存社会关系的一般属性，成为社会化分工的参与者。

小农户的生产和消费也不再局限于家庭范围，逐渐被卷入现代化分工和协作体系，从生产、流通、分配到消费都体现出一定的社会性。

因此，小农户生产虽沿袭了以家庭为主，建立在亲缘、地缘基础上的生产网络，但本质上已具有社会化生产特征。若家庭类型的经营组织进一步与合作社、农业企业等新型农业经营组织建立利益联结，通过广泛的分工协作，还能形成一个有机的整体。如同马克思认为发达国家家庭经营的组织形式已不再属于小农经济一样，我国参与社会化分工的家庭生产经营也具有类似的属性。因此，现阶段我国小农户较之传统的小农已具有质的改变，成为小生产向社会化生产的过渡形式。

（三）生产条件的改善为小农户实现现代化提供条件

我国农业生产条件的极大改善也为小农户传统生产经营转变为现代农业生产经营提供了物质基础。

一是随着农业专业化和机械化水平的提高，农业生产效率整体得到提高。一些中小型的农业机械不断出现，具有灵活性、成本低等特点。随着农业社会化服务的蓬勃发展，小生产也能通过农业社会化服务享受现代化新技术，提高了生产效率。当前，农户生产经营一亩土地的时间已由20世纪70年代末的36个工日缩短到六七个工日，甚至更短。[1] 农业生产效率逐渐提高，降低了对体力的要求，为老年农户继续经营农业提供了条件。

二是土地流转的持续推动扩大了适度规模经营。2016年底，土地流转率达到35.1%。随着农村人口的转移，工业化、城市化的推动，预计到2030年，劳均耕地面积将上升到14.5亩。经营面积的扩大为现代小农的成功转型提供了条件。[2]

三是农村公路的覆盖、互联网基础设施的建设、电商平台的兴起、物流行业的发展等，为小农户的生产提供了良好的外部环境，有效连接起生产端与消费端。

综上所述，我国小农户家庭经营具有坚实的历史根基，符合农业

---

[1] 韩俊：《适度规模的家庭经营可以让农民更体面》，《农村工作通讯》2014年第4期。

[2] 蒋南平、李博：《中国农业现代化的一个途径：基于人—地关系的现代小农经济模式》，《经济理论与经济管理》2012年第3期。

生产的特性和社会需求，当前家庭经营的分化、小生产被卷入社会分工、生产条件基本面的改变等，都为中国小农户融入现代农业体系这一命题提供了现实基础。

第四节 中国小农户融入现代农业体系：命题的内涵

早在20世纪50年代，我国就展开了关于农业现代化需求的争论。[①] 进入20世纪60年代后，国家明确提出了"四个现代化"目标，农业现代化已然在列。不同时期农业现代化各有重点，而明确提出建设现代农业的"三大体系"（生产体系、经营体系与产业体系）则是近期的事情。习近平总书记在2015年指出，推进农业现代化要突出抓好加快建设现代农业产业体系、现代农业生产体系、现代农业经营体系三个重点。2016年，习近平总书记在安徽小岗村农村改革座谈会上进一步强调，农村改革为新时期我国农业现代化的发展指明了方向。此后，党的十九大报告又明确提出，促进小农户与现代农业发展的有机衔接。基于此，本书认为，实现小农户与现代农业发展的有机衔接，必须让小农户融入现代农业"三大体系"，这就构成了中国小农户融入现代农业体系这一命题的科学内涵。小农户代表着传统的劳动力、

---

① 农业现代化的需求来源于工业现代化。1956年，苏联战略性援助形成的重工业，特别是以军重工业为主的国家资本主义在中国实施的时候，农业现代化应运而生。但是，苏联模式的工厂生产的大型拖拉机无法在农村使用。在20世纪50年代初期，主要是1954—1955年，在"一五"时期能够生产大型农业机械的条件下，由于农村只有20—30户的初级社，无法接受大马力的拖拉机，于是政府工业各部门要求中央在农村推进农业现代化，以乡为单位建立高级社。只有以乡镇为单位集中土地的集体化才能保障拖拉机站的效益。这一时期的特点是国家工业化推动农村集体化，农村集体化推动农业机械下乡。所以，服务于国家工业化原始积累才是把农业单纯作为第一产业、推行土地规模经济和农业集体化的根本原因。因此，1956年工业部门要求的"农业现代化"，不仅比1963年提出的"四个现代化"早了7年，而且当年遭到了农业部门的反对。

土地、资金等生产力要素以及以家庭为单位的生产关系，而现代农业发展的落脚点为构建现代农业"三大体系"，从而实现小农户与现代农业发展的有机衔接，其实质就是将小农户生产力与生产关系融入现代农业"三大体系"，其中既包含生产力的内容，也包含生产关系的内容。因此，需要对中国小农户融入现代农业体系这一命题予以解构，揭示我国小农户融入现代农业"三大体系"的内涵。

一 中国小农户融入现代农业生产体系

现代农业生产体系是指在农业的生产环节中将农业的土地、资本、劳动力要素与现代生产要素有机组合，充分运用现代化的科学技术、现代化的农业机械、现代化的生产方式改造传统农业生产的综合体系。构建现代农业生产体系，可有效提高现代农业生产效率。

现代农业生产体系重点解决生产效率、生产动力等问题，而推动小农户融入现代农业生产体系主要是生产力领域的问题，涉及改造劳动者、劳动对象和劳动工具三项基本内容，可通过以下方式来实现：一是提高小农户自身生产能力，加强知识技能的培训，发展小农户成为新型职业农民。二是改善农业生产的基础设施，加强现代化基础设施建设。三是全面推广现代农业科技，实现良种化、节水灌溉、测土配方施肥、设施农业和有机农业等；提升小农户科技装备，开发适合小农户的农业机械；减少农药化肥投放量，提高小农户标准化生产能力。四是建设适合小农户的社会化服务体系，通过社会化服务体系的构建实现社会化的分工与协作，提升小农户融入农业社会化生产的层次。综上所述，我国小农户融入现代农业生产体系通过引导小农户充分利用现代化的科学技术服务生产、现代化的机械设备武装生产，创新投入要素组合，提高农地产出率、劳动生产率、资源利用率等，实现全要素生产率的提高。

生产要素的高效流动能够带来规模化的生产、先进的农业种植养殖技术的运用，实现劳动力和技术结合，加速农业生产实现科技化、现代化。① 因此,要素流动是实现小农户融入现代农业生产体系的重要基础,也是实现小农户融入现代农业体系的重要手段。从要素流动的角度来看,小农户融入现代农业生产体系的具体内容包括五个方面。一是在土地集体所有、家庭承包经营的基础上,按照有偿自愿的原则,通过土地流转、入股等形式推动土地经营权向现代农业经营主体流动,或开展土地托管、代收代种等社会化服务,将传统分散经营的土地转变为规模化、集约化生产的土地。二是整合小农户分散闲置的资金,注入工商业大资金,提高"小农户—新型农业经营主体—社会主体—政府"的资金融合率。建立资金利用机制,推动政府财政、金融机构对组织化网络建设的倾斜。三是科学技术是现代化生产领域的重要标志,当小农户掌握农业领域科技并将科技转换为劳动工具或劳动对象时,便提高了小农户的生产力。四是注重"内培"和"外引"相结合,加强新型职业农民的培养,从农业院校、科研院所等机构有针对性地引进有关人才,为现代农业的发展提供智力支撑、人力支撑。五是小农户所获得的信息总量有限、途径有限、信息转换率有限,而现代农业是高信息化产业,因此需要搭建大量信息平台,助力要素、品牌、市场、人才等信息流动。这就要求充分利用"互联网+",将物联网覆盖到生产、加工、流通等领域,增强小农户以及新型农业经营主体的信息获取能力、转换能力,实现信息实时交换和共享,推动信息从生产端向销售端、消费端向生产端的双向流动。

二 中国小农户融入现代农业经营体系

现代农业经营体系是以小农户家庭经营为基础,以农业生产型经营主体为核心,以各类社会化服务组织为依托,通过经营主体之间的合作与联合,形成生产主体、服务主体之间关系的总和。现代农业经营体系主要包含经营主体、组织模式和服务模式,其生产经营主体包

---

① 王阳:《要素流动对发达国家农业经济发展的影响研究》,《世界农业》2014年第4期。

括专业大户、家庭农场、农民合作社、农业企业、农业协会、合作社联合社等。现代农业经营体系是对传统小农户分散经营体系的创新和发展。

如果说生产是劳动者通过劳动工具作用于劳动对象、实现生产出一定物质产品的过程,那么经营则是生产什么、如何生产和为谁生产等一系列决策及其实现过程。虽然任何生产活动都离不开经营决策,但是小农户生产规模狭小,生产成果主要为满足家庭生产生活的需要,在仅有的几亩土地上,生产决策并不复杂,也不涉及利益分配等问题,小农户生产经营决策相对简单。而现代农业组织的经营活动则是生产品种和劳动组织、要素获取和运用、产品定位和市场营销、成本核算和风险控制以及经营成果实现与利益分配等决策及其实现过程的统称,其重点在于解决经营方式以及经营效益等问题,其生产经营决策更加系统和科学。因此,为了适应现代农业发展的需要,应将小农户融入现代农业经营体系之中。

小农户融入现代农业经营体系,旨在让现代农业经营组织发挥社会化组织功能,通过多种利益联结机制,将分散经营的小农户组织起来纳入自己的经营体系,实现统一规划生产项目、统一安排生产活动、统一技术和产品质量标准、统一面对市场、统一进行经营核算和利益分配。通过小农户与现代农业经营组织之间的利益联结,形成联合与合作,提高农业生产的组织化程度,实现适度规模经营,推动技术进步,降低经营成本,优化资源配置,从而促进农业综合要素生产率的提升。

推动我国小农户融入现代农业经营体系,从组织化的视角分析生产关系的问题,是基于生产关系的调整以促进生产力的发展过程。这就涉及在坚持家庭承包经营制度下改善经营关系,包括人们在生产过程中建立的合作经营关系以及与之相应的分配、交换关系。具体来看,我国小农户融入现代农业经营体系包含三个方面的内容。首先,在坚持农村土地集体所有制的前提下完善农村基本经营制度,变革次级制度,推动农村土地有序流动,促进农业领域社会化组织结构的形成和完善。其次，大力扶植新型农业经营主体成长，形成以专业大户、家庭农场为基础，农村集体经济组织与农民专业合作社为主力，农业企业牵头的现代农业经营体系，发挥合作社联合社、农业产业联合体、农业协会等主体的社会化再组织功能，提高农业经营主体的社会化组织能力。最后，建设适合小农户、新型农业经营组织发展的农业社会化服务体系，通过农业社会化服务体系的构建提高新型农业经营组织的组织功能，带动小农户、新型农业经营组织提高经营能力。

建立紧密型的利益联结是实现小农户融入现代农业经营体系的重要保障。生产经营主体是以实现自身利益最大化为目标进行经济活动的，在行业利益一定的情况下，具有竞争优势的龙头企业相比小农户、专业大户、家庭农场等家庭类的经营主体更具有获取加工、销售等产业链带来的利益优势。为实现利益共享，需要通过农民专业合作社、农村集体经济组织等将小农组织起来，建立有效的约束和竞争机制。同时，小农户与新型农业经营主体应在要素流动的基础上以要素契约、商品契约等模式形成紧密的利益联结机制，推动小农户分享产业化生产经营中的收益。此外，还需要通过经营主体之间共建风险基金、共同参保，以政府配套、社会保险等形式共建风险分担机制，实现小农户与其他新型农业经营主体的利益共享和风险共担。

三 中国小农户融入现代农业产业体系

现代农业产业体系是在现代农业产业化发展过程中形成的多层次、复合型的产业结构，以现代产业的理念为指导，以第一、第二、第三产业的联动为基础，以现代产业组织为载体，将农产品"种养加销"等产业生产活动及科技、信息、金融等产业服务要素融入农业产业中，集资源开发、食物保障、原料供给、市场服务、生态保护、文化传承等于一体的综合系统。如果对其进行分类，则包括农产品产业体系、多功能产业体系和现代农业支撑体系。农产品产业体系可从多个视角进行分类，如按大类可审视种植业产业体系和养殖业产业体系发展的状况；而基于农产品品种识别，还可深入种植养殖业内部审视各个农产品产业发展状况，譬如种植业内部水稻产业、大豆产业、猕猴桃产业、油茶产业、棉花产业等不同种植产品的产业发展，养殖业内部生猪产业、肉牛产业、鸭产业、罗非鱼产业、基围虾产业、貂产业等不同养殖产品的产业发展。这一现代农业产业体系的划分考察以农产品类别为标准，更易推动农产品全产业链的形成。多功能产业体系包括能实现农业经济、文化、社会等功能的农业体系，如有机农业、循环农业、生物农业、生态农业、创意农业、能源农业、旅游农业、文化农业、都市农业等，这一现代农业产业体系的划分考察着眼于充分发挥农业的多重功能，将生产功能和非生产功能结合，以增进农业整体效益。现代农业支撑产业体系则包括与农业科技服务、信息咨询、金融支持、保险服务、农产品加工、市场流通等为农业服务的相关产业，这一现代农业产业体系的划分考察重在解决农业发展中的资金、技术、信息、保障等需求问题，更好地促进农产品产业体系、多功能产业体系升级，提升农业现代化水平，提高农业综合能力，实现农业可持续发展。发展现代农业产业体系，旨在通过优化产业结构，提高要素配置效率，推进新兴产业的形成，促进"种养加销"一体化和第一、第二、第三产业融合发展。具体可通过促进纵向一体化，即单个企业内部完成"产加销"全过程；或横向一体化，即多个企业签订合同完成农产品"产加销"全过程；抑或通过市场连接，如批发市场、原产地市场等，在市场中完成产业化发展。

改革开放以来，我国实施了两次优势农产品区域布局规划，推动了农产品产业体系结构的优化调整，发展起了多功能产业体系和现代农业支撑产业体系，现代农业的布局已具备一定的区域化、专业化、产业化特征。畜牧业产值、农产品加工转换率等持续提高，多功能产业主体和现代农业支撑产业主体迅速壮大，推动了农业产业体系的转型升级。现代农业产业体系需要与之相匹配的新型农业组织形式和经营模式，而传统小农户的生产经营特性难以满足现代农业产业体系发展需求，因此，需要发挥具有产业化生产经营组织的桥梁作用，带动小农户融入现代农业产业体系。具体来看，小农户融入现代农业产业体系包含以下内容：一是优化现代农业产业布局，根据区域优势，制定明确的现代农业产业发展目标，为小农户产业优化升级指明方向；二是培育特色农业产业，深入挖掘各地农业资源发展潜力，推动农业产业优选和优化，实现区域农业产业分工与协作，在保障粮食安全的前提下实现产业细分，推动小农户产业转型升级；三是创新产业发展战略，统一规划，严格把控农产品品质，增强农产品竞争力；四是推动小农户参与农业产业组织生产经营，以农业产业组织为引领，延长产业链，建立多形式的利益联结模式，推动第一、第二、第三产业融合发展。

产业融合与产业细化是实现小农户融入现代农业产业体系的重要保障。小农户自给自足、独立生产经营的传统模式使农产品主要停留在初级农产品阶段，农产品几乎无附加值可言。小农户分散经营停留在生产环节，也难以进入加工、流通、提供服务等环节，即便是在农业生产内部，囿于资金、技术、信息等生产要素的限制，小农户也主要从事粮油等传统作物的生产。小农户生产呈现出产业单一、产业链过短、产品质量难以保障、供需结构性矛盾突出等问题。通过农业产业融合和产业细分，将小农户从事简单农作物"生产—销售"的产业链延长为包含生产、田间服务、收割、存储、加工、销售、售后服务等纵向一体化的全产业链，推动小农户成为农产品产业体系、多功能产业体系、现代农业支撑体系等产业的生产经营者和参与者，全方位促进小农户融入现代农业产业体系。

四 三大体系的内在联系

现代农业三大体系既相辅相成又各有侧重。小农户融入现代农业生产体系，重在通过生产要素的流动，解决小农户生产力低下的问题，保持一家一户独立经营核算，使小农户获得现代农事服务，引入先进的技术装备，实现生产手段的现代化，具有可操作、受众面广、易推广等特征。小农户融入现代农业经营体系，从组织化视角来看，重在实现小农户与农业经营组织之间的利益共享，要求将小农户纳入新型农业经营组织统一的生产经营核算体系中，侧重于改善生产关系。而小农户融入现代农业产业体系则重在推动小农户加入社会化分工体系，融入产业细分和产业融合过程，促进小农户成为现代农业产业体系的参与者和受益者。

从"三大体系"的内在联系来看，现代农业生产体系起基础作用，现代农业经营体系起支撑作用，现代农业产业体系起主导作用，现代农业产业体系决定现代农业体系的高度。因此，现代农业体系是有层次的，基础层为现代农业生产体系，核心层为现代农业经营体系，最高层为现代农业产业体系。现代农业"三大体系"既有不同又紧密相连，具体关系如图3-1所示。

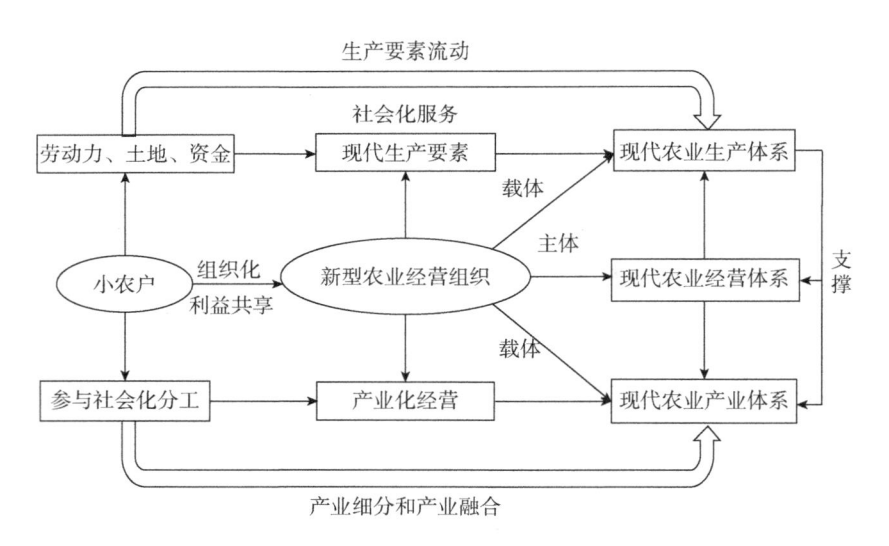

图3-1 我国小农户融入现代农业"三大体系"形成机理

从图3-1中可以进一步看出，小农户融入现代农业体系的层次不同，其实现现代化的程度和成效也存在差异。在坚持家庭承包经营制度的基础上，小农户实现农业生产经营的组织化，不仅能实现小农户融入经营体系，还能通过参与产业组织实现现代农业产业化生产经营，也能通过产业组织为其注入现代农业生产要素，提高小农户生产能力。因此，将小农户组织起来，是实现农业生产现代化和产业化的重要途径，实现小农户融入现代农业经营体系成为小农户融入现代农业三大体系的重中之重。

第五节 中国小农户融入现代农业体系的现状

我国幅员辽阔，现代农业发展水平参差不齐，小农户融入现代农业体系的层次和程度也具有差异。为了对我国小农户融入现代农业体系情况有一个更为直观的了解，本节将对我国小农户融入现代农业体系的整体情况展开分析，以探寻现阶段我国小农户融入现代农业体系存在的问题。

一　中国小农户融入现代农业体系的概况

（一）中国小农户融入现代农业生产体系的基本情况

小农户融入现代农业生产体系涉及农业机械化水平、劳动人口素质、基础设施水平等方面。在第三次全国农业普查中，将农业生产经营主体分为普通农户、规模农业经营户以及农业经营单位。[①] 其中，普通农户即本书所指的小农户。通过比较小农户与规模农业经营户、农业经营单位的生产条件，可以认清小农户在发展现代农业中的基本情况。

---

① 普通农户：小农户。规模农业经营户：较大农业规模，以商品化经营为主的经营户。农业经营单位是指中华人民共和国境内以从事农业生产经营为主的法人单位和未注册单位以及不以农业生产经营为主的法人单位或未注册单位中的农业产业活动单位，既包括主营农业的农场、林场、养殖场、农林牧渔业公司、农林牧渔服务业单位、具有实际农业经营活动的农民合作社；也包括国家机关、社会团体、学校、科研单位、工矿企业、村民委员会、居民委员会、基金会等单位附属的农业产业活动单位。

一是小农户机械化水平。随着经济的发展,我国农业生产条件得到改善,农用机械总动力持续攀升,小农户机械化水平有了一定程度的提升。就稻谷机械化生产来看,小农户在机耕、机收等环节都实现了较大范围的机械化,均已达到70%以上;而机播环节远低于机耕和机收环节,不到13%。通过对比可知,小农户机械化水平明显落后于规模农业经营户和农业经营单位(见表3-3),小农户机械化水平有待提高。

表3-3　　　　　不同经营主体的稻谷农业机械化水平　　　　单位:%

	小农户	规模农业经营户	农业经营单位
机耕面积比例	77.26	97.37	98.00
机播面积比例	12.98	56.37	78.44
机收面积比例	73.12	96.4	97.05

资料来源:EPS数据库(中国农业普查数据库)。

二是小农户受教育程度。从人员素质来看,全国小农户受教育程度主要集中在小学和初中水平,占从业人数的68.82%。小农户中仅有11.03%受过农业专业技术培训;而受过农业专业技术培训的规模农业经营户占总规模农业经营户的21.01%。由此可知,规模农业经营户比小农户更具有人才优势,这些规模农业经营户更容易成为新型职业农民。2017年我国新型职业农民突破1500万人,近七成的新型职业农民对小农户具有辐射带动作用。新型职业农民成为带动小农户融入现代农业生产体系的重要力量。

三是农村基础设施。根据第三次全国农业普查数据,全国99.29%的农村已实现通公路,99.73%的农村已实现通电,89.94%的农村已实现通宽带互联网,硬件和软件工程的建设极大地提高了信息传播的速度。在信息化背景下,虽有64.50%的小农户学会用手机上网,但是具有电子配送服务的农村仅占25.11%,如何解决小农户农产品输出仍然是一个问题。而对于小农户农业生产来说，现代农业生产设施总体落后，具有喷灌、滴灌、渗灌等设施的耕地面积仅占灌溉面积的16.18%，并且这些设施运用主体主要集中在新型农业经营组织上，小农户难以享用现代农业设施。生产设备的落后也导致了小农户农药化肥使用量高于新型农业经营组织，如小农户的小麦施肥量达到85022千克/平方千米，而规模农业经营户达到76052千克/平方千米。

由上述分析可知，我国农村生产基本得以改善，小农户生产经营的基础设施整体水平得以提高。而对比新型农业经营组织来说，新型农业经营组织具有更高的机械化水平、规模化水平，凭借规模生产有效降低了化肥、农药等使用量，致使小农户生产成本高于新型农业经营组织，而农产品竞争力却低于新型农业经营组织。我国小农户的现代农业生产能力有待进一步加强。

（二）中国小农户融入现代农业经营体系的基本情况

小农户融入现代农业经营体系，旨在让现代农业经营组织发挥社会化组织功能，通过多种利益联结机制，将分散经营的小农户组织起来纳入自己的经营体系，统一规划生产项目，统一安排生产活动，统一技术和产品质量标准，统一面对市场，统一进行经营核算和利益分配。这些组织形式主要包括农民专业合作社、农业企业、农业协会等。根据对农村固定观察点20万多个小农户的观察发现，务农劳动力平均年龄为53岁，老龄化严重。因此，小农户如何经营是当下和未来需要重点解决的问题。

小农户加入农民专业合作社是现阶段组织化建设的重点。具体而言，小农户主要通过将土地经营权入社，由合作社统一经营或不流转土地经营权，抑或通过合作社提供服务等形式加入农民专业合作社（见表3-4）。前一种方法由合作社负责经营，后一种方法通过合作社提供服务，均提高了小农户的经营能力。此外，有些农民专业合作社既为小农户提供土地流转服务，也提供农事服务。近年来，农民专业合作社发展迅速。根据第二次全国农业普查情况发现，有专业合作经济组织的乡镇占36.61%，有实体农业专业合作经济组织的乡镇仅有16.22%。根据第三次全国农业普查数据发现，从事农业生产经营和服务的农民专业合作社有91万个，截至2017年，全国供销合作社系统基层社乡镇覆盖率已达到95%，基本实现乡镇全覆盖。不过合作社大小不一，合作社辐射范围有限，只有1600余万个小农户参与合作社生产经营。

表3-4　　　　　　　　小农户加入农民专业合作社方式

	数量（个）	比重（%）
有土地经营的农民专业合作社数量	289421	—
入社土地经营权完全转移，本社统一经营	115826	40.02
入社土地经营权没有转移，本社提供服务	118928	41.09
以上两种方式都有	54667	18.89

资料来源：EPS数据库（中国农业普查数据库）。

除了小农户加入农民专业合作社，农业企业、专业协会等组织形式也是带动小农户融入现代农业经营体系的重要方式。总体来看，这些组织总量有限，带动小农户数量也有限（见表3-5），公司对小农户的带动总量还不到全国小农户的1.00%，专业协会带动占0.28%，土地托管组织带动仅占0.80%，广大小农户依旧处于无组织的状态。同时，小农户参与新型农业经营组织的比重受自然环境和社会经济发展情况的影响，具有区域异质性。不同的省份和区域，小农户参与新型农业经营组织的主要形式不同。土地托管集中在北京、天津、安徽、上海、江苏、湖南等农业生产条件较好的省份或宁夏、新疆等小农户土地规模大的省份，而四川、贵州、云南、重庆等山区农业主要依靠公司和农民专业合作社的方式。

表3-5 小农户参加新型农业经营组织或形式的基本情况

	全国水平（%）	高于全国比例的省份
公司	0.96	江苏、重庆、四川、贵州、云南、甘肃、新疆、宁夏
农民专业合作社	4.41	天津、江苏、广东、安徽、重庆、四川、贵州、云南、西藏、甘肃
专业协会	0.28	安徽、四川、云南、陕西、新疆
土地托管	0.80	北京、天津、上海、江苏、安徽、福建、宁夏、新疆
其他	2.19	吉林、江苏、安徽、福建、湖南、广东、四川、贵州、云南、西藏、新疆

资料来源：EPS数据库（中国农业普查数据库）。

（三）中国小农户融入现代农业产业体系的基本情况

小农户融入现代农业产业体系主要在于实现小农户参与产业结构优化和延长产业链两个方面。从产业结构来看，全国92.92%的小农户从事种植业，2.19%的小农户从事林业，4.28%的小农户从事渔牧业，从事农林牧服务业的小农户只占总农户的0.61%。即便进行了土地流转，小农户也是将流转的土地用于农作物种植，传统的农作物依旧是小农户生产的主要内容。规模农业经营户与小农户种植养殖比重相当，规模农业经营户也并未进行农产品结构的调整，只有具有更高组织能力的农民专业合作社、农业企业等组织形式才能明显降低农作物种植且发展起多元化的种植养殖结构。

从产业链的长度来看，小农户主要集中于生产环节，难以加入社会化分工，即便是部分小农户与新型农业经营组织建立起利益联结，其能否参与到产业链中，也会受这些新型农业经营组织的影响。根据第三次全国农业普查数据发现，黑龙江、吉林、辽宁以及内蒙古、新疆等地，84%以上的新型农业经营组织以农作物生产为主，因此，加入这些新型农业经营组织的小农户主要参与现代农业的生产；而北京、湖南、湖北、广州、河北、云南、贵州、四川等地的新型农业经营组织更强调生产加工一体化、生产加工销售一体化，这些地区的小农户也更容易参与到产业分工中,实现分享产业链延长带来的收益。此外,随着乡村旅游业的兴起,有关餐饮住宿、采摘、垂钓、农事体验等农业多功能产业也不断发展了起来,全国4.91%的农村开展接待旅游服务。但是,由于小农户缺乏资本、服务意识等,难以成为多功能产业的参与者、提供者。

综合来看,我国小农户依旧从事着传统的农业生产,产品结构单一,主要集中在生产环节,难以成为加工、销售、服务等产业链的生产者、获利者,规模农业经营户、农民专业合作社、农业企业等相比小农户更能成为现代农业产业的生产经营主体。

二 中国小农户融入现代农业体系的实证分析

我国小农户融入现代农业体系是一个系统工程,涉及小农户融入现代农业生产体系、现代农业经营体系、现代农业产业体系的实现。从我国确立家庭联产承包责任制以及开始探索农业现代化以后,小农户融入现代农业体系这一命题就已存在,并已经历了不同的发展阶段。从小农户融入现代农业体系的基本情况可以看出,小农户融入现代农业体系的情况在不断变化。长久以来,小农户在参与现代农业发展的过程中,主要集中在生产环节,农民的农业收入也主要来源于初级农产品交易,对于小农户参与现代农业经营而言,参与现代农业产业发展的情况难以衡量,也难以将三者完全区分开来。但毋庸置疑,小农户的收入受到现代农业发展的影响,现代农业发展可以为小农户带来良好的经济效益。随着现代农业水平的提高,小农户收入水平也应该是不断提高的。而在实际发展中,小农户收入是否随着现代农业水平的发展而实现提高以及提高的程度,均需要进一步地考量。为了更加全面地分析影响小农户收入的因素,接下来要先对农业生产效率进行测评,再选取有关指标进行相关性分析,以探索小农户融入现代农业体系的薄弱环节。

第三章 中国小农户融入现代农业体系:命题审视及现状

(一) 模型设计

提高农业生产率，能够有效推进农业农村发展，推进农业现代化的发展。长久以来，我国农业现代化发展缓慢，现代农业水平低，在新形势下，首要目的就是要提高农业生产率。农业生产率的提高，必然会提高农村生产力，提高农业产出水平，进而影响农民的收益。农民收入的提高又可能增加农业生产要素的投入，反过来又提高生产率，推动现代农业的渐进式发展。当然，小农户收入的增长受到多方因素的影响，比如农村信息化水平的建设能够提高小农户获取信息的能力，减少信息的不对称性，提高小农户的生产经营决策能力，拓宽小农户的销售渠道。农产品交易规模能够影响小农户参与销售的范围和程度，农产品交易规模越大，小农户从农产品交易中获利越多，农村交易市场越活跃。农业社会化服务水平也会对小农户收入产生影响，一方面，小农户购买社会化服务，需要支付一定的费用，从而压缩小农户的利益空间；另一方面，社会化服务为小农户提供产前、产中、产后的服务，提高小农户的生产经营效率，提高农产品产量，最终提高小农户收入。产业链的延伸也能推动初级农产品实现深精加工，提高农产品的价值，推动小农户加入生产、加工、销售等环节，从产业链的发展中获得农产品的附加值收益。产业结构的调整也会对小农户收入产生影响，随着第三产业的增加，小农户非农收益也得到大幅提升，广大小农户能从产业融合中获得额外收益。此外，小农户收入还受非农收入的影响，尤其是城镇化的发展增加了人们对农产品的需求，为小农户提供了务工机会，增加了小农户的获利渠道。除了这些社会经济因素，小农户收入还受到自然环境的影响，一旦遭遇天灾，遇到不可控制的自然灾害，将影响农作物收成，进而影响小农户收入。

从而本书建立实证模型，即：

$$\ln INC_t = \beta_0 + \beta_1 TFP_t + \varphi X_{it} + \mu \qquad (3-1)$$

其中，t 代表年份，INC 代表农民收入，TFP 代表核心解释变量农业生产率，X 代表控制变量，i 包括前文分析所提到的农村信息化水平

(Information)、农村经营水平（Sales）、社会化服务水平（Service）、产业延伸水平（Transformation）、城镇化水平（Urbanization）、产业结构调整（Industry）、自然环境影响（Damage）等变量，μ 代表经典随机扰动项，β 和 φ 代表待估参数。

在进行对小农户收入影响因素的相关性测度时，将农业生产率作为核心变量，选用能够影响小农户收入的社会经济和自然因素作为控制变量，具体指标如表3-6所示。

表3-6　　　　　　我国农业现代化的影响因素

指标	指标说明
农业生产水平	农业生产率
农村信息化水平	农村广播人口覆盖率（%）
农村经营水平	乡村零售额（亿元）
社会化服务水平	农林牧渔业生产服务支出/农林牧渔业中间消耗（%）
产业延伸水平	农副产品加工值增加值率（%）
城镇化水平	城镇人口/总人口（%）
产业结构调整	第三产业增加值/GDP
自然环境影响	农作物受灾面积（十平方千米）

（二）数据来源和变量说明

1. 数据来源和数据处理

历年农业产业加工增值率来自国家统计局，社会化服务水平由社会服务深度表示（农林牧渔业生产服务支出/农林牧渔业中间消耗），城镇化水平由城市人口/总人口表示，产业结构调整由第三产业增加值/GDP来表示，所选数据来自相关年份《中国统计年鉴》《中国农村统计年鉴》《中国农业统计年鉴》《中国农产品加工统计年鉴》《中国第三产业统计年鉴》。针对涉及价值的数据，本书以1997年为基期进行平减处理，其中极少数数据缺失，通过线性插值法补充。对于数据的选取范围，本书选取1997—2017年全国数据，共包含21个研究单元。

由于变量单位难以统一，各指标间的数量级相差悬殊，若采用原始数据，在数据包络分析（DEA）法测算时将导致主成分过度依赖较大数量及方差较大的数据，降低了数据提取的有效性。进而需要对基础指标进行规范处理。首先，通过逆向指标取倒数或取相反数的方式进行指标趋同化；其次，消除指标量纲影响，对指标进行标准化处理。本书采用规范化方法进行无量纲化处理。

$$X_{ij} = 0.1 + 0.9 \times \frac{x_{ij} - \min(x_{ij})}{\max(x_{ij}) - \min(x_{ij})} \quad (3-2)$$

在式（3-2）中，x_{ij} 为 i 项指标初始值，$i = 1, 2, \cdots, n$ 表示不同的决策单元，$X_{ij} \in [0.1, \cdots, 1]$。

2. 变量说明

（1）农民收入

农民收入采用农民可支配收入（Income）进行衡量。

（2）农业生产水平

本书以农业生产率对农业生产水平进行衡量，运用 DEA 法测算得出。农业生产率主要考虑的是农业投入和产出的能力，通常需要考虑土地投入、劳动力投入等因素。速水佑次郎和弗农·W. 拉坦指出，农业机械技术分为机械技术与生物和化学技术，前者为"劳动节约型"，该技术用于提高劳动力水平和机械对劳动的替代；后者为"土地节约型"，该技术用于提高劳动和工业投入品对土地的替代。对农业生产率以及对小农户收入影响因素的分析需要反映农业投入产出效率，也要兼顾指标科学性、可得性、可操作性。在充分借鉴学术界相关文献和有关研究成果的基础上，本书选取农业机械投入、生物化学投入指标来衡量农业投入水平，包括机械投入（Mechanical）、劳动力投入（Labour）、化肥投入（Fertilizer）以及土地投入（Land）。机械投入（Mechanical）指的是在农林牧渔业中，使用的机械生产力的总和；劳动力投入（Labour）指的是第一产业的实际就业人员；化肥投入（Fertilizer）主要是农用肥料的折纯量；考虑到土地复种、轮播、休耕、弃耕等因素,土地投入（Land）采用农作物播种面积作为指标；而产出指标,本书选用农林牧渔业增加值（Increase）来代表农业产出的水平（见表3-7）。

表3-7　　　　我国农业现代化投入产出指标体系

指标类型	二级指标	指标说明
投入指标	土地投入	农作物播种面积（千平方千米）
	机械投入	农业机械总动力（千瓦）
	化肥投入	农用化肥折纯量（万吨）
	劳动力投入	第一产业就业人数（万人）
产出指标	农业产出	农林牧渔业增加值

DEA是由运筹学家Charnes等通过样本间的线性联合来构造生产前沿面,以数学规划的方法,实现对决策单元（DMU）相对有效性的测度,[1] 可分为基于规模报酬不变（CRS）的CCR-DEA模型和规模报酬可变（VRS）的BCC-DEA模型。其中CCR-DEA模型主要测算决策单元的综合技术效率,BBC-DEA模型进一步将综合技术效率分解为纯技术效率和规模效率,有效地揭示DMU无效的原因。

DEA模型被广泛地应用于农业有关的效率测算中,如农业生产率的测评[2]、农业生态效率[3]等,对本书的模型构建与研究具有重要的借鉴意义。小农户难以在其他条件不变的情况下通过实现各个生产要素按同比例变化来推动产量变化,具有规模可变特征。因此,本书采用规模报酬可变的BCC模型对我国现代农业生产率进行分析。具体模型构建和步骤如下所示。

---

[1] Charnes, A., Cooper, W. and Rhodes, E., "Measuring the Efficiency of Decision-Marking Units", *European Journal of Operational Research*, Vol. 2, No. 6, Nov. 1978, pp. 429-444.

[2] 傅丽芳、魏薇:《基于面板数据广义DEA的农业生产效率综合评价》,《统计与决策》2016年第6期。

[3] 任红霞:《基于DEA模型的农业生态效率综合测度》,《统计与决策》2019年第6期。

假设共有 N 个决策单元,每个决策单元 DMU_i($i=1,2,\cdots,N$),投入为 P 项,产出为 Q 项,其投入要素可表示为 x_i(x_{1i},x_{2i},$\cdots$,x_{3i}),产出要素可表示为 y_i(y_{1i},y_{2i},$\cdots$,y_{Qi}),从而每个决策单元的效率值测算可表示为:

$$MIN[\theta-\varepsilon(e^t s^- + e^t s^+)] \quad (3-3)$$

$$s.t. \sum_{i=1}^{N}\lambda_i y_i - s^+ = y_0$$

$$\sum_{i=1}^{N}\lambda_i y_i + s^- = \theta x_0 \quad (3-4)$$

$$\sum_{i=1}^{N}\lambda_i = 1 \quad \lambda_i \geq 0 \quad i=1,2,\cdots,n \quad (3-5)$$

$$s^+ \geq 0 \quad s^- \geq 0$$

其中,θ($0<\theta\leq 1$)为决策单元效率有效值,即投入相对于产出的有效利用程度;λ 为相对于初始 DMU 而新构造的有效的决策单元组合占 n 个决策单元组合的比重;ε 是非阿基米德无穷小量;s^+ 和 s^- 代表示投入和产出的松弛变量。通过对偶规划求得最优解,θ^0 为 0—1 的纯技术效率值,当 $\theta^0=1$ 且 $s^+=s^-=0$ 时,决策单元 DEA 有效,表示该 DMU 的投入和产出处于最优状态,实现 DEA 有效;若保持投入不变或其他产出不变,此决策单元无法再增加任何产出和增加新的投入。当 $\theta^0=1$ 且 $s^{+0}\neq 0$ 或 $s^{-0}\neq 0$ 时,表示决策单元弱 DEA 有效,可以通过减少 s^{-0} 来实现产出不变,或在投入不变的情况下,将产出提高 s^{+0}。当 $\theta^0<1$ 时,决策单元非有效,纯技术效率低下。

测算过程及结果如下所示。

首先,将 1997—2017 年的每个年度作为 1 个决策单元 DMU,共计 21 个决策单元 DMU,数据满足 DEA 模型所规定的输入输出指标的总数不宜多于 DMU 元素个数的 1/2 的要求。其次,为了避免投入综合指数和产出综合指数之间产生反向关系或无关系,在进行 DEA 测算前对指标进行"同向性"检验且采用 Pearson 双侧相关性检验法。结果显示,农业投入指标与农业产出指数之间的相关系数均为正且均通过

1%水平下的显著性检验，表明变量之间符合"同向性"要求。

运用 DEAP 2.1 软件对我国 1997—2017 年农业体系的效率水平进行分析，结果如表 3-8 所示。其中，irs 表示规模效益递增，drs 表示规模效益递减。效率值达到 1 表示有效，其他表示无效。当投入资源未能得到充分开发和利用时，资源浪费或随着经济的发展资源获利能力下降将导致资源的浪费，使生产技术无效，此时需要提高管理能力，通过改善生产技术等提高资源的配置效率。当投入结构不变，但投入过小或投入冗余都容易产生规模无效时，需要调整投入规模，实现规模效益。

表 3-8　　我国 1997—2017 年农业效率水平 DEA 测算结果

年份	EFF	TE	SE	RTS
1997	0.168	1	0.168	irs
1998	0.187	1	0.187	irs
1999	0.186	1	0.186	irs
2000	0.170	1	0.170	irs
2001	0.190	0.999	0.190	irs
2002	0.221	0.999	0.221	irs
2003	0.235	1	0.235	irs
2004	0.357	1	0.357	irs
2005	0.342	0.998	0.343	irs
2006	0.363	1	0.363	irs
2007	0.444	1	0.444	irs
2008	0.515	0.999	0.516	irs
2009	0.534	0.999	0.535	irs
2010	0.601	0.999	0.601	irs
2011	0.678	0.999	0.679	irs
2012	0.770	0.999	0.771	irs
2013	0.836	0.999	0.836	drs
2014	0.905	0.999	0.905	irs

第三章 中国小农户融入现代农业体系：命题审视及现状

续表

年份	EFF	TE	SE	RTS
2015	0.953	0.999	0.954	irs
2016	1	1	1	—
2017	1	1	1	—
平均值	0.507	0.999	0.508	—

注：EFF 表示总效率，TE 表示纯技术效率，SE 表示规模效率，RTS 表示规模报酬。

从表 3-8 来看，若不考虑环境变量和随机因素的影响，1997—2017 年我国农业的总效率平均值为 0.507，纯技术效率平均值为 0.999，规模报酬平均值为 0.508。我国农业的总效率呈现不断上升的趋势。从纯技术效率来看，制度变革和管理水平的提升对农业是有效的，这也是我国农村实行家庭联产承包责任制后不断对农村进行改革的成果。从规模效率来看，我国农业的规模效率呈现出不断上升的趋势，并且上升速度快，现已实现规模有效，这表示随着生产力水平的提高，我国现阶段的规模生产与最优规模之间的差距不断缩小，这也说明国家不断推进土地流转，"两权分离"到"三权分置"的转变初见成效。综合纯技术效率和规模效率来看，我国农业生产率的提高主要是依靠农业生产规模的提高来实现的。

（三）模型估计结果与分析

测算出农业生产率以后，本书利用 Stata 16.1 对模型进行回归分析。首先对上述模型进行多重共线性分析，检验方差膨胀因子（VIF）大于 10，判断存在多重共线性（见表 3-9）。

表 3-9　　　　　　　　方差膨胀因子

变量	VIF	1/VIF
urbanization	183.90	0.005438
tfp	131.92	0.007580
industry	34.78	0.028752

续表

变量	VIF	1/VIF
sales	25.80	0.038758
service	13.38	0.074743
damage	7.65	0.130795
transformation	6.14	0.162898
information	6.12	0.163481
Mean VIE	51.21	—

再通过逐步回归，剔除其他自变量后，得到正式回归结果（见表3－10）。

表3－10　　　　各有关因素对小农户收入的影响

变量	系数	标准误差
tfp	0.3171**	0.3664
industry	1.5038**	0.2005
transformation	-0.2148**	0.0332

注：**表示在5%的显著性水平下显著。

此时，VIF显著降低（见表3－11），异方差检验基本满足同方差特征，符合规定（见图3－2）。

表3－11　　　　　　方差膨胀因子

变量	VIF	1/VIF
tfp	6.97	0.143427
industry	5.48	0.182560
transformation	2.31	0.432521
Mean VIF	4.92	—

由剔除多重共线性的回归结果可知，当前农民的收入主要受农业

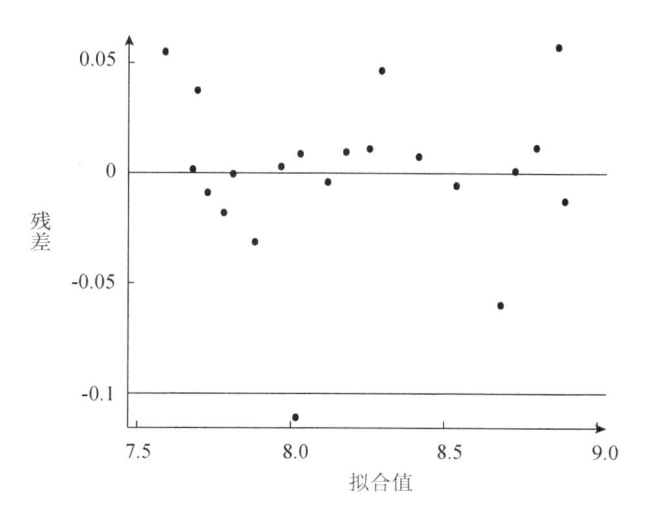

第三章　中国小农户融入现代农业体系：命题审视及现状

图 3-2　异方差检验

生产率、产业结构调整以及产业链延伸三个因素的影响。其中，农业生产率和产业结构调整对农民收入具有正向关系，而农副产品增加值率对农民收入具有负向关系。

受农业生产率的影响，农业生产率每增加 1 个百分点，农民收入提高 31%。由此可见，随着农业生产率的提高，小农户的收入是不断提高的。小农户主要从事农产品生产，随着农业生物技术、化肥、农业机械等生产要素的投入增多，农业生产率也得以提高，相同的土地产出更多的农作物，也给小农户带来了更多收益。农业投入产出率是现代农业生产体系的主要内容，小农户不断融入现代农业生产体系，可以实现一定的经济收益。

在影响小农户收入的因素中，产业结构调整也是重要的正向影响因素，第三产业占国民经济总产值的比重每增加 1 个百分点，小农户可以提高 1.5 倍的收益，小农户现阶段的收入主要来自第三产业。根据其增长的比重可以看出，小农户在服务业中的收入远远高于从农业种植中所获得的收入增长。对小农户而言，产业结构的调整，尤其是现代农业产业体系的健全和发展，能够极大地提高小农户收入。

而不同于前两者对小农户收入的正向作用，农副产品加工业增加值率每提高 1 个百分点，小农户的收入反而降低 0.214 个百分点。结合实际情况来看，当前大量小农户依旧以分散经营为主，单个小农户并无农副产品加工能力，小农户的农业收入主要来自初级农产品销售，小农户依旧处于农业生产经营的底端。同时，绝大部分农村集体经济组织有名无实，难以组织小农户生产加工经营，农民合作社也是良莠不齐，存在部分空壳农民合作社，产业化发展能力有限。当前，农副产品加工业主要集中在农业企业（主要是龙头企业）中，而通常情况下，农业企业只是与小农户建立农产品买卖关系，农业企业凭借自身资金、信息、管理等优势，低价收购农产品，甚至出现恶意压价的情况，农业企业获得农产品加工的绝大部分收入，从而小农户难以分享农业产业链延伸所带来的收益，总体呈现出农副产品加工业增加值率提升而小农户收入水平下降的情况。结合前两个因素来看，小农户在进行简单买卖时所能获得的收入提升的速度低于小农户从农业生产率提升中获得收益的速度，更远远低于小农户从服务业发展中获得收益的速度。

产业链的延伸不仅是产业体系的内容，小农户能否从产业体系中获利，更体现的是小农户与新型农业经营主体利益联结和利益分配的问题，这就反映出在建设现代农业体系中存在的一个非常严重的问题，即小农户与以农业企业为主的具有加工销售能力的经营主体通常是两个独立的生产经营主体，二者之间的利益分配不合理，未能形成一个良好的现代农业经营体系。随着当前人民生活水平的提高，农民对深、精、细加工农产品的需求提升，小农户若不能参与到产业链的发展中，就会极大地影响小农户在市场中的主体地位，最终将呈现出现代农业不断发展而小农户难以获利的局面。

综上所述，我国农业生产率是不断提升的，并且现代农业生产水平的提升推动了我国小农户收入的增加，但是现代农业生产水平的提升对小农户收入的影响有限。当前，小农户收入主要来源于产业融合的发展而并非产业链的延伸。小农户与农业企业等具有加工能力的农业经营主体之间的利益分配存在严重问题，大量小农户被排斥在现代农业经营体系之外，难以分享现代农业发展带来的收益。要推进我国小农户与现代农业发展有机衔接，提高小农户收入，应该从小农户融入生产体系、经营体系和产业体系入手，尤其是需要建立小农户和农业经营主体之间紧密型的利益联结，推进二者互利共赢。为深入分析以实现这一目标，本书接下来将基于"制度—组织—行为"分析框架展开进一步的研究。

第四章　中国小农户融入现代农业体系的制度分析

第一节　制度分析要素

一　制度分析逻辑

根据马克思历史唯物主义思想，制度产生和发展的动力机制和运行机制包含在生产力与生产关系、经济基础和上层建筑两对基本范畴中。制度变迁需要从生产力与生产关系的相互矛盾中去阐述，二者对立统一的集中表现是生产方式。生产力是人类征服自然、改造自然的能力，其中科技水平是生产力的重要表现，而生产关系是人们在社会生产活动中建立的经济关系。在马克思深刻阐释的两对范畴中，生产力与生产关系范畴是最基本的范畴，这是因为适应于一定生产力的生产关系与不断发展的生产力之间终将发生矛盾并不断积累矛盾，当生产力和生产关系的矛盾积累到一定程度时，便会发生变革，上层建筑就会随着经济基础的变革而发生变革。生产力不断发展并引起质变是制度变迁的根源。人（社会关系下的人）是制度变迁的主体。生产力的发展源自"人的需要"，这一动力推动生产和再生产的不断更替。

在制度变迁理论中，诺斯和埃西姆格鲁指出制度对经济增长有决定作用，认为潜在利润的出现会导致制度非均衡，促使行动主体采取行动进行制度创新。自然力、劳动力、科学技术、生产过程的社会结合以及需求升级等外部条件发生改变，产生潜在利益，成为潜在制度创新的动力。在已有的制度结构中,潜在利益难以获得,当潜在利益不断产生,使制度失衡,就产生了潜在的利益集团。在制度失衡初期,由于潜在利益有限,潜在利益集团未能发现潜在利益的存在以及为获得潜在利益需要承担较大的交易费用等,制度难以迅速恢复均衡状态。当制度失衡长期存在,潜在利益不断扩大,制度变迁净收益大于零,潜在集团将采取行动推动制度变迁,改变原有的"成本—收益"结构。当潜在的收益超过预期成本且足够大时,新的制度就会被创新。[①]可见,新制度经济学制度变迁的逻辑是"制度失衡—潜在利益集团采取行动—制度再次均衡"。

比较上述观点,马克思主义的制度分析思想建立在历史唯物主义理论基础之上,更注重制度的性质,适合进行长期分析;而新制度经济学的制度分析则适合短期分析,将二者有机结合,能够实现短期和长期、个体和整体的统一。[②] 从短期来看,行为主体将潜在利益内在化推动了制度变迁;从长期来看,制度变迁是生产力和生产关系相互作用的结果。结合二者观点,本章基于马克思主义的制度分析思想,融合新制度经济学的制度分析方法,展开对我国小农户融入现代农业体系的制度分析。在对农业问题进行分析时,还应秉持小农户立场,尊重农业生产规律。因此,坚持农地集体所有、家庭承包经营制度,保障农民的利益,始终是分析我国农民、农业问题的立足点。

二 农业制度变迁主体

制度变迁主体是指能对制度框架下的激励作出反应的个人企业家[③],

---

① [美]兰斯·E. 戴维斯、[美]道格拉斯·C. 诺斯:《制度变迁的理论:概念与原因》,载于[英]罗纳德·H. 科斯等《财产权利与制度变迁》,刘守英等译,格致出版社、上海三联书店、上海人民出版社2014年版,第191页。

② 郭小聪:《制度分析的方法论评价——兼论马克思主义制度分析的方法论特征》,《中山大学学报》(社会科学版)2006年第2期。

③ [美]道格拉斯·C. 诺斯:《制度、制度变迁与经济绩效》,杭行译,格致出版社、上海三联书店、上海人民出版社2014年版,第98页。

可分为初级行动团体和次级行动团体。初级行动团体的决策决定了制度创新的进程，而次级行动团体辅助初级行动集团获得收入且进行制度创新。① 二者相互独立，但都以追求自身利益最大化为目标。

改革开放以后，随着城镇化的发展，农村劳动力、资本等生产要素日渐紧缺，农业生产要素相对价格变化，农业生产成本提高。在小生产规模下，小农户生产只能满足自身生产生活需要，难以产生农业剩余。同时，随着城乡二元结构的形成，劳动力大量转移，农村土地撂荒严重，小生产难以容纳现代生产手段和设备，越来越不适应农业生产力发展的需要。在坚持原有家庭分散经营的情况下，小农户很难获得规模经营、先进技术、现代组织管理等带来的潜在收益。此时，具有熊彼特企业家精神的新型农业经营主体形成初级行动团体，凭借在农业领域积累的丰富知识、经验技能或强大的资源优势，将土地集中起来实现规模化生产经营，采用先进的生产经营方式，改变传统的单家独户的小生产，促进农业集约化、规模化生产，推动传统农业向现代农业的转变。现代农业属于资本密集型产业，需要投入大量的固定生产要素，日常损耗、折旧大，只要未达到生产经营所需的最优规模，边际成本就处于较低水平。初级行动团体为最大限度地获得潜在收益，不断投入新技术、更新管理、提高组织能力等，推动现代农业的发展。

与此同时，政府为提高农业生产率，解决土地撂荒、城乡发展不平衡等问题，出台有关政策推动农村改革，促进生产资料的合理流动，成为次级行动团体。地方政府和中央政府作为次级行动集团，或为若干制度变迁而分工，或为同一制度变迁而协作。② 二者往往难以严格区分究竟是第一级次级行动集团还是第二级次级行动集团。

---

① ［美］兰斯·E. 戴维斯、［美］道格拉斯·C. 诺斯：《制度变迁的理论：概念与原因》，载于［英］罗纳德·H. 科斯等《财产权利与制度变迁》，刘守英等译，格致出版社、上海三联书店、上海人民出版社2014年版，第189页。

② 黄少安主编：《制度经济学》，高等教育出版社2008年版，第112—113页。

(一) 中央政府

中央政府作为制度的供给者，在坚持农村基本经营制度以及土地制度的前提下，以实现共同富裕为目标，制定出有关农业发展的产权安排并对农地产权提供制度保护。中央政府的制度供给范围是整个国家，在遵循成本收益的原则下进行制度变迁的理性选择，其效用函数包含来自整个国家的经济因素和非经济因素。由于各地的具体情况存在差异，现实中不同地区的农业发展水平也不同，全国已形成传统农业和现代农业的二元结构，如在东部沿海地区，农业机械早已普及，社会化服务体系基本形成，现代农业已初具规模，重点在完善；而西部地区，一家一户耕种现象仍然大量存在，现代农业刚刚起步，重点在提速。即便是同一地域范围，城市郊区农业发展也强于农村地区。这就要求中央政府不仅要建立全局观，也要结合我国各地具体的城市化发展状况，科学技术转换效率，第二、第三产业发展水平以及农业劳动者的素质等做出实际考量；制定政策时不仅要全力推进小农户融入现代农业体系，还要兼顾实现农产品质量安全、粮食安全、农村生态环境保护等目标。

(二) 地方政府

地方政府作为制度的执行者，在坚持农村基本经营制度的基础以及法律、法规和现行方针的基础上，灵活运用有关农业制度，推进农业现代化的发展。地方政府制度制定的范围主要适用于本地区，在所管辖的区域具有一定的自由裁量权，制度制定需综合衡量经济发展、社会稳定和政策目标等。就已有政策来看，由于我国存在两亿多个小农户，这一极度分散的生产经营形式是政府在推进农业制度改革、实施支农政策的难点。为提高制度实施效率，地方政府更重视新型农业经营组织的建设。培育现代农业经营组织为地方政府节约政策执行成本，是地方政府的理性选择。但在实践中，这一选择往往难以达到预期效益。首先，面对地方政府明显的政策偏向，部分农业经营组织产生寻租行为，如骗取政府补贴、变相占用农地资源等，农业经营组织鱼目混珠，损害了农业经营组织的社会声誉，增加了地方政府的监管成本、服务成本，陷入"组织寻租—政府不扶持—组织难发展"的怪圈。其次，新型农业经营组织建立在土地经营权流转的基础上，形成新的权利集合，在一定程度上与农村集体经济组织形成对立关系，在农村集体经济薄弱的地方，削弱了农村集体所有权，难以保障农民的根本利益。面对组织发展不均衡、小农户利益难保障等情况，地方政府又肩负起协调利益集团之间矛盾、协调小农户和新型农业经营组织之间矛盾的重任。在制定和实施农业有关制度中，地方政府应平衡小农户、新型农业经营组织和农村集体经济组织之间的利益关系，为小农户融入现代农业体系提供良好的制度保障。

由中央或地方政府出台的政策和法令引起的制度变革属于强制性制度变迁，是以非排他性产权结构和集权型决策体制为基础，自上而下组织实施的制度创新。在农业改革中，国家凭借垄断地位对产权进行界定和规范产权权能，实施强制性制度变迁，能产生良好的规模效益。由个人或团体为实现利益最大化而推动现有制度的变更和替代，或创造出新的制度安排，是个人或团体的一种自下而上的制度创新，属于诱致性制度变迁。不同于强制性制度变迁的强制性与高效率，诱致性制度变迁所需时间较长，将外在利润内在化也需要经历很多复杂的环节。加之诱制性制度变迁存在外部效应、"搭便车"、缺乏强约束等特点，初级行动团体难以独立完成制度变迁，所提供的制度供给总量也少于社会需求，需要强制性制度变迁给予支撑。在制度变迁过程中，二者相互联系，相互补充，不断推动制度变迁进程。

从对农业制度变迁的主体分析中可以看出，小农户、新型农业经营组织、中央政府、地方政府各行为主体虽立场不同，行为逻辑不同，但在推动小农户融入现代农业体系中，小农户需要提高农业收益，新型农业经营组织寻求自身效益最大化，地方政府追求快速的农业发展和实现地方经济的持续增长，中央政府追求农业农村现代化，四者都具有发展现代农业的动机，对提高农业生产效率有共同追求，具有内在统一性。

三　影响我国农业制度变迁的因素

制度变迁的内部动力根源于生产力（即劳动生产力）的发展，当生产力发展与已有生产关系不适应时，潜在利润出现，促使制度变迁。我国农业制度的演变历程也是生产关系调整以适应生产力的过程。制度是否合理，在何种阶段实行何种制度，都应以生产力是否发展为依据进行评判。内因是制度变迁的依据，外因是制度变迁的条件。根据马克思对劳动力的论述，当不考虑个人区别时，影响劳动生产力的主要因素是劳动的自然条件以及日益改进的劳动的社会。[①] 此外，规模生产、资本集中、分工与协作、科技进步等都可以引起社会劳动力的变化，本书将这些因素概括为制度变迁的需求动因和供给动因。

（一）制度变迁需求动因

1. 自然力

马克思认为，人类通过劳动实践获得物质生活资料以满足自身的生存和发展需求，必然将自然界和自然力作为劳动对象。自然力是自然生产力的基础要素。对于自然界的自然力，马克思将其称为"单纯的自然力"，除"风、水、蒸汽、电"等，还有土壤肥力、河流、森林、矿产等。而马克思所说的自然力是人类开发利用自然的能力，而非纯粹的大自然现象。劳动生产率是同自然条件相联系的，由于各地区的自然资源禀赋不同，自然力也存在较大的差异，将影响社会分工。[②] 由此，生产力具有空间布局的特征，自然环境成为社会分工的基础。

我国幅员辽阔，农业生产条件千差万别，既有地势平坦、易于耕种、土壤肥沃的平原、盆地，也有常年干燥、土壤贫瘠的沙漠戈壁，

[①] 参见《马克思恩格斯文集》（第3卷），人民出版社2009年版，第50页。
[②] 张孝德：《世界生态文明建设的希望在中国——第7届生态文明国际论坛观点综述》，《国家行政学院学报》2013年第5期。

还有水土流失严重的高山、丘陵地区。自然资源禀赋的不同，不仅影响农业自然生产力，也影响对农业生产环境的改造。不同的农业自然环境形成不同的农业区位条件，决定了小农户进行农业生产经营方式的差异。如在东部地区，地势平坦，水土条件优越，便于实现农业机械化，易于形成设施农业；而西部地区丘陵、山地等居多，更易形成庭院观光农业、山地农业。农业经营组织形式、资产专用程度、规模程度、交易费用等也受自然环境的影响，进而影响农业制度变迁的路径。

2. 劳动力

劳动力是指人的劳动力，包含人的体力、智力。而这些劳动力蕴藏在劳动者的身体中，因此，通常所说的劳动力指的是生产者、劳动者。劳动力是影响生产力发展因素中主观的、能动的要素。劳动力不仅是生产力的重要组成部分，更是生产关系的组织者、社会生产活动的参与者。首先，"劳动者和生产资料始终是生产的因素……凡要进行生产，它们就必须结合起来"[1]。劳动者通过自身劳动进行发明创造，改善物质条件、使用先进技术等形成生产力。其次，劳动者在生产过程中形成各种社会生产关系，建立各种社会经济组织。根据马克思主义生产力与生产关系理论，前者直接影响后者，后者反作用于前者，二者以劳动者为纽带相互作用，推动制度变迁。

我国劳动力影响制度变迁主要表现在四个方面。一是在城乡二元结构中，由于农村劳动力的转移，从事农业人口的比重不断降低，兼业型小农户壮大，加之人口红利的消失，农民将承包地流转给愿意耕种的农民，为规模经营提供了条件，促进了土地流转制度、"三权分置"制度的形成，同时也催生了农业生产经营服务主体。二是在进行农业生产中，劳动者不断研发新技术、新工具，推进现代农业制度的建立。例如，通过研发与应用农业机械，倒逼规模经营的形成，推动土地流转制度、生产服务组织等兴起，促进社会制度的变迁。三是在

---

[1] 《马克思恩格斯文集》（第6卷），人民出版社2009年版，第44页。

央行持续投资与宽松的货币政策下,劳动力供给要素降低而资本要素供给提升,人工成本逐年攀高,导致劳动力相对价格增加,对机械生产代替人工劳动力的需求加大,这就形成了对小规模经营转变为适度规模经营制度的需求,推动了有关农地产权制度的变迁。四是在全国经济发展差异下,小农户劳动力素质具有差异性,东部地区经济发达,基本实现农业现代化,农民受教育程度较高,现代农业生产经营的思想意识更明确,对农业制度的需求超前,与中西部地区形成差异化的制度需求。

3. 科学技术

"生产力中也包括科学"[1],"劳动生产力是随着科学和技术的不断进步而不断发展的"[2]。马克思认为,在大工业下科学技术成为一种独立的生产要素,能渗透到原有生产力要素中发挥作用。而之所以科学技术能转化为生产力,其原因在于科学研究所揭示的事物属性或规律,通过转化为科技产品、先进管理模式等应用于现代化生产中,改变生产方式、提高生产效率、节约劳动成本,从而推动生产力的发展。例如,在早期的农业现代化进程中,通过使用农业机械,减少了大量劳动力;又如,在推进现代农业生产中,保持其他要素投入不变,通过科学施肥、科学灌溉等方式就能提高农业生产力水平;或通过"互联网+"、大数据等先进信息技术手段,改造传统农业生产经营方式,提高农业生产环节效能,提高管理能力。这些方式通过节约人力、物力,创造出相同的或比以前更多的农产品,降低生产成本。

弗农·W. 拉坦认为,技术变迁释放的收入流是对制度变迁需求的一个重要因素,知识和技术的进步推进制度变迁的供给曲线外移。[3] 在发展现代农业的进程中,技术进步对制度体系变迁的内在需求主

---

[1] 《马克思恩格斯文集》(第8卷),人民出版社2009年版,第188页。
[2] 《马克思恩格斯文集》(第5卷),人民出版社2009年版,第698页。
[3] [美]弗农·W. 拉坦:《诱致性制度变迁理论》,载于[英]罗纳德·H. 科斯等《财产权利与制度变迁》,格致出版社、上海三联书店、上海人民出版社2014年版,第235页。

要表现在通过农业生产环节中对生产技术、资源实用技术的使用，提高产出率、使用效率，使要素相对价格发生改变，促进小农户资源配置的改变，由此进一步改变了农业生产组织形式，引发了农业经营组织在适应先进农业生产力发展要求上的裂变，推动了农业经营方式的完善。①

4. 生产过程的社会结合

马克思将协作（简单协作和分工协作）作为生产力要素。马克思认为"许多人在同一生产过程中，或在不同的但互相联系的生产过程中，有计划地一起协同劳动"②，可提高个人生产力，创造出一种新的生产力。这样的生产力，不费资本分文。这样一种"许多力量的融合"所产生的新的力量，并不是简单的力量叠加。根据亚当·斯密的《国富论》中有关别针的案例也可以看出，工人之间合理的分工与协调能提高生产效率。③ 由此可见，分工对于提高生产效率、推进国民财富增长具有重要意义。在生产经营过程中，分工推进了专业化的生产，协作驱动了社会化大生产，能提升生产经营中的效率，提高社会生产力。因此，分工与协作能有效促进农业发展。

如表3-2所示，确立了家庭承包经营制度以后，我国小农户在劳动力转移中出现了分化，呈现出不同形式的小农户。在发展初期，小农户兼业化刚刚兴起，小农户将劳动力逐渐转移到能获得更高收益的第二、第三产业中，减少了对农业劳动力、资金等生产要素的投资，选择粗放式经营或抛荒，阻碍了农业现代化的实现。但随着兼业型小农户群体的逐渐壮大，推动了部分小农户发展成为专业大户、家庭农场，也增大了对农事生产服务的需求，如农机服务、加工储存运输服务等，逐渐形成了兼业、专业提供服务的专业大户、家庭农场、农民

---

① 林政：《对农业家庭经营组织的辩证思考》，《经济问题》2004年第10期。
② 《马克思恩格斯文集》第5卷，人民出版社2009年版，第378页。
③ 参见[英]亚当·斯密《国富论》，谢宗林、李华夏译，中央编译出版社2011年版，第4页。

合作社等，为农业经营主体提供专业化的农事服务，农业经营主体在社会化分工中享受分工收益。专业化分工成为小农户和专业大户、家庭农场以及其他农业经营组织的潜在收益源泉。

5. 需求升级

制度是思想习惯发展的结果，也会随着思想习惯的改变而改变。[①]恩格斯认为人类的社会分工进程与人类物质精神的生活消费多样性的发展进程具有统一性。从人类发展历程来看，从打猎、畜牧发展到农业，伴随着商业和手工业，出现了艺术和科学，随后法律和政治发展起来。与此同时，宗教也发展起来了。人们对物质生活和精神生活消费资料的多样性的需求直接推动了剩余劳动产品的产生，并且保持可持续性增长。[②]

随着生产力的发展和社会基本面的改变，我国经济社会的主要矛盾升级为"人民日益增长的美好生活需要和不平衡不充分的发展之间的矛盾"。在农业领域，主要表现在以下几个方面。首先，城乡居民的消费结构发生改变，产品需求更加多元化、精细化。从 2010 年我国进入中等收入水平以后，城乡居民对农产品的需求与农业生产之间的关系从以前的总量不足转变为农业生产种类和质量的不匹配。[③] 人民从生存型消费转为发展型消费，从牺牲资源环境为代价的消费转向生态、可持续性的消费。预计从 2024 年开始我国进入高收入水平阶段，对农产品的消费将更加多元化、个性化，加大了对生态农业、休闲农业、智能农业、信息农业、精准农业、循环农业、创意农业等多功能农业的需求。其次，城乡居民的生态环保意识发生了改变，提高了对农地的保护意识并逐渐形成安全、健康、有机、绿色食品等消费观念，

[①] 罗必良：《观念、制度与思想解放》，《广东社会科学》2008 年第 6 期。
[②] 卢莉芳：《消费需求是社会生产力发生发展的永恒内在动力》，《管理学刊》2010 年第 2 期。
[③] 陈忠明、郭庆海、姜会明：《居民食物消费升级与中国农业转型》，《现代经济探讨》2018 年第 12 期。

从只关注农产品购销环节扩展到对农产品产地环境、生产过程、运输过程等环节的关注。在农产品消费方面，接近九成的"80后"消费者愿意增加购买成本，选择健康、高档、特色的农产品，并且十分重视农产品所附加的文化价值以及服务价值。[①] 这些消费习惯的改变与升级推动了绿色农产品成为消费主流。

在需求升级的背景下，传统的、分散的小农户生产经营与现代农产品需求之间存在较大的供需缺口，导致消费的结构性失衡。从2016年对965位城镇居民的调查中可以看出，近85%的消费者愿意购买有机、绿色农产品；而对849个农村家庭进行调查发现，大部分农民未听过绿色、有机农产品，更不知如何进行质量安全、绿色有机认证。[②] 农民所提供的初级农产品缺乏生产标准，在市场中逐渐失去主动权。对于城镇居民而言，囿于有机产品价格太高，也难以实现经常性购买。城乡居民的消费多样性也对小农户传统的、较为单一的生产品种提出了挑战。从而社会公众消费端需求倒逼生产端转型升级，倒逼传统小农户生产经营方式进行变革。小农户迫切需要融入现代农业体系，通过采用现代农业生产方式、理念，以适应市场需求，达到实现自身利益最大化的目的。

（二）制度变迁供给动因

1. 制度设计和实施成本

制度设计和实施成本主要是指新制度从规划设计到执行过程中所需要的费用。制度设计成本主要包括对制度的前期论证、规划设计、效果预估所需付出的费用，如在推动农业制度改革中，对土地产权制度改革、现代农业"三大体系"的构建、新型农业经营主体的培育以及相配套的财政政策等，都需要对其进行前期论证、规划设计和效果预估。只有充分证实制度可行后，才能付诸行动。这一过程需要有关

---

① 吕宁：《我国农产品消费的现状与趋势分析》，《商业经济》2017年第12期。
② 陈忠明、郭庆海、姜会明：《居民食物消费升级与中国农业转型》，《现代经济探讨》2018年第12期。

人员进行周密的组织，所产生的费用属于制度设计成本。

在制度实施初期，政府需要承担大量的宣传成本，组织、协调人员和机构成本，制度试错成本以及摩擦成本等。新制度的实施将出现新的利益集团，难以避免出现寻租行为，需要政府监督引导，增加了监督成本。加之农业制度的主要对象为小农户，小农户具有量多、分散、分布范围广等特点，增加了制度实施成本，如在已经完成的土地确权颁证中，不仅涉及确权硬件设施设备、人员组织，还要协调解决确权中遇到的纠纷问题。政府基层工作人员有限，实地测量花费了大量的人力（测量人员、村干部与村民的配合、资料数据的整理）、物力（土地测量仪器、地图制作设备）、财力等。高昂的成本和费用导致制度的实施困难重重。

2. 旧制度清除成本

新制度的启动实施代表着旧制度的没落，由于存在路径依赖，在旧制度中形成的利益集团通常会极力阻止新制度的实施，从而产生强大的变迁阻力。清除旧制度、瓦解已形成的利益集团难度相当大。在推进小农户融入现代农业体系中，一是广大农村集体经济组织处于空壳状态，要重建集体经济组织功能，推行"政经分开"，必将影响已有的利益分配；二是地方政府已形成对新型农业经营主体的政策倾斜，要推进小农户融入现代农业体系，使小农户享有规模经营主体同等力度的财政扶持、保险服务、金融服务等十分困难。

3. 其他成本

其他成本包括一些随机成本以及沉没成本。沉没成本主要是指针对现有制度，政府和其他主体已经投入了的大量成本，由于农业的资产专用性特征显著，若进行制度变迁，将导致这些投资成本无法收回。

（三）农业制度变迁的非正式制度约束

诺斯指出，非正式制度是一些无意识的、长期累积起来的制度规则，具有一定的地域性，包括风俗、习惯、意识形态、价值观念、文化等内容。其中，价值观念是非正式制度的重要组成部分，是经济发展过程中进行价值判断的价值标准的总和。诺斯将价值观念引入制度变迁中,将主体行为归结于价值观念和信息因素,更能解释不同的初始制度安排。价值观念不同,将演化出不同的制度变迁路径。

价值观念对我国农业的生产经营方式有着极其重要的影响。我国是传统农业国家,农业生产历史悠久,小农思想根深蒂固,农业人口多、基础稳。虽然农业在农民的收入比重中占比越来越小,但农业已然成为一种身份象征。在几千年根深蒂固的恋土情结下,农民即便不耕种土地,也不愿意放弃承包权。因此,家庭经营不仅承担了部分生活物资,也寄托了个人情感,家庭不仅是最基础的生产单位,也是生活单位。加之家庭生产的内部监督成本低,生产组织紧密,对于稳定农业生产经营和农村基本经营制度而言,都能发挥重要作用。因此,上至国家,下至单个农户家庭,家庭生产经营都具有重要的价值。

非正式制度通过行为准则节约交易费用而发生作用,意识、文化等又是基于物质活动而存在的。只有从生产力出发,认识制度环境和实际情况,才能正确认识非正式制度在制度变迁中的作用。[①] 从我国农业发展来看,虽然小农户家庭生产观念根深蒂固,但部分小农户愿意进行土地流转,甚至退出承包权,这些新现象都是随着经济社会的发展而形成的。因此,要重视非正式制度对制度变迁的影响。

第二节 中国小农户融入现代农业体系的制度结构

在制度变迁中,并非所有制度都将随着生产力的发展而进行创新,任何制度都不是单一存在的,许多制度安排构成了一个制度结构。诺斯将制度分为制度环境和制度安排。制度环境是一系列用来建立生产、

[①] 王理:《正确认识西方经济学的非正式制度演化理论——基于马克思主义经济学的视角》,《海南大学学报》(人文社会科学版)2010年第1期。

交换与分配的基本政治、社会、法律基础规则。① 制度环境是外生的，是可以改变的。制度安排即具体的制度。诺斯将制度安排划分为基础性制度和次级制度。其中，基础性制度变迁主要是指法律制度的变迁，基础性制度变迁决定着次级制度变迁。此外，制度结构是一个系统，基础性制度处于制度结构的核心，是其他制度制定的基础和依据，次级制度也称辅助性制度，是在基础性制度的基础上演化而来的，二者是决定和被决定的关系。但二者的关系也是相对的，一个制度结构中的基础性制度在另一个制度结构中可能属于次级制度，需要结合研究目的和内容进行界定。于金富指出，在经济制度结构中，制度的内核来源于财产制度和劳动制度，外核是管理制度、分配制度，他对制度结构进行了一个合理的构建。②

我国小农户融入现代农业体系的制度结构同样是一系列有关农业制度、土地制度以及配套制度的制度体系。这一制度体系的形成既要符合国家性质，坚持基本的制度；也要最大限度地满足生产力的发展需要，推动小农户融入现代农业体系。结合国家制度体系和基本事实，本书将写入宪法的、不可动摇的农业制度、财产和劳动制度定义为基础性制度，将在此基础上演化出的"三权分置"制度、土地流转制度、土地管理制度、农业支持和保护制度以及其他制度定义为次级制度。

一 中国小农户融入现代农业体系的基础性制度

（一）坚持农村土地的集体所有制

众所周知，集体所有制③是社会主义公有制的重要组成部分。马

---

① 邹东涛主编：《社会主义市场经济学》，人民出版社2004年版，第20页。
② 于金富：《马克思主义经济学的经典理论与现代观点》，中国社会科学出版社2008年版，第54页。
③ 在很多文献中，马克思、恩格斯将"集体所有制"与"公有制""全民所有制""国家所有制"并列使用。

克思在《资本论》中指出,要消灭资本主义私有制,建立生产资料公有制,建立一个没有阶级剥削的政治经济体制。马克思批判私有制下产生的剥削,资本主义私有制导致对土地的破坏,使人类文明和自然生态环境陷于"两极对立",成为破坏自然资源的源头。土地具有生活功能、生产功能、生态功能,对提高农民的生产生活水平、保障生态环境具有重要作用,这样的属性也决定了土地的使用具有强烈的外部性。同时,行为主体进行生产经营活动时,在客观上会对第三方主体造成影响,这也意味着不能实行土地私有制。

从世界范围来看,小农生产方式或者向资本主义农业生产方式演进,或者向社会主义农业生产方式演进。农村土地制度的性质对于农业生产方式演进的方向极其关键,换句话说,我国农村土地制度的改革方向关系着农业生产方式朝着哪个方向升级的问题。此外,我国土地产权安排应考虑全局与长远利益,所有权必须掌握在代表公共利益的农业组织手中。能否实现促进生产力的发展是判断生产关系合理性的准则。根据马克思主义生产力与生产关系必须匹配的历史唯物主义和基本原理可知,我国所处的历史阶段决定了在农村必须坚持农村土地集体所有制。"集体"是指生产者作为自由人的共同体,[①] 能在共同占有基础上实现一定程度的个人所有,是介于"私有制"和"国有制"之间的一种较为灵活的制度安排。坚持集体所有制是适应社会主义初级阶段生产力的制度形式,是生产力与生产关系矛盾运动的必然结果。只有稳固了农村土地集体所有制,在此基础上的农村改革才能不影响我国的社会主义性质。因此,坚持农村土地集体所有制是我国小农户融入现代农业体系的基础性制度之一,不能动摇。

(二) 坚持农村土地家庭承包制

家庭承包经营是农村土地集体所有制的实现形式,体现的是集体

[①] 苑鹏:《对马克思恩格斯有关合作制与集体所有制关系的再认识》,《中国农村观察》2015年第5期。

与成员之间的经济关系。[①] 相比改革前的集体所有、集体经营,这种生产关系并未改变集体所有的属性,但却是农村经营制度的一大进步。同时,农村依据土地产权的重新划分建立了土地所有权归农村集体经济组织而土地承包经营权归小农户的土地关系,家庭肩负经营承包地的权利与义务,自负盈亏。在家庭承包经营制度下,虽然不是所有权私有,但是实现了承包经营权的统一,劳动者自由支配自己的劳动力,享有劳动成果,有效激励行为主体的经济活动。由血缘关系组成的家庭经营可以灵活安排生产,减少组织化过程中的监督成本。在我国幅员辽阔、农村人口分散、人口众多的基本国情下,家庭承包经营还能稳定粮食生产,实现藏粮于民,发挥稳定社会秩序的作用。此外,土地发挥着小农户生产保障、生活保障、社会保障功能,即使在改造小农户的过程中需要推动小生产转变为社会化生产,坚持土地集体所有制与家庭承包制也始终是农村改革中不容动摇的根基。

(三) 完善和巩固农村基本经营制度

改革开放后,农村基本经营制度经历了"大包干"到家庭联产承包责任制再到统分结合的双层经营体制。这一体制变革的目的是在坚持家庭分散经营的基础上发挥集体统一经营的优越性。农村集体经济组织承担土地调整与分配、执行土地承包合同、监管土地使用方式、管理公共设施等职能。通过土地集体所有权下承包经营权的划分与转移,衍生出不同的生产经营主体和生产经营模式,从而提高制度的适应性。

完善统分结合的双层经营体制是坚持社会主义道路、实现共同富裕的重要课题。为此,党的十八大报告提出构建集约化、专业化、组织化、社会化相结合的新型农业经营体系,党的十八届三中全会提出推进家庭经营、集体经营、合作经营、企业经营等共同发展的农业经营

---

① 罗玉辉、林龙飞、侯亚景:《集体所有制下中国农村土地流转模式的新设想》,《中国农村观察》2016 年第 4 期。

方式创新，都充分践行了这一思想。2017年国家进一步提出构建框架完整、措施精准、机制有效的政策支持体系，不断提升新型农业经营主体适应市场的能力和带动农民增收致富的能力。可见，创新农业经营方式是当前党和国家坚持和完善统分结合的双层经营制度的前进方向。

另外，"统"的实质是农民认可的农业生产经营的社会化组织功能。长久以来，小农户分散经营，无组织效益、无规模效益根源于"统"功能的缺失，对"统"的实质和具体实现形式缺乏正确认识。当前，只有将家庭经营的"分"和具有社会化组织功能的经营主体的"统"相结合并通过社会化服务体系提高"统"的能力，才能充分发挥农村基本经营制度的优越性，走出一条兼顾小农户的、具有中国特色的社会主义农业现代化道路。可见，农村基本经营制度的完善与发展成为实现农业现代化的重要途径与手段。[1]

二 我国小农户融入现代农业体系的次级制度

在新形势下，农村改革的主线依旧是如何处理好农民与土地之间的关系。有关土地制度改革与创新是我国小农户融入现代农业体系次级制度的重要内容。同时，为了保障用地安全、保障小农户权益、推动现代农业发展等，还需要一系列相关的制度保障，这些制度共同构成了我国现代农业的次级制度。

（一）"三权分置"制度

农村土地实行家庭承包经营责任制，明确承包经营权归属农民，但小农户生产经营具有保守性和稳定性，小生产既无法获得规模效益，也难以抗衡自然风险和市场风险。加之比较利益的存在，青壮年农民纷纷外出务工，出现农地撂荒、土地流转等现象。土地使用方式的转变对土地产权关系提出了新要求。在坚持土地农民集体所有和家庭承

---

[1] 张东生、吕一清：《农村基本经营制度变革及策略选择——改革开放40年的经验总结》，《现代经济探讨》2019年第6期。

包的前提下，如何盘活农地的经营使用权，成为解决"三农"问题的切入点和立足点。这就提出了深化农村产权制度改革的议题。

就土地权利设置而言，虽然同一土地上只有一个所有权，但能够设置若干可以相容的物权。改革开放以后，首先确立了农村土地集体所有权与农民承包经营权的"两权分离"。而要盘活农地经营使用权，优化农地配置，就得进一步探索在"两权分离"基础上如何将经营权从承包权中分离出来。为此，党的十八大以后顺势提出在坚持集体所有制基础上进行土地所有权、承包权、经营权相分离的"三权分置"，明晰了土地在集体、承包户与经营者之间的权属关系，解决了不同产权主体之间的激励相容问题，推动了土地产权制度变迁。[①] 土地产权在"两权分离"的基础上进行再次细分与流动，盘活了土地承包经营权，为产权合理流动提供了可能性。土地权属的转移，重新配置了土地资源，进一步推动了资金、技术、服务、劳动力等生产要素的重组，为现代农业规模化提供前提条件，为新型农业经营组织的形成提供了制度基础。这一制度克服了农地权利仅限于在集体成员内部配置的局限，为我国完善农村基本经营制度提供了更多的可行方案，也为中国特色农业农村现代化铺平了道路。"三权分置"制度成为推动小农户融入现代农业体系最关键的次级制度。

（二）土地流转制度

在土地家庭承包经营制度实施的初期，农村生产力低下，工业化城市化也刚起步，家庭承包经营能够容纳家庭劳动力，农民几乎没有非农就业，在较长一段时间内，承包者和经营者是统一的，但随着生产力的发展、城镇化的推进、城乡收入差距的拉大，农民更倾向于把资金、劳动力等生产要素转移到回报率较高的行业，部分农民放弃土地经营权，对土地进行粗放式经营，甚至撂荒。在农村集体经济组织功能缺失、土地无规模效益和农村土地撂荒的多重背景下，为整合土

[①] 高帆：《中国农地"三权分置"的形成逻辑与实施政策》，《经济学家》2018年第4期。

地资源，部分经营主体与闲置土地的小农户协商获得土地一定年限的经营权，探索适度规模经营，从而产生了土地流转。在土地流转过程中，转入方获得土地的经营权、收益权等权利，转出方让渡经营权而获得农地流转收益。

2002年11月党的十六大报告提出，在坚持农村基本经营制度下，在有条件的地方可以进行土地承包经营权流转。2003年3月1日正式施行的《中华人民共和国农村土地承包法》提出土地流转可以通过转包、出租、互换、转让等多种方式进行。2005年农业部进一步出台文件规范农村土地流转的方式，明确规定合同的签订内容以及细化对流转的管理，维护了流转双方的合法权益，对土地流转合同的签订提供了法律依据。2007年3月，在十届全国人大五次会议中，把土地承包经营权定义为"用益物权"，明确了该权利的财产性质。在党的十七届三中全会中进一步允许农民通过多种方式流转土地经营权。总而言之，中央诸多政策方针的出台，稳定了农村土地承包经营关系，推动了土地流转，为农业规模化经营提供了制度条件。

土地流转是双层经营体制下农村生产力发展到一定阶段的产物，推动了土地由家庭经营向规模化经营方式的转变。[1] 在土地流转下催生的专业大户、家庭农场、农民专业合作社、农业企业等新型农业经营主体，提高了农业生产率。其中，部分新型农业经营主体在农业生产经营中逐步构建起社会化组织功能，通过对农地资源、劳动力、资金等生产资料的统一配置，实现了双层经营体制中"统"的功能，成为农村基本经营制度"统"的主体。传统的集体经济组织也在土地产权制度改革中探索出新的生产经营模式，如农村集体经济组织通过土地整合、集中，创办合作社，发挥"统"的功能；或通过转包转租，发挥农村集体经济组织的管理职能。在土地流转的推动下，新型农业经营主体成为先进生产力的代表。

---

[1] 李太淼：《论我国土地所有制结构的动态调整》，《江汉论坛》2019年第1期。

(三) 土地管理制度

土地产权制度改革是土地制度改革的主线，推动了现阶段农村基本经营制度的变革，促进了农村经济的发展。土地流转制度推动了土地优化配置，形成了多种形式的规模经营。而在规模化经营的同时，用地需求不断增大，激化了城乡用地矛盾和集体经济组织成员之间的用地矛盾。这就对土地制度中的另一基础内容——土地管理制度提出了新的挑战。在我国人多地少的基本国情下，为了加强对农地的管理，国家于1986年在《中华人民共和国土地管理法》中提出实行统一分级限额管理制度，形成中央到乡（镇）的五级土地管理体系。这一制度改变了中华人民共和国成立以来多部门分散的土地管理，建立起国家统一的管理制度，降低了制度运行成本，在一定程度上提高了土地管理绩效。

土地规划制度是对土地资源进行宏观管理的有效方式之一，并通过《中华人民共和国土地管理法》在法律层面得以确立。中华人民共和国成立以来，我国就十分注重对土地的规划和利用。土地规划制度能够从国家宏观层面通过调整土地的规划，优化土地利用结构和空间布局，辅助现代农业的产业化发展。土地规划制度是土地用途管制制度的基础。我国建立起全国、省、市、县、乡的五级规划体系，加强了对土地的宏观调控与管理。毋庸置疑，实现现代化产业应合理规划产业用地，加强顶层设计，而在土地规划中，土地规划权归各级政府所有，逐级审批，并且总规划一经审批必须严格执行，形成了封闭的权利结构，导致土地规划难以适应市场与实际需求。为此，国务院于2008年8月13日审议并通过了《全国土地利用总体规划纲要（2006—2020年）》，该文件提出，在修编各级土地利用总规划时，要建立起政府、专家、有关部门、公众等多主体共同参与的机制。这一规定打破了政府封闭的权力结构，扩大了土地规划参与的主体范围，奠定了人民参与的基础。

土地用途管制能有效保障土地的使用安全。在家庭承包经营制度下，我国出现几亿小生产者，面对如此众多的小生产者，政府监管困难、监管费用高。我国耕地保护面临挑战，也增加了土地科学规划和合理利用的困难。完全依靠市场自发形成对土地的保护是不可能实现的。据统计，1986—1995年我国非农建设占用耕地约2960万亩，① 大量农地被转为他用，影响了农地安全。在已有的土地管理制度无法解决农地与非农用地之间矛盾的背景下，国家在1997年提出用途管制制度并于1998年写入修订的《中华人民共和国土地管理法》，建立起以土地用途管制为核心的土地管理制度，通过土地利用总规划、土地利用具体安排、土地用途变更管制三大内容，落实土地用途管理，以顶层设计加强对土地用途的宏观调控。在制度确立后的20年中，又提出耕地红线、永久基本农田划定、占补平衡、耕地质量提升保护等具体政策，以支撑用途管制制度，有效降低了耕地非农化、非粮化速度，保持耕地总量平衡。当前，面对土地产权不断细分、产权主体增多、产权流动频繁的现状，在利益的驱动下，各种违规使用土地、浪费土地资源、变向侵占土地资源的现象随处可见，这又要求土地管理制度进一步地完善。由此，土地用途管制制度的确立和发展是我国土地管理制度中一个极其重要的环节，成为土地管理的核心。②

一言以蔽之，土地规划制度能提高现代农业产业布局的科学性，协调土地使用之间的冲突。土地用途管制制度能提高小农户与新型农业经营主体对土地的使用效率，保障农业现代化进程的用地安全，推动农业现代化的顺利实施。二者都是对土地产权的重要约束，保障了国家用地安全，保护了小农户的根本利益。

---

① 本刊编辑部：《我国土地管理进行重大变革——分级限额审批制度将废止》，《中外房地产导报》1998年第10期。

② 张群、吴次芳：《我国土地用途管制的制度演变与优化路径》，《中国土地》2019年第3期。

（四）农业支持和保护制度

在1998—2003年粮食大减产的背景下，[①] 2003年粮食需求缺口达到5000多万吨，极大地影响了国家粮食安全。2004年中央开始着力构建农业支持保护制度，通过制度的制定保护种粮小农户的收益。此后，政府不断完善支持保护制度体系，涉及农业支持保护补贴、托市收购、政策性保险等多个方面。2004年农村税费改革进一步加大对农民的扶持，全面推进了农业支持和保护的制度改革。

农业支持和保护制度是政府通过财政制度对农业提供的财政保障，政府可通过协调地区之间、部门之间的财政比例，合理分配财政资金，减少东中西部地区农业发展的不平衡性，缩小农业发展差距。在具体实施中，包含政府购买农业公益性服务政策、购买服务补贴政策、农机购置补贴政策，建立粮食主产区利益补偿机制，完善财政、税收、人才等扶持政策等。这些制度有效保障了粮食生产，也促进了资源的优化配置。但随着我国农业补贴范围越来越广，补贴程度也不断加大，已接近"黄箱"补贴上限。最低收购价格、临时收储的托市政策等，在一定程度上扭曲了市场价格。政府支持制度的支持对象、支持结构已存在一定的问题。面对小农户生产落后的局面，农业支持和保护制度逐渐由对小农户的价格支持转换为一般的服务支持，加大了对基础设施建设、农业科研推广以及小农户培训等方面的投入，改善了小农户生产经营的环境。

（五）其他制度

一是农业信息化发展规划。信息化是现代农业的制高点，国家在生产信息化、经营信息化、管理信息化、服务信息化等方面做出了有

[①] 1998年我国粮食产量达到创纪录的5.1亿吨，随后由于种粮收益下降，城镇化扩张对耕地的圈占，导致粮食种植面积不断下降，从1998年的1.14亿公顷下降到2003年的0.99亿公顷，减少的种植面积为0.15亿公顷（相当于1998年东北三省的粮食种植总面积），粮食产量也下降至4.3亿吨，下降了15.9%。参见胡冰川《改革开放四十年农业支持保护制度：脉络与发展》，《江淮论坛》2019年第2期。

关要求。《中华人民共和国国民经济和社会发展第十三个五年规划纲要》提出推进农业信息技术与农业生产环节的融合，通过物联网、大数据应用、涉农电子商务等推进农业信息化建设；《国家信息化发展战略纲要》提出培育互联网农业，发展具有智能化与网络化的农业生产经营体系；《全国农业现代化规划（2016—2020年）》又进一步制定出改造物联网、国家农业数据中心的计划，提出建设村级益农信息社、农业遥感应用与研究中心等具体措施，发展智慧农业。在物联网、互联网、大数据等工程下，国家致力于完善农村信息采集、更新体系，构建全面系统的全国农业基础数据库，为农业政策的制定和实施提供数据支撑。

二是农村信贷体制改革。总体来说，我国农业信贷的种类较少、覆盖率低，国家信贷制度有待完善。虽然20世纪90年代我国就展开了对农村金融制度改革的探索，但至今农村金融体制依旧是农村改革中的难点，推动难度相当大。为此，中央专门出台文件，指出农村金融体制改革要始终站在农民的角度，解决农民所需，并以此为立足点，循序渐进地推进改革。当前，农村信贷体制的改革主要以深化农村信用改革为抓手，将信用社打造为农村金融企业，为农民、农业发展提供信贷服务。同时，信用社还可以增加小额贷款和联保贷款等服务，这一措施丰富了贷款种类，在一定程度上促进了农村金融制度的完善。但相对于整个农村的需求来说，农村金融制度依旧存在很大的供需缺口。大多数新型农业经营组织在建立初期因缺乏资金积累或无有效抵押品获得贷款，难以发展起来。尤其是一些服务性主体，如农机手，虽然拥有农机，但是缺乏有效的制度安排，没有产权证，不能进行担保抵押，导致融资困难重重。加之农业存在较大的信用风险和不确定性，仅凭政府财政或少量的社会资本，难以完成农业信贷体系的建设。

三是农村人力资源开发利用机制。2012年，国家开启新型职业农民培育工程，专门出台有关政策，推动大批青年农民成为专业大户、家庭农场等新型农业经营主体的领办人。国家对新型职业农民的培养主要集中在能力培养、学历提升、信息化建设等方面,致力于构建内生型的人才培养机制。截至 2017 年年底,全国新型职业农民达到 1500 万人,劳动力素质整体提高。由此可见,新型职业农民培育工程提升了小农户的自身素质,为现代农业的发展提供了高质量的劳动力。

第三节 中国小农户融入现代农业体系的制度均衡

由上述分析可见,我国现阶段形成了推动现代农业发展的基础性制度和次级制度结构,对稳定我国农村制度、推进我国农业发展具有重要作用。但这些制度如何作用于小农户融入现代农业体系,是否能满足小农户的发展需求,还需进一步分析。

一 中国农业制度供给过剩与供给不足并存

制度作为一种公共品,是一种稀缺资源。相对于制度需求而言,制度供给通常不足,制度非均衡成为常态。虽然制度变迁的需求动因和供给动因共同作用于制度变迁,但制度变迁的路径取决于制度创新的供给。

农业制度的供给者主要是政府(包括中央和地方政府),并以政府权力为核心,以推动农业农村现代化为目标,注重推动农村经济发展的整体效益。而农业制度的需求主体主要是小农户以及新型农业经营主体,具有明显的异质性。因此,政府制定的制度与小农户所需要的制度往往具有一定的差异。加之制度制定还受制度制定者的偏好和有限认知、制度需求信息的传播速度、初级行动团体的制度创新能力、制度创新成本、既得利益者的压力、制度制定者和实施者的目标统一程度、制度依赖程度等诸多因素的共同影响,制度供给更是难以切实匹配制度需求。就我国已形成的农业次级制度对促进小农户实现现代化生产而言，制度供需错位，呈现出部分制度供给过剩和部分制度供给不足并存的现象。

(一) 制度供给过剩

在极大地释放家庭承包经营制的制度活力后，小规模的家庭生产方式的制度缺陷越来越凸显，产生了规模化经营的需求。随着"三权分置"制度、土地流转制度的确立和实施，政府也着力推进建立新型农业经营体系，大力发展农民专业合作社、农业企业等新型农业经营组织，为农村发展注入活力。但如果地方政府为了增加业绩，盲目地、过度地推进土地流转，会使整个农业制度呈现出"去小农化"的特征，难免导致很多非农偏好影响制度供给。

一是制度需求的非农化造成制度供给过剩。[①] 自发流转形成的诱致性制度变迁难以在短时间内实现规模经营，也难以完成农业现代化的发展目标，政府急于通过大规模的土地流转推动现代化进程，形成强制性制度变迁。同时，政府主导新型农业经营主体进行土地流转，在实行大面积流转、统一转包时，主要优先考虑农业企业而非具有真正种地意愿的中农、小农。

二是制度供给过剩与政府"政治创租""抽租"以及政策干预的延续性有关，[②] 政府主导型的制度变迁容易产生制度供给过剩。在地方政府主导的"中间扩散型制度变迁模式"下，为了获得更多的利益和提高政绩，实现外部潜在利润内部化，地方政府倾向于通过新型农业经营体系的建立来获取更多的中央财政转移支付，而新型农业经营组织为获得补贴、财政支持等，滋生出寻租行为。这也就不难解释为什么会屡屡出现地方政府不断招商引资的现象，而且，不顾小农户需求而尽可能地扩大规模经营范围，使小农户陷入无地可种的窘境；也不难理解在构建新型农业经营体系过程中，地方政府更愿意将补贴、

---

① 王敬尧、魏来:《当代中国农地制度的存续与变迁》,《中国社会科学》2016 年第 2 期。
② 卢现祥:《论制度变迁中的制度供给过剩问题》,《经济问题》2000 年第 10 期。

财政支持等赋予农民专业合作社、农业企业、家庭农场等农业组织的现象。

因此，在政策推进下的土地流转虽然提高了农地流转效率，促进了一批新型农业经营主体的快速崛起，有利于整个农业体系的发展，但是制度供给整体倾向于生产规模化、大机械化、工商资本化，对小农户而言会存在一定程度的制度供给过剩，产生一系列不利影响。首先，制度供给过剩阻碍了具有生产意愿的小农户的正常生产经营，破坏了自发土地流转的秩序，造成了小农户和新型农业经营主体之间的利益冲突，影响了农村的稳定。其次，制度供给过剩为小农户带来了新的风险。地方政府为快速建立新型农业经营体系，以行政手段推进土地集中，而大量的新型农业经营主体缺乏管理和风险防范意识，一旦经营不善，便会出现亏损甚至破产，往往难以支付农民土地流转的费用，从而影响整个农业生产经营体系的健康发展。最后，在"创租—寻租"模式下的制度供给造成了大量的财政资源浪费，政府将资金等补贴于新型农业经营主体，在资源有限的情况下，压缩了小农户补贴空间，缩减了对农田水利等设施的建设资金，难以根本改变小农户的生产生存环境。由此可见，制度供给过剩不仅难以满足小农户的发展需求，而且阻碍了小农户融入现代农业体系的进程。

（二）制度供给不足

在农业制度中，相对于制度供给过剩，制度供给不足更是常态。其原因在于制度供给源于制度需求，而供给与需求的主体往往具有不一致性，导致制度供给落后于需求。同时全国性的农业支持和保护制度、信息化发展制度、信贷金融制度等，对地方缺乏针对性，可能出现地方政府和中央政府的利益矛盾，难以保障地方政府的切实执行。同时，在政策制定者面前，小农户缺乏讨价还价的能力，难以表达真实诉求，只能被动地接受有关农业制度。此外，已获利的农业经营主体也会不断地给政府施压，阻碍制度变迁。在这些因素的影响下，推动小农户融入现代农业体系的制度供给严重不足。从具体制度内容来看，主要表现为以下几个方面。

一是土地管理制度严重缺失，阻碍小农户流转意愿。土地是农村基本经营制度的基石，只有保障土地质量，才能维护农户的承包权，推动经营权的持续流转。随着"三权分置"改革的持续推进，在资源配置过程中，土地经营权可能出现一次转移和多次转移。虽然我国法律也对经营权人所需承担的土地保护义务有所规定，但是面对越发复杂的经营格局，并未建立起土地质量管理体系，在土地流转合同中也未做出相应的质量要求。即便是在2020年最新修订的《中华人民共和国土地管理法实施条例（修订草案）》中，土地流转合同也只规定了交易价款、支付时间与方式、附着物处理方式等内容，并未涉及环境保护问题，难以有效监管土地质量。同时，农地制度缺乏弹性，农业经营主体难以获得建设用地，妨碍了农业生产经营主体配套所需的仓储、农资房、园区道路等农用基础设施的建设。

二是社会保障制度、教育培训制度等都存在严重的滞后，未能形成有效机制。在土地流转后，农民没有足够的技能在城镇获得稳定的工作，出现"融不进的城市，回不去的农村"的困境，农民失去土地经营权，没有稳定的社会保障且生活困难。社会教育培训资源有限，国家又未能建立完善的农民培训机制，只是出台阶段性的政策，农户难以持续性地提升自己的生产技能。合作社、农业企业等新型农业经营组织属于对外营利性组织，只有具有一定农业劳动技能或具有一定生产资料优势的农民才能成为新型农业经营组织合作的对象，因此，这些组织只能带动部分小农户参与现代农业生产，而广大普通的、资源贫乏的小农户将成为现代农业中的弱势群体。

三是在农业制度体系中，部分支持政策长期滞后、缺失。支持保护制度是现代化国家农业政策的核心，也是我国发展现代农业的必然要求。虽然国家进行了有关制度的建设，但农业金融制度、保险制度供给不足，总体紧缺。在有限的制度供给中，政府更愿意将资源倾向于规模经营的生产经营主体，甚至出现压缩小农户的补贴而扶持新型农业经营主体的现象。从而，在新型农业经营主体的建设中，新型农业经营主体的不断壮大倒逼政府管理制度改革，使农业治理目标更失衡和单一。① 农业发展方式的单一化使小农户的生产经营状况越发艰难，逐渐被边缘化。

四是新型农业经营体系的形成倒逼社会化服务体系的变革。专业大户、家庭农场、龙头企业各自拥有大型农业机械，创办农机合作社，挤压了原本为小农户提供农机服务的农机户的利润空间。自2015年起，农机户逐年递减，大型收割机不愿为小农户提供农机服务，小农户难以获得市场服务，方便小农户的农机服务体系逐渐解体。在加工、销售环节，新型农业经营主体产量大，更容易与下游产业链等建立利益链接，加工厂、商贩等出于交易成本的考虑不愿与单个小农户建立合作关系，使小农户市场销售十分困难。此外，乡村农资销售体系也在新型农业经营主体的兴起中逐渐失去优势。因此，在新型农业经营主体建设中倒逼已形成的农机服务、产品销售和农资购买等社会化服务体系虽提高了对整个农业的服务水平，但在一定程度上不利于小农户的生产经营。

可见，我国农业制度主要由政府主导，由于制度需求者具有异质性，而制度制定者囿于偏好和有限认知，致使制度制定者和需求者的目标难以完全一致。加之既得利益者的施压、小农户处于弱势地位等系列因素，小农户在发展现代农业中面临着制度供给过剩和制度供给不足并存的问题，从而导致农业次级制度未能更好地辅助于基础性制度，影响了农村基本经营制度的完善，不利于促进小农户融入现代农业体系和农业现代化的整体实现。

二 中国农业制度均衡一般状态

农业整体制度反映出制度供给过剩和制度供给不足，制度供需失

---

① 冯小：《新型农业经营主体培育与农业治理转型——基于皖南平镇农业经营制度变迁的分析》，《中国农村观察》2015年第2期。

衡不利于小农户实现农业现代化，从而要推动制度向均衡方向发展。制度均衡是制度供给和制度需求相匹配的情况，在新的均衡处双方供需平衡，没有外部利润可以获得。在实践中这一均衡状态非常短暂，几乎很难实现。也正因如此，在制度的非均衡状态下，制度才能实现不断变迁。[①] 虽然我国小农户融入现代农业体系的程度和效率存在一定的区域性差异，但总体处于现代农业发展阶段，全国范围内农业基础性制度相同，农业次级制度大同小异，因此可从全国视角予以分析。

本书利用制度"供给—需求"模型分析农业制度变迁中全国小农户的制度需求及成本变化（见图4-1），横轴代表有关农业的制度数量，纵轴代表制度成本。首先，考察一般情况。S 代表原始均衡下的制度供给，随着制度供给的增多要实现制度之间的协调以及有效执行制度，那么制度成本也将提升。从而，制度供给越多，制度成本越高，制度成本和制度供给正相关。D 代表原始均衡下的制度需求，随着制

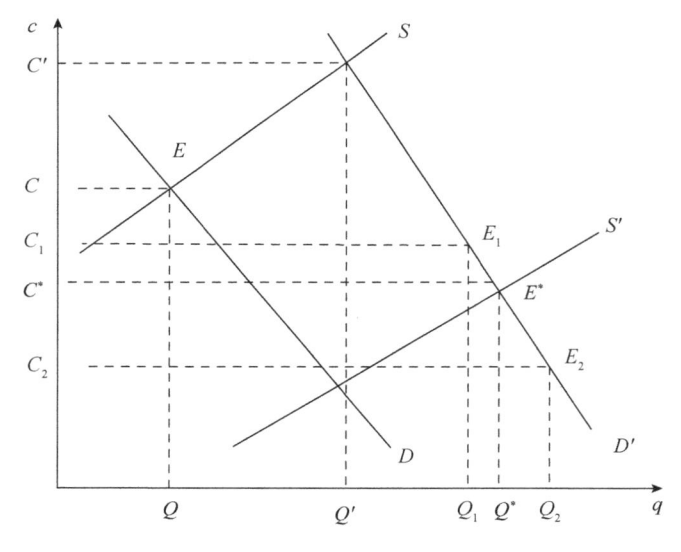

图4-1 制度"供给—需求"模型

[①] 邓大才：《论当前我国制度供给现状及制度变迁方式的转换》，《江苏社会科学》2002年第6期。

第四章 中国小农户融入现代农业体系的制度分析

度成本的提高，需求方对制度的需求降低。可见，制度成本与需求呈现负相关。

其次，假设农业供给和需求的原始均衡点为 E，小农户制度需求量为 Q，成本为 C。当规模经营、技术进步、需求升级等因素变动出现潜在利润时，制度供给方和制度需求方都会为了实现利润最大化而调整政策。在家庭承包经营制度下，致力于农业生产的小农户为获得更多收益，自发进行土地流转，形成专业大户、家庭农场或成为合作社骨干，制度需求由 D 移至 D'。农民由下而上形成诱致性制度变迁，制度主要依靠小农户维护，其成本较高。地方政府面对新形成的制度，一边要维护已有制度的稳定，一边要引导新制度的发展，也需要支付高昂的成本。此时，制度成本由 C 上升到 C'。

再次，随着诱致性制度的变迁以及政府在制度变迁中认识到规模经济、发展新型农业经营主体等所带来的效益，认识到小农户融入现代农业体系对整个经济、社会、生态系统的重要性，政府加大制度变革，积极推动制度变迁。如推进"两权分离"向"三权分置"转换，又如出台政策积极引导新型农业经营体系的建设等，推动制度供给从 S 增加到 S'。此时，制度成本从 C' 下降到 C^*，制度供给稳定于 Q^*，诱致性制度变迁演变成为强制性制度变迁。而政府对农业的总投资有限，地方政府强制性制度变迁更偏向于将制度向具有规模效益的新型农业经营主体倾斜，形成对小农户的排挤，导致小农户的制度成本高于新均衡的制度成本，制度供给小于新均衡的制度供给。

最后，新型农业经营主体的制度成本低于小农户的制度成本（$C_2 < C^* < C_1$），而所获得制度总量大于小农户制度总量（$Q_1 < Q^* < Q_2$），从而呈现出现阶段新型农业经营主体发展迅速而小农户生存艰难的现状。

可见，现代农业制度是在自下而上的诱致性变迁与自上而下的强制性变迁共同作用下形成的制度体系。当制度变迁的预期大于制度变迁的收益时，农业制度变迁才可能发生。制度变迁的成本和收益都将影响制度变迁的供给。在国家性质、历史条件既定的情况下，农业生产力的发展对农业要素禀赋造成冲击，使土地、劳动力、资本等生产要素相对价格发生变化，产生在已有制度下无法获取的外部利润，打破制度均衡。小农户、新型农业经营主体等初级行动团体在"成本—收益"的比较下，为尽可能获取外部利润，推动农村农业有关制度的演变。中央政府、地方政府等也在"成本—收益"的比较下，认识到制度变迁带来的利益，采取行动辅助制度变迁。在这一过程中，自下而上的制度变迁包含了两种驱动力：一是小农户为顺应市场需求，需要融入现代农业体系，进行土地流转实现规模经营，或将土地流转推动制度变革；二是新型农业经营主体倒逼社会化服务体系、政府管理体系的变革。在资源稀缺性下，小农户和新型农业经营主体之间存在潜在的资源争夺。政府作为资源分配者，在"成本—收益"的比较下，为迅速改善农村经营状况，降低制度成本，更偏向于将资源倾斜于具有规模经营、资本实力雄厚的新型农业经营主体，尤其是农业企业、农民专业合作社等，造成对小农户的排挤，从而在制度供给不足的基础上产生了制度供给错位，使小农户在市场中的生存状态越发困难。一旦形成制度倾斜于新型农业经营主体的"马太效应"，将加重制度不均衡。最终，小农户在获得政府制度支持和获取社会化服务中，相较于新型农业经营主体而言处于弱势地位。

第四节 本章小结

农业制度是小农户融入现代农业体系的基础。农业制度的形成受需求动因和供给动因的共同影响，其中，需求动因包括自然力、劳动力、科学技术、生产过程的社会结合、需求升级等的影响；供给动因主要包括制度设计和实施成本、旧制度清除成本等以及风俗习惯、意识形态、价值观念、文化等非正式制度的影响。我国农业制度是诱致性制度变迁和强制性制度变迁共同作用的结果。在农业制度的变革过程中，我国形成了基础性制度和次级制度相结合的制度结构。基础性制度包括农村土地集体所有制、家庭承包制以及统分结合的双层经营体制，次级制度包括土地产权制度、土地流转制度、土地管理制度、农业支持和保护制度以及其他制度。由于制度需求主体存在异质性，小农户和新型农业经营主体的制度需求难以统一。而"政治创租""抽租"以及政策干预的延续性等又造成制度供给过剩，阻碍小农户的正常生产经营，增加小农户风险，影响农村基础设施建设。同时，既得利益者的压力、小农户处于弱势地位等又导致制度供给不足。我国农业制度在演变中几乎难以实现制度均衡，在制度稀缺以及路径依赖下，政府作为资源分配者，在"成本—收益"比较下更倾向于将资源向具有现代农业生产能力的新型农业经营主体倾斜，在一定程度上造成小农户边缘化，阻碍小农户融入现代农业体系的进程。

第五章 中国小农户融入现代农业体系的组织分析

制度分析中所呈现的问题说明了现阶段我国小农户和新型农业经营主体之间具有明显的竞争关系。在农业现代化过程中，小农户家庭分散经营难以得到相应的制度保障，在与新型农业经营主体的竞争中成为弱势群体。正因如此，2019年，农业部长韩俊提出我国在农业现代化中，要处理好培育新型农业经营主体和扶持小农户之间的关系。不同的新型农业经营主体的组织功能大小、经济属性、特征和市场优势不同，与小农户之间的利益联结也不同。本章将对专业大户、家庭农场、农民专业合作社、农业企业、农村集体经济组织以及合作社联合社、农业产业联合体等如何发挥组织功能，如何带动小农户融入现代农业不同体系进行详细分析。

第一节 内部组织功能与社会化组织功能

分工对建立社会劳动组织具有重要意义。根据马克思主义经典作家论述的分工理论，我国农业发展无疑是内部分工和社会化分工共同推进的结果。实现小农户融入现代农业体系的本质即推动小农户参与内部分工协作和社会化分工协作，实现小农户生产社会化。本书所论述的内部分工是农业经营组织内部合理的分工安排和劳动调度，通过

第五章 中国小农户融入现代农业体系的组织分析

加强组织内部的专业分工，降低农业单个生产环节的复杂程度，内部分工目的是在专业化的过程中提高单位产出率，提高单个农业主体生产活动的效率。而社会化分工则是农业内部的专业化分工，譬如种植业、养殖业和农业社会服务业内部的细化分工，社会化分工旨在通过提高农业专业化水平，实现农业整体经济效率的提升。与内部分工相对应的是农业经营组织内部的协作组织功能，而与社会化分工相关的则是农业经营组织能否发挥社会化组织功能。显然，如能基于利益联结将分散的小农户组织起来，实现资源的优化配置，将有利于提高社会化分工水平，进而提高农业经营主体的经济效益。

我国农村基本经营制度强调"统分结合"，正是鉴于分散经营的小农户需要通过一定方式组织起来，因而"统"的实质是农民认可的农业生产经营的社会化组织功能，是将小农户分散的生产资料有机结合为社会生产资料，进行统一生产、统一经营、统一核算，并根据生产资料的产权归属以及劳动情况实现利益共享。"统"功能的发挥，不仅能推动生产力的发展，还能促进生产关系的革新（见图5-1）。现代农业经营组织构建社会化组织功能的过程也是通过生产资料的聚集、优化配置，形成社会化组织能力，与双层经营体制中"统"的内容高度契合。因此，现代农业经营组织是践行"统"功能的载体，既发展了生产力，也推动了生产关系的进一步完善。通过建立小农户和新型农业经营组织的利益联结，实现合作化、规模化、组织化，能达到带动小农户融入现代农业体系的目标。

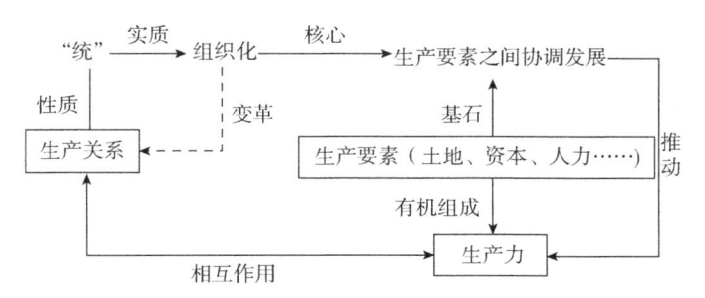

图5-1 我国农村基本经营制度"统"的内涵

在我国现阶段的农业经营主体中，专业大户、家庭农场是以家庭为单位的、从事商品生产和服务的组织，以盈利为目的进行经济核算，是一个独立的经济实体。组织内部成员之间虽具有一定程度的分工与协作关系，但这种关系主要建立在亲缘、血缘基础上，而不是基于价格机制与市场机制，也不存在商品货币关系。即便专业大户、家庭农场等通过流转小农户土地或雇佣一定劳动力而发生了市场交易，也未能形成社会化组织功能。这是专业大户、家庭农场与其他具有社会化组织功能的农业经营组织之间最本质的区别。农民专业合作社、农业企业、农业产业联合体等农业经营主体主要通过建立与小农户紧密的利益联结，将分散的小农户、其他农业经营主体组织起来，推动农业生产要素由分散到聚集，重新优化配置资源，使各生产要素及其要素所有者形成一个相互联系、相互依赖的有机整体，参与社会化分工，形成具有社会化组织功能的新型农业经营组织。这样的农业经营主体在农村基础性制度和次级制度的安排下，扩大了社会分工范围，有效践行了马克思的分工与协作理论。可见，农业经营主体都具备内部组织功能，但并非任何农业经营主体都具备社会化组织功能。

对于经营主体的组织功能定位，关键在于组织的特征和比较优势。[①] 组织形式差异取决于由谁生产，按何种要素分配，控制权归谁。这些因素也决定了不同的形态和内部治理结构。有鉴于此，解构"组织"需从两个层次展开。一是核心层，指经济组织的经济属性。经济属性代表了经济组织的内在本质特征，决定了经济组织的发展方向以及功能定位，是认识经济组织特征的关键所在。二是工具层，指在经济属性上，组织通过组织方式、产权安排、利益联结、管理制度等系列方式方法建立及稳定这一组织的具体过程。核心层决定了工具层，直接影响组织与小农户之间的关系，也将影响小农户融入现代农业体系的不同层次。如家庭农场、专业大户等仅实现内部组织功能，是小农户的自我

---

① 赵海：《家庭农场的制度特征与政策供给》，《农村金融研究》2013年第12期。

升级，这些主体组织能力低，但也能对周边小农户产生示范作用，吸引小农户融入现代农业生产体系；而自发性合作社、新型集体经济组织代表农民的利益，具有社会化组织功能，能通过生产资料的整合将小农户纳入生产经营体系；农业企业、农业产业联合体、合作社联合社等以产业化发展为目标，能进一步带动小农户融入现代农业产业体系。总之，这些组织凭借自身优势，在小农户融入现代农业三大体系中发挥着各自的作用，成为带动小农户融入现代农业体系的组织载体。

第二节 新型农业经营组织带动小农户融入现代农业体系

一 小农户的自我升级：从专业大户到家庭农场

（一）专业大户、家庭农场的经济属性

家庭类生产经营主体是农业体系的基础微观组织，包含一般小农户、专业大户以及家庭农场。在农业现代化的进程中，当传统小农采用现代生产要素，摆脱自给自足、靠天吃饭的小农生产经营模式，积极参与到社会化生产中时，传统小农户也就逐渐升级为现代农户。当下，现代农户呈现出专业大户和家庭农场并存的二元结构。

专业大户也称为种养大户，是在工业化、城镇化过程中农村劳动力流失、劳动力人口老龄化、农地撂荒的背景下留下来的种田能手，或农机主自发通过流转小农户的承包地、集体荒地，面向市场从事专业化农业生产经营的组织。因此，专业大户具有规模化、专业化等特点，具备较强的生产能力和一定的管理能力。

随着专业大户规模的不断扩大，农产品产量得到大量提升，但产品在市场上缺乏品牌效应，难有竞争力，专业大户内生出提高市场地位、注册农产品品牌等需求，家庭农场得以兴起。同时，政府为了加强对专业大户的管理，规范专业大户的生产经营行为，也积极倡导专业大户通过工商注册升级为家庭农场。2021年中央一号文件再次强调实施家庭农场培育计划，把农业规模经营户培育成有活力的家庭农场。可见，不同于专业大户的自发性，家庭农场是市场选择和政府推动共同作用的结果。专业大户是家庭农场的雏形，而家庭农场是法人化的专业大户，更能满足现代农业的发展需求。二者都是小农户的自我升级，具有多个共同特点，如土地面积达到一定规模，租地时间达到一定期限；劳动力主要为家庭成员，可临时性雇工；有一定的农业设备水平；家庭的主要收入来源于务农等。

相对于传统小农户而言，专业大户、家庭农场的现代性主要集中表现在四个方面。一是从生产经营意识来看，专业大户、家庭农场以农产品交易而非满足自我消费为生产目的，具有较强的竞争意识、商品意识，在生产经营中以市场为导向进行商品生产，并完成马克思所说的"精彩的跳跃"。二是在市场竞争中，专业大户、家庭农场积极参与社会分工与协作，其产品主要用于市场交换，并通过销售或进入加工环节，从生产领域转移到消费领域，反过来提高生产环节的专业化、规模化水平。同时，专业大户、家庭农场的稳定性也决定了家庭成员主要在农村务农，使家庭内部分工成为可能。三是在生产过程中基于利益最大化的目的进行成本收益的核算，而非主要靠经验、感官，在劳动力用工中存在临时用工行为，并采用现代契约制度提高组织能力。四是在生产要素方面，通过流转土地扩大生产经营规模，积极采用新技术、新农种以及现代经营管理方式等，追求生产要素的优化配置，实现农业生产的规模化、专业化、标准化。由于专业大户、家庭农场是由小农户发展而成的，在城镇化进程中，专业大户、家庭农场的大量建设能够实现平稳的代际传承，是解决农村人口老龄化和农民兼业化的重要方式。大力发展专业大户、家庭农场是培育新型职业农民的主要途径，能有效推动传统小农户转变为现代职业农民。

社会学家费孝通曾指出，农村社会真正有活力的就是家庭工业。专业大户、家庭农场是现代农业的微观组织，其活力根源于专业大户、家庭农场保持了承包权和经营权的统一，而且生产经营组织主要靠天然的血缘关系、亲情纽带联结，如父母子女关系、婚姻关系等，无须任何明文契约就能形成稳定的家庭合作关系。此外，家庭成员之间利益一致，在生产活动中团结互助，齐心协力完成生产任务。这种生产组织形式与我国以家庭为本位的社会经济基础高度契合，有效发挥了农村"细胞"的生命力。生产经营组织几乎与家庭组织重合，生产主体享有绝大部分的剩余索取权，具有较强的激励作用，成员之间不存在产权分割、契约协议等问题，即不存在监督成本。因此，专业大户、家庭农场是一种具有低监督成本、利益一致性的组织模式，比其他农业经营组织更具稳定性。

从经济属性来看，专业大户、家庭农场是以家庭为单位的市场性生产经营主体，脱胎于传统小农户，保持了家庭经营的核心属性，兼顾利益最大化和家庭经营，是小农户的自我升级。内部结构以血缘、亲缘为基础，具有高度的稳定性。专业大户、家庭农场的产权独立性，使家庭农场降低安排劳动、分配与消费等环节的成本。同时，在利益的驱动下，专业大户、家庭农场兼备规模化、集约化、市场化、商品化、专业化等现代经济组织属性，集家庭属性、市场经济组织属性于一体，是传统小农户发展为现代农户的主要形式。

从上述分析可以看出，专业大户、家庭农场实现了组织内部的简单协作，获得了规模效益，解放了生产力。同时，专业大户、家庭农场是在家庭承包经营制度下产生的劳动技术组织和劳动社会组织的统一体，这种协作式的生产劳动可纳入生产关系的范畴，通过流转土地、建立雇佣关系等，改变传统小农户单家独户进行生产的生产关系。专业大户、家庭农场具有提高生产力和改善生产关系的双重作用。

（二）专业大户、家庭农场带动小农户融入现代农业体系具体方式

专业大户、家庭农场是在小农户的基础上发展起来的现代农业经营组织，相较于小农户而言，专业大户、家庭农场具有更大的生产规模，从农资购买、农产品销售方面，都可以发挥一定的辐射带动作用。

农业企业，特别是大宗农产品企业、加工企业也更容易与之签订合作协议。在小农户发展为专业大户，进一步升级为家庭农场的过程中，就可以实现一定程度的现代化。小农户演变为家庭农场，成为最适合现代农业发展的微观经济组织。同时，专业大户、家庭农场还可通过生产经营的规模效应带动周边小农户进入现代农业生产体系、经营体系。具体方式如图5-2所示。

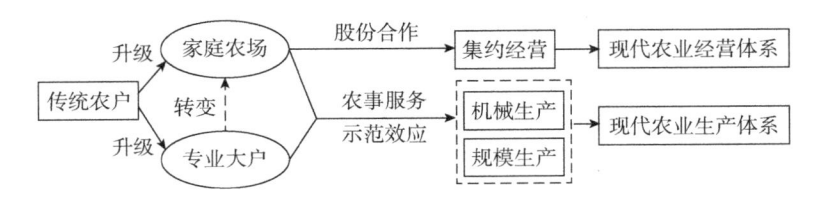

图5-2　专业大户、家庭农场带动小农户融入现代农业体系

首先，专业大户、家庭农场凭借自身的生产能力，为周边小农户提供农事服务，实现小农户生产过程的机械化和规模化，带动小农户融入现代农业生产体系。专业大户、家庭农场与周边小农户联系紧密，具有相同的自然环境、相类似的生产需求，能根据农业生产的季节性为周边小农户提供农事服务，及时解决小农户生产所需，缓解当前农业生产性服务市场供给不足的问题。对于提供服务的专业大户、家庭农场来说，将过剩的农业设备生产能力向小农户释放也可以降低自身的设备购置成本、运营成本等。[①] 由于专业大户、家庭农场等主要由当地小农户发展起来，在农村熟人社会中易获得信任，极大地减少了小农户在选择农事服务中的甄别成本、沟通成本。

其次，小农户将土地入股家庭农场或共同建立合作农场，与家庭农场共同实现现代化生产。土地股份合作是一种比较理想的制度选择，[②]

[①] 杜志雄、刘文霞：《家庭农场的经营和服务双重主体地位研究：农机服务视角》，《理论探讨》2017年第2期。

[②] 黄祖辉、傅琳琳：《新型农业经营体系的内涵与建构》，《学术月刊》2015年第7期。

在这种模式下，小农户与家庭农场之间建立简单的契约关系，家庭农场统一进行生产经营，统一核算，带动小农户融入现代农业生产体系、经营体系。小农户提供土地经营权、劳动力支配权给家庭农场，获得家庭农场流转费用、劳动力报酬。这种方式不仅能实现土地规模生产，还使小农户获得股份收益，小农户和家庭农场之间的关系相比土地流转模式等更具有稳定性。

此外，专业大户、家庭农场采用新技术、现代农业机械等，减少化肥使用量，对周边小农户产生示范和引导的作用。专业大户、家庭农场在现代农业中获得了切实的收益，是激发小农户采取行动、主动积极融入现代农业体系的动力。

专业大户、家庭农场实现在农民承包经营的基础上，解决了小农户经营与规模经营之间的矛盾，避免了小规模无效和大规模大风险的问题，能在人口老龄化、农民兼业化、城镇化进程中，实现代际传承并培育新型职业农民，是带动我国小农户融入现代农业体系的微观经济组织，只是这种微观经济组织的成本收益核算也主要在家庭内部，带动和服务小农户的能力和范围有限，相对于整个大市场而言，也往往受困于资金、技术的短缺，依旧处于劣势地位。要保障专业大户、家庭农场的健康发展，在市场中还需依靠组织程度更高的农业经营主体。

二　生产者的联合：自发性合作社

（一）自发性合作社的形成与经济属性

根据奥尔森集体行动的逻辑，分散式、家庭型的生产难以实现成本分摊与利益共享，那么，我国传统小农户的总量优势就难以得到展现。随着现代农业的发展，小农户加强与外部的联系，不同类型的家庭类生产经营组织形成聚集，小农户之间逐渐实现激励相容并开始采取一致行动，发展起农业合作组织。这一组织类型实现生产资料的共同购买、农业基础设施的共同建设、成员之间的资金互助、农业生产经营中的信息共享等，有效地降低了农民在生产经营环节的交易成本。其中，最典型的农业合作组织即农民专业合作社，其成员可能是单个的小农户，也可能是专业大户、家庭农场。另外，合作社是在坚持以小农户、专业大户、家庭农场等农业微观经济组织主体地位的基础上，同类农产品的生产者、农事服务者或需求者联合起来提高市场地位、降低生产经营成本的经济组织。这种组织对内不以营利为目的，采用提供服务、盈利返还等发展方式，对外有偿提供生产经营服务或产品。这一组织形式能够最小化信息不对称、资产不完全等带来的交易费用，减少小农户获取市场信息的费用、交易谈判费用等，提高农民在市场中的地位，在组织小农户生产、传递市场信息、贯彻国家政策、推广生产技术等活动中都能发挥重要作用。

合作社经营内容包括种植、养殖等生产性活动和提供技术、资金、劳动力、植保、信息等服务性活动。就全国范围来看，种植、养殖的生产性活动是合作社的主要内容。[1] 截至2018年，全国依法登记的农民专业合作社已经达到了210万个，实现入社小农户约1.2亿户。[2] 合作社是集体所有制的有效实现形式，由于农民自愿组建的合作社和农村集体经济组织创办合作社的经济属性和组织过程具有一定的差异，本章将其分为自发性合作社和农村集体经济组织创办合作社。此处主要指农民自发性合作社。

从经济属性来看，合作社是农民在自愿互利基础上形成的生产资料的联合，是小农户私人产权的联结体，始终代表农民的根本利益。根据这一经济属性，合作社发挥社会化组织功能的最大特点是"平等自愿、风险共担、利益共享、民主管理"，这也使合作社在保留农民

---

[1] 从事种植业的专业合作社大体占43.3%，从事畜牧业的专业合作社占29.7%，二者合计达到73%。参见刘涛《我国农民专业合作社发展的调查与建议》，《北京工商大学学报》（社会科学版）2012年第6期。

[2] 《全国开始正式清理"空壳社"，骗补贴的好日子要结束了》，http://www.haonongzi.com/news/20190531/964.html。

生产经营自主权的基础上，最大限度地保障小农户的权益。此外，合作社的所有权会影响决策权，所有权与决策权共同决定剩余利润索取权。[1] 所有权、决策权与剩余利润索取权是合作社最主要的产权安排。在合作社与小农户的联结中，小农户在充分考察自身利益以后，将私人产权不同程度地转让给合作社。合作社将小农户、专业大户、家庭农场等家庭类生产经营主体的生产资料私人产权转化为合作社共有产权进行经营管理，通过生产资料所有权、承包权、经营权的分离与重组，形成新的权利组合。同时，合作社通过引进现代生产要素改造传统的生产要素，通过统一的生产经营活动优化资源配置，提升这些产权的获利属性，创造出新的生产力。可见，合作社得以建立的根本在于小农户为实现个人利益最大化主动让渡部分私人产权。[2] 在产权流动上形成合作社与小农户之间的利益联结，这是合作社发挥社会化组织功能的基础，而且利益联结能否稳定、利益分配是否科学直接关系着合作社的稳定。

具体来看，合作社组织起来主要是通过建立与农民之间的生产要素的股权联结和契约联结，将小农户的生产资料集合起来实施资源优化配置。根据产权让渡的模式和程度不同，可以分为股权模式、契约模式以及兼及二者的混合模式（见表5-1）。

表5-1　　　　　　　　合作社与小农户联结模式

	股权模式	混合模式	契约模式
具体内容	小农户以土地、资金等生产要素入股，小农户选择在园区从事劳动、提供管理，或是外出务工	小农户将部分土地入股或流转合作社，剩余土地自营，合作社提供农事服务	小农户自主经营未流转的土地，合作社提供农事服务

---

[1] 陆倩、向云、孙剑：《类型划分与路径优化：一个新的合作社产权治理分析框架》，《农村经济》2018年第8期。

[2] 这里所说的私人产权，指在土地家庭承包经营制度安排下赋予农户自主经营承包地的权利以及农户对于自有资金和劳动力的产权。

续表

	股权模式	混合模式	契约模式
小农户产权让渡程度	大	一般	小
稳定性	强	一般	弱

建立在农村土地集体所有制下的家庭承包制，农民拥有的是土地承包经营权而非土地所有权，因此，合作社股权模式是指小农户将私人所有的土地、资金等生产资料的使用权、生产经营决策权等让渡给合作社，合作社将其折算成小农户股份，合作社通过生产经营提高生产要素的获利能力，保障农民的剩余利润索取权。在该模式下，小农户产权让渡程度大，小农户对合作社依赖程度高，双方权责明晰，合作社能够灵活地进行生产经营，形成较为稳定的利益联结。

小农户除了选择股权模式，还可以通过要素契约模式与合作社建立利益联结。如双方签订农业生产服务合约，获得合作社农事服务；或者小农户将全部土地流转给合作社，获得土地租金。对于购买农事服务的方式而言，小农户依旧享有土地的使用权、生产经营权，同时拥有自身劳务支配、农产品处置等权利，与合作社建立起"分散经营，统一服务"的利益联结。对于流转的土地而言，合作社在契约有效期内能够对其进行统一经营。虽然契约模式不及股权模式稳定，但合作社也能将小农户的生产要素集中起来，从而进行优化配置。

所谓混合模式，系指小农户将部分私人产权让渡给合作社并保留部分私人产权，其产权让渡程度、与合作社之间的稳定程度都介于股权模式与契约模式之间。比如，将部分土地入股或流转给合作社，同时保留部分土地用于自己经营。在这种情况下，小农户不仅希望已让渡的产权在合作社的经营中实现增值，还十分关注保留部分产权的获利能力。因此，合作社要增强与混合模式下小农户的利益联结，不仅要提升合作社对共有产权的经营能力，还要为小农户提供服务，帮助小农户提高保留产权的获利能力。

由此可见，在社会化组织功能构建过程中，小农户或将生产要素入股合作社，或将土地流转给合作社，前者实现了私人产权转让给合作社后形成合作社的共有产权，后者则是合作社依据土地流转合约获得了一定时期内的土地经营使用权。二者都实现了合作社对土地这一最为重要的农业生产要素的统一经营。因此，股权模式叠加契约模式，构建了合作社的社会化组织功能。[①]

合作社规章制度、日常管理制度、利益分配制度是维护合作社社会化组织化功能的重要手段。在利益分配制度中，根据合作社的经济属性，合作社按生产要素分配，兼顾效率与公平，强调合作社成员支配资本，而不是资本支配劳动。自发性合作社的经济属性决定了合作社最核心的剩余分配权直接掌握在农民手中。

（二）自发性合作社带动小农户融入现代农业体系具体方式

由于小农户在思想、资源禀赋、行为决策等方面都具有异质性，不同的入社模式将与合作社建立不同形式的利益联结，进而合作社成员有核心成员、普通成员和外围成员之分。小农户与合作社之间所建立的利益联结方式影响小农户融入现代农业体系的不同层次。

首先，合作社可带动自身辐射范围内所有小农户融入现代农业生产体系。合作社通过整合土地、资金等生产资料，扩大生产规模，克服独立生产经营个体缺乏信息、技术、资金、管理等生产要素的难题，降低单个小农户信息收集等费用，节约小农户的交易成本，提高农民在市场中的主体地位。小农户通过加入合作社，克服落后的小农意识，在合作社带领下使用先进技术、先进管理等现代生产要素。同时，合作社为小农户提供农业生产经营所需的各项服务，范围覆盖农业生产产前、产中、产后全过程。具体包括：合作社凭借现代化生产机械、管理制度等为小农户提供生产服务；合作社凭借固定的销售渠道、市

---

① 关于自发性合作社如何构建及稳定社会化组织功能的研究参见韩文龙、徐灿琳《农民自发性合作社的组织功能探究——兼论小农户与现代农业融合发展的路径》，《学习与探索》2020年第11期。

场中的谈判能力、信息获取能力等以及农产品物流、冷链等农业必要设施设备为小农户提供销售服务；合作社通过已有的资本积累，为合作社成员提供资金互助服务，为所在区域小农户提供资金借贷服务，解决家庭型生产主体发展资金不足、融资成本高昂等困难。总之，合作社通过多种方式解决小农户生产领域的困难，提高了小农户的生产能力。

其次，合作社带动核心成员、普通成员、外围成员融入不同层次的现代农业体系（见图5-3）。从产权角度来看，核心成员将自身所拥有的土地经营权、资金使用权、劳动力支配权等全部入股合作社，由合作社统一支配、统一决定生产和经营活动，这一部分小农户不再独立进行经营核算，从而合作社带动这一部分小农户融入现代农业生产体系、经营体系，实现集约经营。普通成员将土地、资金等生产资料通过契约模式加入合作社，同时也实现了劳动由合作社统一调度，这一部分小农户通常以混合模式加入合作社，部分土地由自己生产经营，部分农地流转给合作社生产经营，合作社以内部社员价为成员提供生产中所需要的服务，如农业机械服务、购买生产资料服务、培训服务等，这种方式保持小农户独立经营，提高了普通成员的生产能力，合作社带动这一部分小农户融入现代农业生产体系。而合作社外围成员，即并未参与合作社组织的小农户，合作社凭借自身信息和技术、市场等资源优势为这一部分小农户提供生产服务、市场销售服务、生

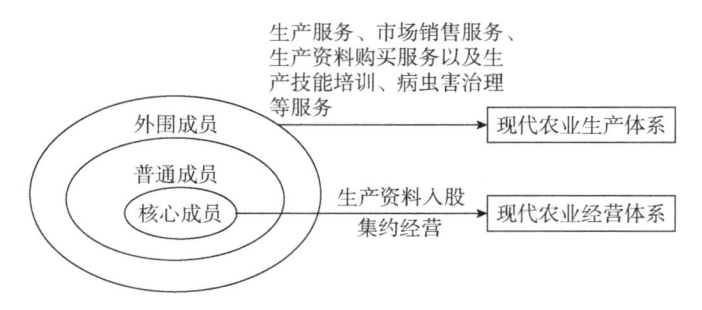

图5-3 合作社带动小农户融入现代农业体系

产资料购买服务等,并可提供所需的生产技能培训、病虫害治理等服务项目,降低小农户单独生产中的不利影响因素,以契约模式提高周边小农户的生产能力。因此,合作社也带动了外围成员融入现代农业生产体系。这一"内外有别"的特殊经营模式,保障了组织内部成员的福利,也提高了组织外部成员的现代化农业生产水平。合作社将小农户组织起来,改变小农户农事活动只局限于生产环节,从而将其扩展到农业加工、销售、服务等环节。

三 工商资本的拉动:农业企业

(一) 农业企业的形成与经济属性

虽然马克思恩格斯认为公有制是实现农业社会化大生产的制度,但也并未否定资本主义大生产方式进入农业。他们认为,资本主义大生产方式是对传统小农经济的革命,是小农生产方式的巨大进步。利润是资本主义进入农业的驱动力,促使农业资本家将在工商业中获取的资本以及先进的生产方式带入农村和农业,促进农业生产力的快速发展。马克思恩格斯虽论述的是资本主义社会,但资本和先进生产方式能促进农村和农业发展这一逻辑同样适用于社会主义社会。

西奥多·W. 舒尔茨指出传统农业生产要素投入者没有增加使用生产要素的动机,需要引入"新的收入流"改造传统农业。要实现传统农业向现代农业的转型升级,解决国家缺乏资本积累、资本短缺等问题,工商资本进入农业以补偿资本投入的不足就顺理成章了。相较于其他新型农业经营组织与市场而言,农业企业集现代农业生产要素于一体,有效地实现了现代生产要素与传统生产要素的结合与优化配置,能有效降低资源流动所产生的交易费用。同时,也能通过企业带来先进的生产要素,促使农民获得新技能和新知识。

在我国传统计划经济体制下,由于存在工农业产品的价格"剪刀差",大量的农业利润转移到工业领域,农业资本积累缓慢,农业资金匮乏,阻碍了我国农业的发展。进入工业反哺农业阶段,囿于工商资本的性质，国家在很长时间内都对其保持谨慎态度，而不可否认的是，工商资本对于发展现代农业具有较大的推动作用，因此，政府对工商资本参与农业建设的态度也发生了转变。这种态度的转变直接体现在政策指导上。2001年国家明确规定不提倡工商企业长时间、大面积租赁和经营农户承包地；2013年国家出台政策鼓励和引导城市工商资本到农村从事种植养殖业并培育扶持龙头企业，促进资本下乡；2016年中央一号文件再次放宽对工商资本的限制；2020年中央一号文件进一步明确引导和鼓励工商资本下乡。在政策推进下，工商资本已然成为发展现代农业的重要力量。

农业企业是具有企业法人资格的营利性经济组织，以利润最大化为目标，实行自负盈亏、独立核算。农业企业通过工业资本和商业资本从事农业有关生产经营活动，推动工商资本、技术、人才与农村生产资料有机结合，是工商资本下乡的具体表现形式。农业企业为农村输入资金、技术、知识、管理技能等新生产要素，带来先进的管理模式、先进的经营理念和市场开发能力，更新了农业生产设备。由于工商资本的外来性，农业企业除资本、管理和技术以外的生产要素主要来自农民，如土地主要来源于对小农户、农村集体经济组织的租赁，劳动力主要来源于雇用当地农民，从而农业企业有效地推动了现代农业生产要素和传统农业生产要素的有机结合。工商资本的进入，相关配套农田水利设施、公路等基础设施在客观上得以改善，有利于提高农村社会福利。这些原因使小农与资本结合后反而增强了小农家庭生产的稳定性。农业企业是发展现代农业的重要组织形式，也是带动小农户融入现代农业体系的重要桥梁。农业企业的发展，对农村生产力的发展和农村生产关系的变革都产生了重要的影响。

从经济属性来看，农业企业是以利润最大化为目标的现代农业经营组织，是工商资本在农业领域寻求经济利益的具体表现形式，具有逐利性、市场化等特点，而且提高资本报酬率是农业企业关注的焦点。农业企业逐利的经济属性也决定了农业企业始终掌握着最核心的剩余分配权。农业企业以资本为纽带，通过商品契约和要素契约与小农户建立联结（见表5-2），带动现代农业生产要素与传统农业生产要素融合，再进行整合与优化配置。因此，资本是形成农业企业社会化组织功能的关键要素。

表5-2　　　　　　农业企业与小农户利益联结方式

	商品契约	要素契约	
		合作模式	股权模式
具体内容	农业企业购买小农户初级农产品或直接租赁土地；小农户购买农业企业服务	农业企业建立生产基地，小农户在企业要求下进行生产，企业提供农事服务	小农户以土地、资金等生产要素入股
生产要素的结合程度	松散联结	半紧密结合	紧密结合
表现形式	口头协议、合同	签合同	签合同
权益分配	没有建立利益联结机制	小农户获得劳动收入	小农户实现分红
对小农户和企业的影响	小农户积极性低	有效提高小农户积极性，保障企业产品质量	形成小农户和企业之间利益共同体，小农户积极性高

一是建立商品契约。小农户和农业企业之间存在双向购买或租赁行为。一方面，针对产品差异较小的大宗农产品，农业企业通过市场交易直接向原产地的小农户进行购买，小农户出售农产品，农业企业通过建立加工环节，延长产业链。在农业企业的购买中，倒逼小农户采用新品种、新技术。此时，小农户和农业企业之间只是简单的商品买卖关系。也有部分农业企业直接采用"农业企业+农民土地"模式，农业企业通过土地租赁进行自主经营。农民让渡经营权，获取财产性收益，农业企业给流转土地的农民支付土地租金并将当地农民转换为可支配劳动力，此时，小农户不仅流转土地，还参与现代农业生产，获得工资性收益。通过这种模式，能最大限度地保障农业企业的经营自主权，以市场需求为导向提高农业企业农产品质量，建立现代

化、标准化的农业生产基地。在这一模式下,农业企业在追逐利润的同时提高了农业附加值,增加了农民收入,也为农民提供了大量的就业岗位。农业企业可让农民实现离土不离乡,满足农民的乡土情结,对稳定社会结构具有重要作用。但农业企业也承担了较大的租金压力,增大了生产成本,增加了农业经营的风险。另一方面,小农户可向农业企业购买农事服务、技术服务和所需要的生产资料,小农户成为农业企业产品与服务销售的对象。这两种方式都是通过小农户与企业签订商品买卖契约合同,双方根据合同承担权利和责任,二者之间是简单的购买或租赁关系。

二是建立要素契约。首先,农业企业可建立农业生产基地,以"农业企业+生产基地"模式与小农户建立合作关系。在这种模式下,企业为小农户提供生产技术等服务支持,小农户保持独立生产经营,独立核算,农业企业收购农产品,从而农业企业和小农户之间建立起多次合作关系。虽然小农户未将生产资料入股农业企业,但农业企业以农产品的生产计划间接优化配置生产要素,小农户与企业之间已不再是简单的商品买卖关系。土地成为企业和小农户之间的要素纽带。其次,小农户将土地、资金等生产资料入股企业,企业统一生产经营,农民按股分红,即形成股权模式。在这种模式下,农户和农业企业利益高度统一,股权化减少了二者之间的交易成本,企业享有更大的自主权,小农户实现二次分红,双方形成紧密的利益联结,极大地提高了小农户的积极性。

(二)农业企业带动小农户融入现代农业体系具体方式

与其他新型农业经营主体最大的区别在于农业企业具有明显的产业化生产经营特征,尤其是龙头企业,通常实行产销一体化,这样的农业企业能带动小农户融入现代农业产业体系。现代农业产业体系是三大体系的最高层次,农业企业在带动小农户融入现代农业产业体系中发挥着至关重要的作用。具体来看,小农户与农业企业之间建立不同的利益联结方式,带动小农户融入现代农业体系的各层次(见图5-4)。

一是农业企业带动小农户融入现代农业生产体系。农业企业为小

第五章 中国小农户融入现代农业体系的组织分析

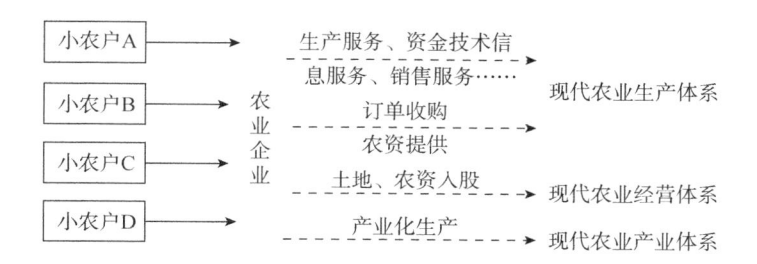

```
小农户A ──┐           生产服务、资金技术信
         │    农     息服务、销售服务……  → 现代农业生产体系
小农户B ──┤    业     ─────────────
         │    企         订单收购
小农户C ──┤    业     ─────────────
         │    ↓         农资提供
小农户D ──┘           土地、农资入股      → 现代农业经营体系
                     ─────────────
                         产业化生产       → 现代农业产业体系
```

图 5-4　农业企业带动小农户融入现代农业体系

农户提供生产技术支持，提供产前、产中、产后服务或对小农户进行农产品收购，倒逼小农户采用现代农业技术，这些都涉及对小农户现代农业生产资料的革新，推动小农户成为现代农产品生产者。农业企业为保障农产品的质量和农产品供给的稳定性与小农户签订订单合约，以高于市场价格的价格进行收购，小农户依据合同标准进行生产。在这种情况下，企业提供一定的生产性服务、销售服务，推进产销衔接，提高农产品附加值，提高商品率和市场化程度。此外，通过农资提供、技术指导加强对农产品的质量把控。农业企业成为带动小农户融入现代农业生产体系的重要力量。

二是农业企业带动小农户融入现代农业经营体系。小农户与农业企业之间通过股权模式，将土地、资金等生产要素入股企业，小农户参与农业企业劳动，形成紧密型的利益联结，建立"风险共担、利益共享"的机制。通过股权形式，将小农户生产资料与工商资本有机结合，统一生产、统一经营、统一核算，改变了小农户单家独户的经营模式，小农户获得土地、劳动力、资金等股权收益，此时，农业企业发挥了社会化组织功能，成为"统"的具体形式之一。

三是农业企业带动小农户融入现代农业产业体系。产业化生产经营的农业企业，无论是通过商品契约还是要素契约，与小农户建立利益联结都能够带动小农户融入现代农业产业体系，使小农户成为现代农业产业体系的参与者。农业企业在进行产业化生产中，通过延长产业链，实现了生产、加工、销售等纵向一体化，或成为横向生产中的一个单元。在农业企业带动下的小农户不再凭借自身意志决定农作物的生产种类或劳动内容，而是根据产业化发展的要求有组织、有计划地进行生产劳动，实现融入现代农业产业体系的目标。

由此可见，农业企业能够有效带动小农户融入现代农业三大体系，尤其能在带动小农户参与产业化生产经营中发挥重要作用。但值得警惕的是，在农业企业以逐利为唯一目的这一根本属性下，农业企业生产经营活动极易出现非粮化、非农化。在大力推进机械化的过程中，将极大地减少对劳动力的需求，这在一定程度上压缩了农民的就业空间，对小农户产生排挤效应，并且企业利益和农民利益产生冲突，影响了农村的长期稳定。因此，要谨防工商资本凭借资本优势抢占农村优势产业、优势资源。在制度设计、监管、公共服务等环节中，需要合理设计，引导农业企业致力于开拓产业市场，解决农业产前、产中、产后服务等问题，实现建设性的、融入式的共生发展，而不是把重点落脚于农业生产，造成与农民争地的局面。

四 新型农村集体经济组织

（一）新型农村集体经济组织的演化与经济属性

农村集体经济组织是以自然村或行政村为单位的社区型经济组织。农村集体经济组织是农村集体经济的主要表现形式，农村集体经济组织能否发挥功能、如何发挥功能，直接关系到统分结合双层经营体制的实现。

中华人民共和国成立以来，农村集体经济组织的变迁呈现出适时性和适应性的特点，基本符合我国社会经济发展的需要。各种形式的农村集体经济组织都是农民在一定的制度条件、技术条件下为追求自身利益最大化而采取的经济发展模式。传统农村集体经济组织得以长期存在的原因在于农村市场经济发展程度低，集体内部的交易具有明显的非市场性、关联性以及封闭性。农村缺乏有效分工，农民流动性

第五章　中国小农户融入现代农业体系的组织分析

低，交易对象固定，导致农村社区成员交易具有非匿名性。这样一些交易特征减少了小农户之间的交易费用、甄别成本，小农户重复性的多次交易也降低了交易中的机会主义，减少了合作中的道德风险，减少了组织运行成本。即便是在物质产权并不十分清晰的情况下，小农户与小农户之间、小农户和农村集体经济之间都能实现合约的稳定。加之传统农村集体经济组织控制着农村剩余并将农村剩余集中转向城市，以支持工业发展，从而传统农村集体经济组织得以长期存留。

随着市场经济的发展与技术水平的提高，市场分工的深度和广度的推进，小农户交易特点逐渐改变，农村集体成员的行为方式也在发生变化。成员交易范围越来越广，交易对象不断扩大，打破了交易重复性、封闭性、关联性及非匿名性。农村集体经济组织功能逐渐弱化，集体经济组织有名无实，逐渐空壳化，对小农户提供农事服务逐渐减少，导致单个农户在规模经营、风险防控、市场地位等方面毫无竞争优势可言。进入工业反哺农业阶段，传统集体经济组织不再向工业转移农业剩余，农村产权改革也并未适应农村经济发展需求，集体经济组织产权不明，剩余索取权难以量化到单个农户。单个农户在农村集体经济组织中拥有的资产比重很小，小农户不愿意花费高昂成本进行权利维护。由此可见，缺乏经济支撑、小农户支持的农村集体经济组织运行效率逐渐降低，组织形式急需改革。

在这样的背景下，农村集体经济组织在行政权力划分的基础上，以市场为导向重新展开生产经营活动，探索出不同类型的新型农村集体经济组织模式，如农村集体经济组织创办合作社模式、农村集体经济组织入股合作社模式、村社合一模式等。这些组织形式以市场经济为基础，以共同富裕为目标进行财产或劳动联合，[1] 并实行按劳分配与按生产要素分配相结合的分配制度，既承认了劳动差别又避免了贫富差距，能更好地代表农民意志，适应市场经济发展的要求。

---

[1] 王立胜：《改革开放40年的农村基本经营制度》，《当代经济研究》2019年第1期。

从经济属性来看，新型农村集体经济组织是具备"统"功能的基层农民自治组织，兼有行政职能的经济组织，代表最广大农民的根本利益，是连接政府、小农户以及市场的独立性经济组织。新型农村集体经济组织作为集体所有权的行使主体，是人和财产的联合。这一根本属性决定了新型农村集体经济组织及所建的经济组织形式以满足村内所有组织成员经济发展需求为目标，实现集体资产集体所有，统一经营。新型农村集体经济组织及其经济组织形式不同于自发性合作社以生产要素入社为条件，也不同于农业企业以追求利益最大化为根本目标，在发展现代农业生产经营、引进先进技术提高农业生产效率的同时，坚持以共同富裕为目标，充分考虑组织内部农民的增收、就业情况，兼顾效率与公平。新型农村集体经济组织在提供农事服务功能时，也并不以营利为目的，而是更重视降低小农户农事服务费用，增加小农户在生产经营中的利润空间。新型农村集体经济组织在依托土地所有权的基础上将土地、资本、劳动力等生产要素进行联合，以集体土地所有权为运行基础，具有其他新型农业经营组织不可比拟的优越性。从而，在推动小农户融入现代农业体系中，尤其应注重对新型农村集体经济组织的建设，实现小农户内生性组织化。[1]

不同于其他新型农业经营组织通过商品和要素契约将小农户组织起来，农村集体经济组织在历史变革中与小农户已建立起紧密的联系，主要通过农村集体经济组织使权利和义务等得以实现。根据《中华人民共和国宪法》和《中华人民共和国物权法》，农村集体经济组织不仅依法代表成员集体行使农村集体资产所有权，还承担了对农村集体资产经营管理的工作，具体表现在农村集体经济组织对土地所有权与承包经营权的划分、对所有权权能的实现、对土地的管理、对上级政府政策的传达和实施等方面。而要实现新型农村集体经济组织将小农

---

[1] 陈航英：《小农户与现代农业发展有机衔接——基于组织化的小农户与具有社会基础的现代农业》，《南京农业大学学报》（社会科学版）2019年第2期。

户"统"起来，主要是需要依靠农村集体组织建设集体经济，以实现社会化组织功能。

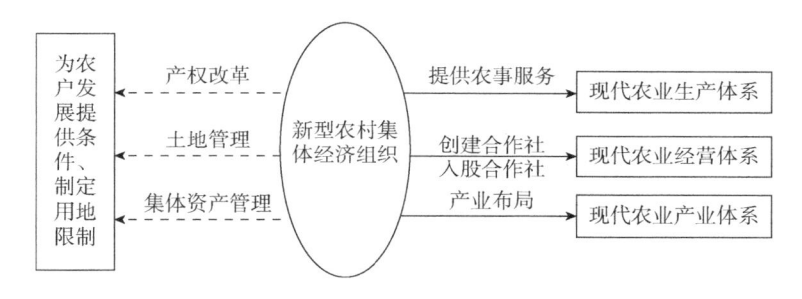

（二）新型农村集体经济组织带动小农户融入现代农业体系具体方式

农村集体是兼有行政和经济职能双重性质的农民基层自治组织，农村集体所组建的经济组织不仅要发挥直接带动小农户发展的功能，还要通过对土地产权管理、土地使用监督、政策引导、基础设施建设等，促进小农户融入现代农业体系。农村集体还应发挥中介组织功能，促进其他新型农业经营组织的形成，通过农村集体经济组织与其他新型农业经营组织的合作，全面推动小农户融入现代农业体系。因此，新型农村集体经济组织在促进和带动小农户融入现代农业体系中，既是参与者，也是秩序维护者（见图5-5）。

图 5-5　新型农村集体经济组织带动小农户融入现代农业体系

一是新型农村集体经济组织充分发挥社会化服务功能，通过提供生产资料购买以及农业生产有关的技术、机械、信息等服务，提高小农户的生产能力，带动小农户融入现代农业生产体系。例如，山西大寨村由农村集体经济组织统一为小农户提供农业机械、植保、收割等田间服务，提高了小农户的生产水平。农村集体经济组织通过生产指导、生产经营培训等还能提高小农户的现代化经营能力。

二是新型农村集体经济组织带动小农户融入现代农业生产体系、现代农业经营体系。农村集体经济组织在坚持生产资料集体所有制的基础上，通过产权改革对辖区内的集体经济财产进行股份制改革，折股量化到每个小农户，小农户获得对集体财产的个人占有权、剩余索取权等，实现劳动与资本的联合。之后，通过建立股份合作社，推动集体土地集约化、规模化运作，实现统一规划、统一经营管理、统一核算、按股分红。此外，产权改革盘活了资源、资产、资金，通过对"三资"的管理，壮大了集体经济。新型农村集体经济组织能够利用集体资本承担前期生产经营成本，解决农民没有足够预付资本的问题，通过规模效应和成本共担，降低单个小农户风险，提高小农户的生产经营能力。

三是新型农村集体经济组织发挥中介功能，推动小农户融入现代农业"三大体系"。一种方式是将辖区内农民土地、资金等生产资料以及集体资产整合起来，入股合作社、农业企业等其他新型农业经营组织，由合作社、农业企业等统一生产经营。此时，新型农村集体经济组织并未参与生产经营，小农户也不再从事独立的生产经营，小农户融入现代农业体系的层次由合作社、农业企业等经营主体的经营内容和能力所决定。另一种方式是新型农村集体经济组织充分发挥所有权职能，将家庭承包的土地再流转到农村集体经济组织，农村集体经济组织对其进行统一规划和整理，改善土地分割的情况，通过提高基础设施建设等，改善生产经营基本条件，再流转给其他生产经营主体。这种方式推动了土地经营权聚合，为小农户提供了规模化、集约化农业生产的基本条件，助力小农户生产现代化。

四是农村集体经济组织借助行政权力，推进所辖区域产业优化布局，合理调整产业，如整村发展柑橘产业、花卉产业、大豆产业等，通过推进"一村一品"工程，积极推进绿色农业、休闲农业、循环农业等，推动小农户融入现代农业产业体系。

五 新型农业经营组织之间的对比分析

由于各农业经营组织的经济属性不同，所反映出来的经济特征、经济行为也有不同，能够带动小农户融入现代农业体系的程度、方式也就不尽相同（见表5-3）。家庭经营型、合作经营型、农业企业型农业经营组织都是市场经济中因追求利益而形成的组织模式，新型农村集体经济组织则是兼顾经济利益和社区公共职能双重属性的组织形式，有效弥补了其他市场组织的不足。这些经营主体之间目标效率激励相容，组织形式和对象各有侧重，推动了农业生产经营的专业化、区域化、产业化发展。

表5-3 不同类型农业经营组织带动小农户融入现代农业体系的特点/征

		家庭经营型	合作经营型	农业企业型	新型农村集体经济组织
经济属性		以家庭为单位的市场经济主体	自愿互利、兼顾公平的农民利益联合	以利益最大化为目标的市场经济主体	兼有行政和经济职能双层性质的农民基层经济自治组织
经济特征	组织方式	口头协议、契约	股权、契约	股权、契约	股权、行政
	产权安排	完整的土地承包经营权	经营权转股权	让渡经营权	产权共有
	利益联结	家庭农场+小农户	合作社+小农户	农业企业+小农户	新型农村集体经济组织+小农户
	管理制度	家庭关系为主，少量现代管理制度	合作制	现代管理制度	高度集中型管理制度
经济行为		适度规模经营、采用先进品种、先进科技	引进农业所需现代生产要素	采用最先进的现代生产技术、大机械	注重效率和公平，变资源为资产后再投入现代农业
组织化程度		很低	较高	较高	最高

六 新型农业经营组织的再组织化

以上论述的新型农业经营组织是从事农业生产经营的直接主体，是我国农业的微观个体，可称为基础型组织。相对于现代农业发展要求来说，其组织能力仍然有限，如欲进一步提升规模效益、降低生产经营风险和提高获利能力，还需要进一步提高社会化组织能力。

（一）农业经营组织再组织化动因

农业经营组织再组织化，可以是同一生产要素、同一农业产品或服务的农业经营组织之间的联合，也可以是不同生产要素、不同农业产品或服务的农业经营组织的联合。通过组织之间的再组织化，可实现跨区域、跨行业、多主体的联合，突破地域、行政、自然条件、生产经营范围等因素的限制，增强社会化组织功能。再组织化是产业间分工向产业内部分工转换的过程与结果，这一过程始终以第一产业为基础衍生产业链。具体表现形式为农业产业联合体、合作社联合社、农业协会等具有更高组织能力的组织形式。

由上述分析可知，不同的新型农业经营组织具有不同的经济属性和经济行为，也具有不同的运行效率。任何一个新型农业经营组织，其组织功能、组织范围都具有局限性。从不同类型来看，家庭型经营组织主要致力于提高内部组织功能，农村集体经济组织主要提高辖区范围内组织功能，自发性合作社主要提高一定区域内的组织功能。从同一类型来看，即便是同为农业企业，生产不同农产品所需要的最优规模也具有很大差异。从而，组织功能的有限性使单个的新型农业经营组织在市场中处于相对劣势。当下的市场竞争已不再局限于个体之间，已经扩展到整个产业链。按照交易成本理论，在市场配置资源条件下，交易费用、信息不对称、有限理性等会导致经济主体之间产生高昂的交易费用。[①] 除了少量的农业经营组织能够实现产销纵向一体化，大多数的农业经营组织只能参与农业产销环节中的一个或几个环节，难以实现全产业链的发展，而且组织之间产生很多无效竞争，增加了上下游之间的交易费用。正如诺斯所言，当已有的制度安排难以获得潜在收益时，将产生新的组织。因此，实现新型农业经营组织之

---

① 王志刚、于滨铜：《农业产业化联合体概念内涵、组织边界与增效机制：安徽案例举证》，《中国农村经济》2019年第2期。

间的再组织化是社会化大生产的必然趋势。

从专业分工理论来看，农业经营组织再组织化所建立的紧密的组织形式通过专业分工提高劳动生产率，将产业间分工转化为产业内分工，提高了内部经营主体的分工水平和劳动生产水平，进而提高了社会化分工和社会化生产率。就生产要素来看，要素具有趋利属性，要素始终流向收益能力更高的领域和组织，这也是市场配置资源的必然结果。当价格机制合理有效，各种生产要素能实现自由流动，在市场机制的作用下，单个农业生产经营组织联合起来实现再组织化，能发挥更大的社会化组织功能，进一步提高经济效益。从规模经济角度来看，一定范围内的规模扩大会带来单位成本的下降，家庭农场、合作社、农业企业等通过自身规模扩大、产量增加，实现了单位成本下降而增加收益，从而获得了规模效益。而各组织间的再组织化，通过组织间的合作和联合，优化生产要素配置，使整个行业规模扩大，通过批量采购和标准化生产进一步降低销售成本和生产成本，实现更大范围的规模经济。从而通过组织化与再组织化，改变小农户独立生产经营的状况，有效降低小农户生产经营成本，组织内部的各个主体基于整体发展，要求进行适度规模经营，既避免了盲目地扩大发展，也实现了内部要素的优化配置，减少了各自购置大型农用设备设施等生产资料所带来的高昂成本。

概言之，农业经营组织再组织化过程，使具有高度分工和要素流动机制的农业产业联合体、合作社联合社等农业产业化组织应运而生。农业经营组织再组织化降低了交易费用、促进了社会分工、提高了规模效益、增进了要素共享，在实现小农户融入现代农业体系中发挥了重要作用。

（二）再组织化形式之一：农业产业联合体

农业产业联合体是在保持新型农业经营主体产权独立的基础上，平等自愿地签订联合章程，确立生产、交易、服务关系，形成紧密联系的利益共同体，包括农业产业内部第一、第二、第三产业的融合以及农业产业与第二、第三产业的外部联合,推进产业细分和产业延长,实现农业产业化的发展。农业产业联合体是农业现代化发展到一定程度的必然产物,创新了农业产业化经营的组织模式。[①] 分工与协作是农业产业联合体的基本特征与前提。农业产业联合体以农业产业链为依托,按照分工协作、优势互补和合作共赢为原则,[②] 主要通过契约模式建立与新型农业经营主体之间的关系。农业产业联合体通过签订合同保障农业生产资料的供应、农产品的收购、社会化服务的提供以及资本、技术、品牌等要素的流动等系列过程得以顺利完成。这一过程并不是将单个生产经营主体捆绑在一起,而是通过利益的联结增强社会化组织功能。产业化的发展有利于产业结构的调整,将传统农业"生产什么,消费什么"转变为现代农业"需要什么,生产什么",助推品牌建设和食品安全治理,转变农业生产方式。总而言之,农业产业联合体在推动我国农业产业化发展中起到了重要作用。

从演进历程来看,农业产业联合体发展经历了"公司＋小农户""公司＋基地＋小农户""公司＋中介组织＋小农户""公司＋农民专业合作社＋小农户"等初级形式,逐步升级为产业一体化发展的高级模式——农业产业联合体(见图5-6)。通过农业产业联合体的建设,将单个经营主体之间的竞争转变为产业链的竞争。第一,"公司＋小农户"。这种形式主要采用订单农业,公司以不低于市场价格的价格收购农产品,保障小农户生产的产销对接。第二,"公司＋基地＋小农户"。公司凭借自身信息、技术、管理等优势,以基地为依托为小农户提供生产所需服务,为保障农产品质量,指导、监督基地小农户生产,以此提高小农户的经营效益。第三,"公司＋中介组织＋小农户"。中介组织充当公司和小农户之间的桥梁,减少双方信息的不对称,降低企业和小农户之间搜寻、谈判等交易成本,为公司和小农户

---

① 孙正东:《论现代农业产业化的联合机制》,《学术界》2015年第7期。
② 芦千文:《现代农业产业化联合体:组织创新逻辑与融合机制设计》,《当代经济管理》2017年第7期。

提供产销保障。第四,"公司+农民专业合作社+小农户"。随着小农户意识的发展,代表小农户意志的合作社成为中介组织的主要形式。合作社为小农户提供农事服务,充当公司和小农户的桥梁,保障产品的生产质量,为小农户提供稳定的销售渠道,提高小农户的谈判能力。第五,农业产业联合体。农业产业联合体是以龙头企业为引领,以专业大户、家庭农场为基础,以专业合作社为纽带的新型农业经营组织形式。农业产业联合体能够实现要素流动、产业融合,具有比其他农业产业组织形式更紧密的利益链和更显著的规模经济、更高的专业分工,农业经营主体之间形成互利共生机制,从而实现整体利益的提高。农业产业联合体是农业产业化经营的高级形式,带动农业企业、农民专业合作社以及家庭类生产经营主体实现规模经济和分工经济,再次证明了农业可通过组织创新深化分工和改善效率。①

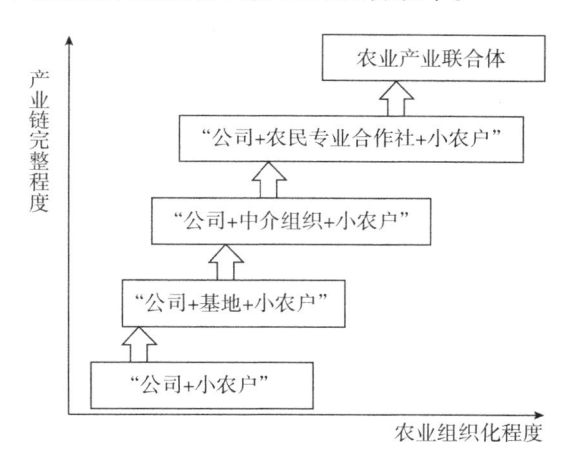

图 5-6 农业产业化组织形式及其演变

农业产业联合体中的经营主体可称为农业产业主体,主要包括龙头企业及在其带动下的合作社、家庭农场、专业大户以及小农户。在

---

① 王志刚、于滨铜:《农业产业化联合体概念内涵、组织边界与增效机制:安徽案例举证》,《中国农村经济》2019 年第 2 期。

农业产业联合体中，各农业生产经营主体具有不同的定位。龙头企业能为农业有效输入现代生产经营要素和模式，[①] 在农业产业联合体中发挥带头作用，影响农业产业链的长度和结构。龙头企业具备大量的现代农业生产要素，主要从事产品研发、市场开拓、品牌创建、制定生产规划和生产标准等，其收益来自加工增值以及规模采购生产资料所节约的差额。为降低交易成本，龙头企业通过合作社与农民交易，合作社成为联结农业企业和小农户之间的纽带。合作社主要负责农业生产中的农事服务，其收益主要来自提供社会化服务以及与企业合作中的提成。合作社组织并监督小农户进行标准化、规范化生产，为其提供生产性服务，促进专业大户、家庭农场等主体实现适度规模经营，提高家庭型农业经营主体的现代化生产经营能力。小农户、专业大户、家庭农场拥有土地、劳动力，成为产业联合体的种植养殖生产主体，可享受合作社技术指导、产品兜底收购等，其收益来自加入联合体后节约的生产资料成本、农产品生产收益以及农业品附加值等。在农业产业联合体中，其他利益相关者，如农资供应商、物流企业等根据自身优势加入某个环节，共同打造农业产业链。农业产业联合体有效促进农业增效和农民增收，降低交易费用，促进生产要素的融合，实现小农户与大市场的对接。

（三）再组织化形式之二：农民专业合作社联合社

农民专业合作社联合社是在农民专业合作社基础上的联合，也被称为合作社联合社、联社、联合会、联合社等。当前单个合作社拥有的成员数大约在60户，呈现出"大群体、小规模"的特征，而且单个合作社规模有限，组织能力有限，需要在合作社的基础上提高合作能力。2018年7月1日，我国实施新修订的《中华人民共和国农民专业合作社法》专门提出了对农民专业合作社联合社的规定，明确提出

[①] 孙正东：《现代农业产业化联合体运营效益分析——一个经验框架与实证》，《华东经济管理》2015年第5期。

第五章 中国小农户融入现代农业体系的组织分析

在自愿的基础上，3个以上的农民专业合作社可共同出资，设立农民专业合作社联合社，并对其成员的权利和义务做出进一步的详细规定。该法案的出台，从制度上肯定了农民专业合作社联合社作为独立的经营主体的地位，推动了合作社联合社的发展。截至2019年10月底，通过共同出资、共创品牌，全国成立合作社联合社1万多家，合作社联合社的发展势头迅猛。

根据合作社联合社的组成类型，可将其分为同类型生产经营合作社的联合和不同类型生产经营合作社的联合，前者属于横向联合，后者属于纵向联合。同类型生产经营合作社的联合的目的在于开拓市场并加强与龙头企业的对接，通过联合打造自有品牌，提高合作社联合社社员在市场中的谈判能力，增强市场竞争力。如北京密云板栗合作社联合社成立前，单个合作社"各自为政"，收购商对合作社差别定价，当地恶意压价现象严重，每千克相同板栗的价格差别高达0.6—0.8元。[①] 板栗合作社联合社成立以后，为成员合作社开拓销售渠道，提高了单个合作社在市场中的谈判地位，并通过建设冷库、提供选品服务等，保障了当地产品品质，增强了当地板栗的竞争力。

不同生产经营类型合作社的联合通常以种植养殖业向农产品加工、休闲、旅游观光、民间工艺等服务业延伸，其目的在于延长产业链，通过产业链上有关合作社的加入，降低上下游交易成本，内化生产、销售成本。通过联合实现产业间优势互补，相互支撑。如河北灵寿成立由全县20家中药材种植合作社组成的中药材联合社，不仅保障了单个合作社的销售价格，而且将周边养殖山羊的合作社纳入联合社，中药材合作社将加工中草药的"边角料"转变为山羊饲料，而养殖山羊的合作社将山羊的粪便转换为种植中药材的肥料，实现了养殖合作社和种植合作社之间的生产要素互换、资源互通。合作社的联合实现了变废为宝，降低了双方成本，推动了产业绿色发展。

[①] 孔祥智：《合作社需要再合作》，《中国农民合作社》2019年第7期。

合作社联合社进一步提升了农业的组织化程度，成为农业现代化中不可缺少的角色。

（四）再组织化形式之三：农业协会

农业协会是介于政府和农民之间的一个重要组织，以代表经营主体利益、服务农业发展为宗旨，具备协调、联络、指导、咨询、提供法律援助等服务功能。农业协会能集中单个经营者的利益诉求并将其表达为行业的整体利益诉求，与其他利益集团和政府之间形成博弈均衡关系。[①] 加入农业协会的农业生产经营组织可实现信息互通，也能够有效避免行业内部过度竞争，建立起有效的"谈判—合作"机制。农业协会以行业为基础，不受地域范围的限制，也不直接从事农业生产，其运行费用主要来自会费、服务费、政府资助以及捐赠等，具有民间性、自愿性、非营利性等特征。

随着政府的不断放权，政府让出部分权利，赋权农业协会管理职能。农业也从以政府管理为主逐步转变为以行业管理为主。在农业领域，农业协会向上反映协会成员利益诉求和意见建议，争取有关政策、资金等支持，向下传达政府有关政策精神并监督执行，从而农业协会成为既能代表协会成员的整体利益，又能兼顾政府发展目标的农业组织，成为政府管理部门与农业经营主体沟通的桥梁和纽带。农业协会具体职责包括宣传行业政策、发布行业信息以及进行人才培训等具体项目；开展示范、培训、推广、技术服务、经营指导，组织农民实现规模化和产业化发展；协助国家制定农产品生产与质量的行业标准和规范。农业协会通过协调内部成员之间、内部成员与非成员之间的竞争与合作关系，协调政府相关管理部门与本协会的关系，促进协会成员稳健发展，增强行业的综合竞争力。农业协会主要功能如图5-7所示。

---

① 闫威、夏振坤：《利益集团视角的中国"三农"问题》，《中国农村观察》2003年第5期。

第五章　中国小农户融入现代农业体系的组织分析

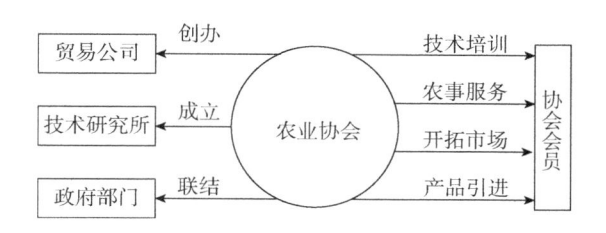

图 5-7　农业协会主要功能

从组织的属性来看，农业协会在市场中发挥着特有的协调作用且区别于产业联合体、农民专业合作社联合社，是政府对农业实行行业管理的重要形式。虽然农业协会不从事具体生产活动，但是从良种的培育到最后产品品牌的打造，都能对小农户生产经营进行指导和扶持，提高小农户经营水平，积极推动协会内部小农户融入现代农业体系。

从具体类型来看，农业协会可分为农产品协会和生产要素协会。农产品协会包括蔬菜技术协会、食用菌协会、荔枝研究协会、洋芋协会、有机农业协会等，生产要素协会包括种子协会、机械协会、科技协会、智慧农业协会等。此外，还有综合性的龙头企业产业协会形式。这些协会都是推动农业产业化发展的重要力量。如四川合江荔枝研究协会，对内组织小农户学习技术、科学管护、培训协会会员施肥、疏果、管护等技术，引导小农户绿色规范种植，增强单个经营主体的生产能力；对外主导建立电商、超市等销售渠道，解决小农户产销问题。又如山东南卧石蔬菜技术协会，对内致力于农业产业结构调整、提高农民科技素质，充分发挥蔬菜大棚量多、规模大、产量高等优势，推动农民改建已有的生产设施，建立蔬菜恒温保鲜库，提高生产能力、储存能力；同时充分发挥平台优势，开拓国内外市场，通过自建省级蔬菜批发点、与村委会共建批发市场、建立电商平台等方式，拓宽销售渠道，实现产、存、销一体化经营。

第三节 农业社会化服务组织在小农户融入现代农业体系中的作用

新型农业经营组织将小农户组织起来,既提高了组织内部的分工协作能力,也提高了小农户的生产效率。在分工日趋成熟的背景下,专门为农业经营组织提供服务的主体兴起,为小农户和新型农业经营组织开展分工和合作提供支撑,也为进一步降低生产经营成本提供了可能。农业社会化服务组织推动农业经营组织参与社会化分工体系,对整个新型农业经营体系的建设至关重要。

一 新型农业社会化服务体系构建

传统农业社会化服务组织主要指政府性服务组织,是国家性质的经济技术服务组织,主要包括农经站、农技站、农机站、水利站、植保站、畜牧站和气象站等,为农业发展提供资金支持、技术推广、科学管理、人才输出等服务。这些部门以政府调控为导向,贯彻执行国家政策方针,凭借政治和经济优势,调配生产要素,提供生产服务,解决小农户生产所需,保证农业生产有序进行。在这种服务体系下,一般由政府对服务型农业组织提供成本补贴,再由服务型农业组织为小农户提供相关经济技术咨询管理等服务,或小农户直接购买其服务。

随着我国城镇化建设的发展、农村基本面的改变、农业产业化的提升以及分工的细化、市场规模的扩大,小农户出现分化,专业合作组织、农业企业等新型农业经营组织快速兴起,产生了多层次、个性化的服务需求。各农业经营主体对农业社会化服务的要求逐渐提高,需求量不断增大,传统的政府性服务组织已不能满足现代农业组织的发展需求。为此,中央在2008年提出建立以公共服务为依托、以合作经济组织为基础、以龙头企业为骨干、以其他社会力量为补充、公益性服务和经营性服务相结合、专项服务和综合性服务相协调的新型农业社会化服务体系。在这一思想的指导下，我国逐渐确立了以市场性服务组织为主，以政府性服务组织为辅的现代农业社会化服务体系。2016年，国家又进一步将农业社会化服务体系提上一个新台阶，要求把分散的、小规模的单个服务环节转化为全过程、大规模的服务，尤其强调要改变生产方式，要将资源消耗型服务转向集约型服务。随后，中央大力推进托管服务，加大对农业社会化服务体系建设的财政支出。[1] 党的十九大报告又提出"健全农业社会化服务体系"，社会化服务体系已然成为推动我国小农户融入现代农业体系的重要手段。

在农业社会化服务体系的构建中，虽然是以市场性服务组织为主，以政府性服务组织为辅，但由于农业的特殊性、农业投资的长期性，政府性服务组织的建设也十分重要。首先，现代农业服务体系市场化的特点决定了获取利润是服务性组织的根本目的，小农户和服务组织之间存在购买与提供服务的关系，若盲目推行社会化服务体系的建设，强制性地为小农户提供生产经营中的服务，将压缩小农户生产剩余，牺牲小农户利益。其次，考虑农业现代化初级阶段的市场需求和供给，若市场供给分工过于专业化，小农户和新型农业经营主体将难以支付高价服务，反而会减少对服务的需求。这会造成农事服务供给过剩和需求不足，导致社会化服务体系难以健康发展。最后，农业生产经营过程中的一些基础性服务工作，如对农业信息的提供、从业人员的培训、行业的监测等项目难以产生利益，以至于市场服务主体不愿提供这些服务；而一些高科技研发、技术推广、气象预测等工程，市场服务主体又难以独自完成。因此，为了避免这些现象影响农业的健康发展，需要政府为农业经营主体提供所需的公益性、准公益性服务，弥补市场不足。对于基础性的、传统性的农业服务，政府应明确纳入公

---

[1] 2017年，中央财政安排农业综合开发资金6.53亿元，集中支持237个农业综合开发新型农业社会化服务体系示范项目。

益范畴；对于社会化服务项目、创新试点项目等，应给予政策支撑。此外，对于具有较高风险的农业保险服务，政府应推进政策性保险试点工程，建立各级"政府—新型农业经营组织—市场保险机构"风险共担的机制，增强农业经营组织抗风险能力。此外，为实现政府扶持的长效性，政府还应适当发展经营性服务，使其与公益性服务相互支撑，角色互补，实现农业社会化服务的可持续发展。

二 农业社会化服务组织推动小农户融入现代农业体系的方式

农业社会化服务是农业现代化的重要支撑，是优化农业生产要素配置的有效方式之一。对于小农户而言，只有部分小农户能够与新型农业经营组织建立紧密型的利益联结，大部分小农户依旧处于组织化以外，被边缘化的小农户所面临的小规模生产、高成本、高风险等一系列问题日渐突出。此时，社会化服务能在不改变土地承包经营的前提下，为小农户提供标准化的代耕、代种、代收、代管等服务，将一家一户的分散型生产转向专业化、标准化、区域化生产，提高规模化生产程度，实现小农户现代化生产。这种方式能有效解决部分小农户不愿意放弃经营权而导致的抛荒以及解决兼业型小农户无力种地的问题，提升自给自足型小农户、发展型小农户耕地能力，实现小农户融入现代农业生产体系。

具体来看，首先，农业社会化服务组织在提供服务过程中将新品种、新技术、新装备等现代生产要素融入小农户家庭经营中，以现代农业生产要素的流动带动家庭经营的专业化、标准化，提高农业生产要素的集约化水平，节约单个小农户的交易费用，获得规模溢出效益，小农户主要通过购买服务降低劳动成本，提高农业总产出。其次，农业社会化服务组织主要为小农户提供机械、技术、信息、资金、保险等具有现代农业属性的服务及实物，其服务形式包括良种选取、施肥、耕作、植保、收割、仓储、加工等生产性服务，也包含信贷、信息、科技、咨询等辅助性服务，涵盖农业生产产前、产中、产后全过程。在提供服务的过程中，传统小农户采用现代农业生产技术，提高了生产效率，进而也提高了小农户的生产经营能力。

当然，社会化服务资源具有有限性，社会化服务对小农户提供服务也只是降低了小农户生产经营中的难度，这种方式对于提高农民总收益的作用有限，容易固化小农户生产，在一定程度上也会阻碍小农户生产资料的流动。更重要的是，小农户与提供服务的农业经营组织之间主要是一种交易关系，而非合作关系，尤其是非政府性社会化服务组织以获取小农户的剩余价值为目标，小农户依旧处于弱势地位。同时，强调社会化服务体系的建设虽能在短时间内将小农户融入现代农业生产体系，但对于提高小农户现代农业经营能力而言，推动其产业化发展所能发挥的作用有待考量。因此，社会化服务只是推动小农户融入现代农业体系的具体实现方式之一，要从根本上推动小农户融入现代农业体系，还是要大力推动社会化组织功能的建设，以社会化服务为手段，全面提高小农户组织化程度。

三　农业社会化服务组织与新型农业经营组织的关系

在带动小农户融入现代农业体系中，社会化服务组织与新型农业经营组织是相互补充的两种组织形式。社会化服务组织与新型农业经营组织既有功能上的重合，也有主体上的重合。在本章第二节的分析中可以看出，部分新型农业经营组织兼有服务功能。从而新型农业经营组织对小农户的带动可以是在组织化过程中的直接带动，也可以通过对小农户提供农事服务来实现。在专业化分工的推动下，新型农业经营组织仅依赖内部资源难以实现社会化组织功能，新型农业经营组织虽然可以整合当地土地、劳动力等生产要素，但往往缺乏足够的资金、技术、管理支持，因此，需要有关资金、技术、管理的服务。此时，新型农业经营组织便成为社会化服务的需求者。通过社会化服务体系的建设可解决小农户、新型农业经营组织在现代化生产经营中生产要素不足的问题，推进社会利益最大化。社会化服务组织不仅是带动小农户融入现代农业生产体系的重要力量，还是推动新型农业经营组织建设的加速剂。通过社会化服务体系的建设，可促使农业经营主体之间形成更加紧密的联合。图5-8展示了新型农业经营组织与社会化服务组织的关系。

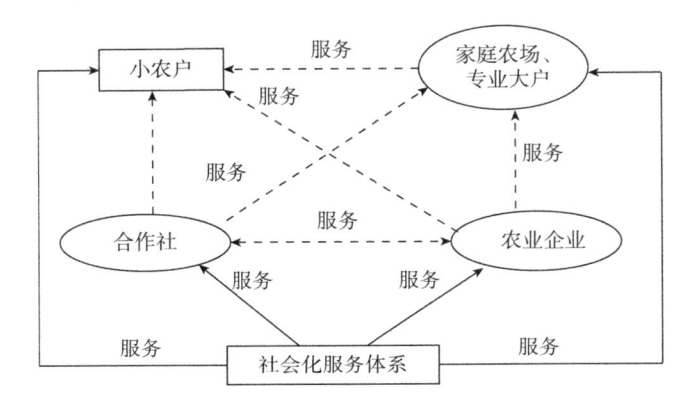

图 5-8 新型农业经营组织和农业社会化服务组织的关系

根据本章第二节对不同的新型农业经营组织的分析结论可以看出，不同的利益联结带动小农户融入不同层次的现代农业，因此，可进一步将新型农业经营组织对小农户的带动分为社会化服务带动型、经营带动型和产业带动型（见图5-9）。同一个组织可以发挥一种功能，也可兼有多种功能，三种类型的主体在协同发展中共同推动小农户融

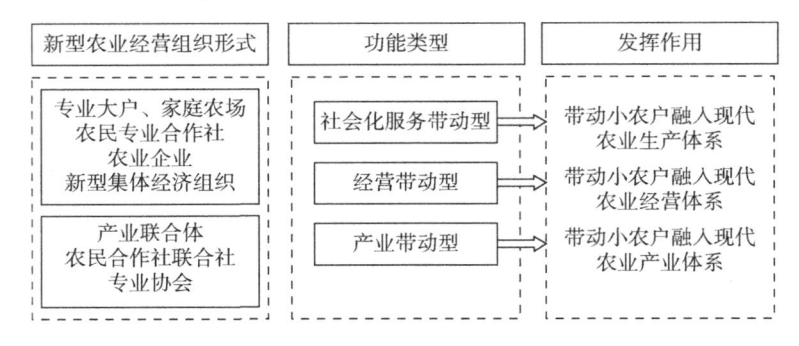

图 5-9 不同的新型农业经营组织带动小农户融入现代农业体系的方式

入现代农业体系。当前,提供生产经营服务的组织总量最多,而将小农户纳入统一经营或将小农户纳入产业发展的新型农业经营组织相对较少。因此,小农户融入现代农业经营体系和产业体系是目前的难点和重点。

第四节 本章小结

本章对分工理论下的社会组织进行论述,指出与内部分工相关的是农业经营组织内部的协作组织功能,与社会分工相关的是组织能否发挥社会化组织功能。社会化组织是我国农村统分结合的双层经营体制中"统"的实质要求。现阶段,我国已形成了家庭类生产经营主体、合作经营组织、农业企业组织、新型农村集体经济组织并存的生产经营体系。专业大户、家庭农场通过内部组织的优化成为现代农业体系的微观基础,是农民专业合作社联合社、农业企业的重要成员。农民专业合作社是农民利益的联合。产权流动是合作社建立社会化组织功能的前提,通过小农户生产要素与合作社构建的契约模式、股权模式、混合模式等,将生产资料的使用权、决定权流转给合作社,小农户获得收益权,合作社通过统一生产资料进行配置,建立起社会化组织功能。而农业企业是以利益为组织动力的组织形式。农业企业实现社会化组织功能是以资本为纽带,使现代生产要素与传统农业生产要素产生联结,再将这些生产要素进行整合与优化配置。但无论是合作社还是农业企业,都具有进入组织内部的门槛与条件,如何实现共同富裕并将所有小农户带入现代农业体系,还要注重发挥农村集体经济组织的功能。由于单个经营主体能力有限,这些组织通常还需要通过再组织化实现利益共享和风险共担,从而产生具有更高级社会化组织功能的农业产业联合体、农民专业合作社联合社、农业协会等。这些再组织形式提高了产业化、市场化水平,推动了小农户卷入多层次、多体系的现代农业组织网络中。此外，社会化服务体系在现代农业的建设中也十分关键，能为小农户和新型农业经营组织提供有关农事服务，解决种地难题，提高生产经营能力。只是社会化服务并不能改变小农户在市场中的弱势地位，应合理定位社会化服务的功能，明确以建设新型农业经营组织为主，实现新型农业经营组织和社会化服务组织的协调发展。当前，农业社会化服务组织与新型农业经营组织已形成"你中有我、我中有你"的格局。培育新型农业经营组织与健全新型农业社会化服务体系，二者相辅相成，无疑都是推动小农户融入现代农业体系的重要手段。

第六章 中国小农户融入现代农业体系的行为分析

发挥新型农业经营组织"统"的社会化组织功能,是提高小农户市场地位、完善农村双层经营制度、带动小农户融入现代农业体系的根本途径。因此,建立起小农户和新型农业经营组织之间稳定的联结关系尤为重要,有必要进一步对小农户和新型农业经营组织行为进行分析,了解双方在实现现代农业中行为选择的影响因素、博弈过程、经济目的等,通过建立稳定的利益联结,保障小农户融入现代农业体系的顺利进行。

第一节 小农户和新型农业经营组织行为的影响因素

一 影响小农户行为的主要因素

小农户行为不是由单因素而是由多因素共同决定的结果。从小农户自身来说,主要受思想观念、资源禀赋、利益追求等因素的影响。综观家庭联产承包责任制建立四十多年以来的发展演进,小农户经济行为倾向在不断改变,这些变化推动小农户做出更理性的行为选择。

(一)思想观念变革与路径依赖

家庭联产承包责任制建立以来,农村劳动力经历了劳动力绝对配置于土地—不离土、不离乡（20世纪八九十年代城镇化兴起，农民开始在周边城镇务工兼顾农业生产）—离土又离乡（全国性的"民工潮"）—离土不离乡（城乡一体化下农民工回流）的发展历程。虽然现在已经出现了农民工回流，但新生代农业劳动力相对于老一代农业劳动力来说，总体受教育程度更高，对职业的期望值也更高，更愿意从事第二、第三产业，对农业生产缺乏认同感。[①] 小农户一边对农业产生新的认知，一边又受传统农业思想的影响，在现代思想和传统思想的碰撞中，推行农业现代化依旧比较困难。

一方面，小农户提升了对发展现代农业思想的认知，提高了对现代农业的接受度。当前，无论是何种类型的农户，在我国经济与社会快速发展以及生产技术等大力推广下或多或少地都在思想观念上有所改变。随着传统型、自给自足的小农户的逐渐减少和兼业型小农户、发展型小农户的增多，尤其是专业大户、家庭农场的兴起，小农户为了适应现代市场对农产品的需求，自发地形成市场意识，其耕作理念也实现从单一的依靠传统耕作经验向学习科学种植技能转变，开始重视新兴生产要素对改造农业的作用。随着代际更替，农民根深蒂固的小农思想得以动摇，新一代农民更加容易接受新型的农业生产组织形式，更易通过多种途径获得先进的生产观念，从整体上创造了小农户融入现代农业的思想环境。

另一方面，小农户对已有思想也存在很强的路径依赖。即便小农户已认识到采用现代农业生产方式能够提高农业生产效率，但小农户在对新品种的选用以及在新制度和新组织的形成过程中都需要承担大量的风险和成本。小农户本身所能实现的农业收益有限，当小农户难以看到切实可行的收益却还要承担较大的风险和成本时，就降低了变革动机，不愿选择现代化生产经营方式。

---

① 韩占兵：《中国新生代农业劳动力主体行为研究》，《华中农业大学学报》（社会科学版）2016年第3期。

这些风险和成本来自生产经营的各个环节。一是小农户选择新物种、新技术需要承担风险成本、学习成本。土地对农民而言具有保障基本生活和满足发展需求的双重属性。对于前者，小农户在生产中以"安全第一"为生产准则，在农业生产中，即便水稻、小麦、玉米等传统农作物收益低、不经济，但小农户仍然将其作为主要生产品种。小农户生产以实现家庭消费、满足家庭需求为主要目标，在生产中以规避风险、维持稳定为生产经营偏好。这一特征决定了小农户在具体行为上的保守性，也决定了小农户在生产经营中更倾向于依靠传统的劳动力、土地等生产要素，依据经验判断进行生产和管理。农业还具有很强的传承性，在代代相传中小农户已掌握较为熟练的生产技术，生产风险小、稳定性高。而对于新品种的选用，小农户不仅需要承担购买成本，还需要耗费大量的时间精力学习耕种技能，增加了生产中的风险与成本。二是小农户将生产资料加入新型农业经营组织需要承担额外的生活成本。小农户在进行生产活动时并不会过多地计算土地、劳动力、种子等隐性成本，劳动即为所得，而加入新型农业经营组织以后，小农户失去了决策权，只享有部分剩余索取权，劳动虽然能转换为工资性收入，但所有的生活资料都需要购买，增加了小农户的生活成本、交易成本。同时，现代农业经营组织不仅需要提高劳动者的知识与技能，也带来了小农户的学习成本。三是代际看法不一致，老年人因恋土情节不愿流转土地，而年轻人则愿意流转，于是需要承担家庭内部摩擦成本。最终出于风险和费用的考量，农民以实现家庭效益最大化为目标，不愿意选择新品种、新技术，也不愿改变原有的生产模式。

（二）理性与非理性并存

小农户是理性与非理性的有机结合体。小农户理性源于农民能够结合经验对眼前利益进行综合评判，选择出小农户认为能实现最大效用的生产经营方案。如小农户在选择是否加入农业经营组织以及加入何种类型的农业经营组织时，以成本与收益为主要评判原则。当参与生产经营组织交易成本较高，产权转移成本较高，或小农户产权难以得到充分保障时，小农户参与农业经营组织的积极性较低。出于对家庭利益的追求，获取更多的合作剩余收益也是小农户的理性表现，此时小农户倾向于选择紧密型的利益联结。同时，追求自由和自我选择也是经济人的基本偏好。当经济发展水平较低时，行为人对加入组织而获得规模效益、风险分担的评价较高，而对自由权的评价降低，此时行为主体倾向于用自由权换取经济收益，① 小农户也就更易与农业组织形成紧密型的利益联结。而当经济发展水平提高时，行为人更看重自身的自由选择权，降低对收益的评价，此时行为人更倾向于选择自由权，尽可能地保障自身产权权益，小农户与农业组织更易形成松散型的利益联结。

小农户非理性来自难以权衡长远利益和眼前利益，难以分辨显性成本和隐性成本。小农户通常只考量短期利益，而忽视农业具有高投入、周期长等特征，一旦加入新型农业经营组织，便难以接受在短时间内不能获得农业现代化带来的收益。小农户只有真真切切地得到参与农业现代化带来的实惠，有了满足心理预期的收益，才会积极选择融入农业现代化。即便小农户与合作社、农业企业产生了合作，因信用意识较差，一旦遇到市场行情波动，小农户也难以严格执行合同规定。小农户的非理性影响着社会化组织功能的构建与稳定。

此外，根据西蒙对"完全理性"的批判分析，小农户的非理性还来源于认知和计算能力的局限性。认知和计算能力的局限性受小农户主客观因素的影响，而自身认知水平、个人偏好又受所处的经济社会环境的影响。从主观因素来说，小农户追求家庭的效用最大化，而不是利益最大化，土地的使用安全程度、名誉、受尊重程度、自我实现程度等都是小农户衡量效用的因素，这些因素存在大量的主观感受，容易受左邻右舍行为的影响。从客观因素来看，小农户的信息有限，而收集信息成本高、农产品需求弹性小，面对市场风险和不确定性，

---

① 周晓东：《农村集体经济组织形式研究》，知识产权出版社2011年版，第48页。

小农户承受较大的成本。加之小农户总体呈现出受教育程度低、思想落后、老龄化等特点，诸多因素共同影响着农民实现理性选择。

（三）要素禀赋价格变化

首先，根据1999—2017年我国水稻、小麦、玉米三种粮食作物生产经营的亩平均产值和成本费用变化（见图6-1）可知，近年来我国农业产值呈现总体上升趋势，但净利润却呈现出负增长。尤其是2011年以后，每亩农业净利润不断走低。其原因在于我国农业生产成本持续性上涨，农作物物质与服务费用、人工成本、用地成本等都出现不同幅度的上升。总体来看，1999—2017年，每亩产值上涨169.8%，而人工成本上涨233.9%，物质与服务费用上涨126.8%，用地成本的上涨幅度更是高达336.1%。其中，仅2010—2014年，人工成本就从每亩226.7元上涨至446.75元，涨幅达到97.1%。每亩用地成本和人工成本涨幅明显高于每亩产值。高涨的农业生产成本压缩了小农户的生产经营利润，小农户净利润持续走低，小农户对农业生产逐渐失去信心。

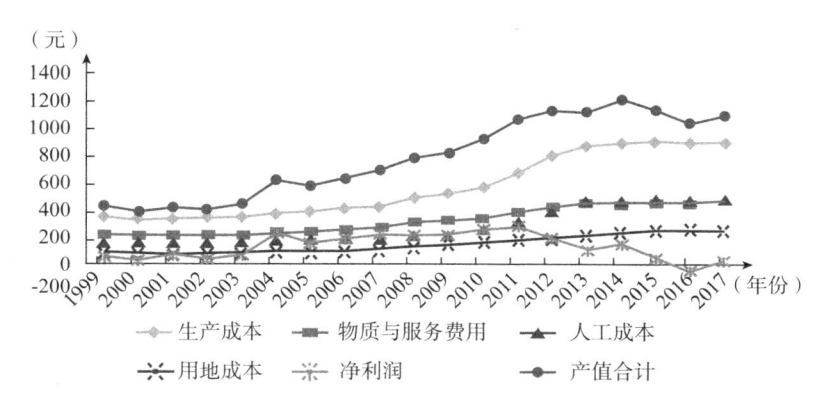

图6-1 1999—2017年我国水稻、小麦、玉米三种粮食作物生产经营的亩平均产值和成本费用变化

资料来源：相关年份《全国农产品成本收益资料汇编》。

其次，政府最低收购价格影响了小农户收益，进而也对小农户生产行为产生了影响。2006—2019年，国家对小麦的最低收购价格从

2006年的1.42元/千克逐年上升到2015年的2.36元/千克，这一价格保持至2017年后开始出现下降，降低至2019年的2.24元/千克。国家对水稻的最低收购价格从2006年的1.44元/千克逐年上升至2015年的2.86元/千克，随后出现降低，2019年2.5元/千克。可见，小麦、水稻等粮食作物并未跟随生产资料的上涨而同步上涨，小麦、水稻上涨幅度缓慢（见图6-2）。农民从粮食作物中获得的收益空间收窄，降低了小农户生产意愿。

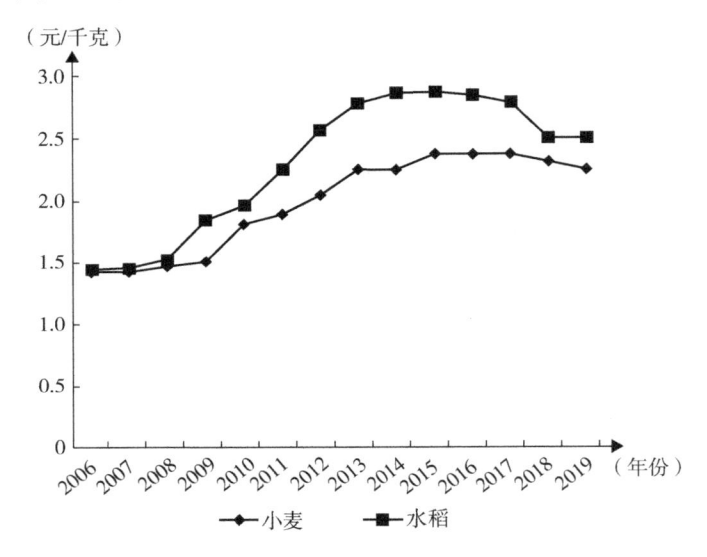

图6-2　2006—2019年水稻、小麦最低收购价格

资料来源：根据中华人民共和国国家发展和改革委员会官网公开资料整理。

最后，在小农户利润空间收窄的同时，农民外出务工的工资却有了大幅度的提升。自2008年以来，农民工外出务工工资一直呈现上涨趋势，平均月收入从2008年的1340元上涨到2018年的4107元（见图6-3）。外出务工的工资上涨增加了小农户的机会成本。

用地成本、人工成本等的上升，粮食收购价格的降低以及农民外出务工工资的持续上涨，导致要素相对价格的变动，从而降低了小农户的农业生产动机。虽然在农业生产经营中的生产要素相对价格的变

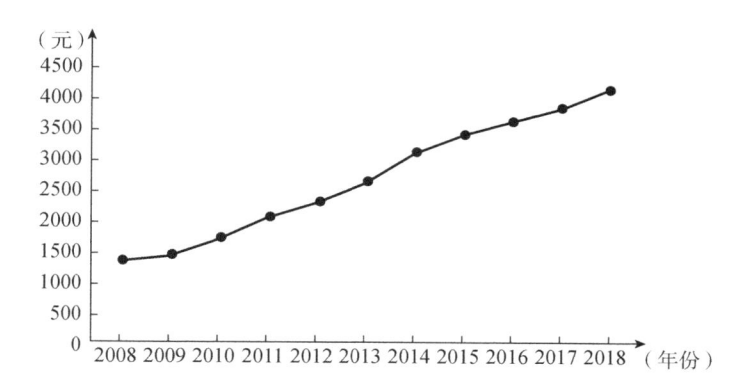

图 6-3　2008—2018 年中国农民工外出务工平均月收入情况

资料来源：CEIC 宏观经济数据库。

化或生产经营成本的变化能推动技术变革向节约稀缺要素方向发展，推动生产经营主体采取更优的要素组合，实现资源配置的优化，但对于分散的小生产者而言，难以对要素变化做出及时有效的反应。如国家通过提高税收的手段减少农药使用，大农场可采取灯光诱虫集中歼灭，快速有效调整生产方式，改善农业生产要素，保障生产效益，而对于缺乏技术支撑的小农户而言，农药的减少将直接导致农作物减产，农民收益更难以得到保障。小农户在传统农业的生产经营模式下收入甚微，几乎只能满足基本生活，难以满足医疗、教育、养老等需求，小农户急需改善生产经营模式，实现与市场接轨，提高生产收益。

二　影响新型农业经营组织行为的主要因素

不同经济属性的新型农业经营组织，其资产专用性、产权控制的强弱、交易费用的大小都不同，它们共同影响着新型农业经营组织的经济行为。

(一) 资产专用性

根据威廉姆森资产专用性的论述，资产专用性指的是用于特定用途后，被锁定且很难再移作他用的资产，一旦改为他用，会降低价值或完全失去价值。按照威廉姆森的划分标准，资产专用性至少可以分为地理位置专用性、实物资产专用性、人力资本专用性、特定用途资产专用性。资产专用性越强，所需的经济组织规模就越大。威廉姆森将资产划为四类：专用场地、专用实物资产、专用人力资产、特定用途资产。这个分类运用于农业中具有较高的解释力。第一，专用场地。农业生产经营的自然环境、社会环境、经济环境等是农业经营组织场地专用性的主要体现。尤其是各地的自然环境不一样，直接影响动植物的生长。不同类型的农作物，所需要的适度规模也具有差异性。第二，专用实物资产。农业中所购买、修建的实物资产具有很强的专用性。如根据当地地形地貌、气候特征建设的农业灌溉设施，根据当地资源优势修建的畜牧房舍、购买的农业机械等，一旦修建和购买，难以改为他用。因此，现代农业经营组织通常通过扩大生产经营规模来降低资产专用性的成本。实践也证明，小农户的专用固定资产越多，生产经营组织规模化程度就越高。[①] 第三，专用人力资产。随着现代农业经营组织规模的扩大，其生产经营的组织者将投入更多的学习，以提高农业生产经营技能。同时，人力资产专用性越强，农业经营组织越倾向于提高组织化规模，以充分发挥人力资源的作用，降低人力成本。第四，特定用途资产。特定用途资产集中体现在小农户的社会资本中。小农户生活具有群居性，小农户的组织网络受亲缘、血缘、友缘等影响。在一个村庄中，谁拥有更多的社会资本，谁就容易通过这些资本去影响其他小农户。这种特定用途资产的专用性直接降低了农业组织在生产经营中的组织化成本（谈判、缔结、执行等成本），能够在一定程度上帮助农业生产组织扩大规模。组织规模的大小和资产专用性的强度具有高度的相关性。这也说明了为什么通常农业企业相较于其他新型农业经营组织具有较高的资产专用性和较大的规模。

---

① 李孔岳：《农地专用性资产与交易的不确定性对农地流转交易费用的影响》，《管理世界》2009年第3期。

而资产专用性一旦形成，难以转为他用，也增加了农业经营组织的风险。如农业烘干设备，只能用于农作物烘干，成本高，回收慢。在科技快速发展下，农业机械设备更新快、易被淘汰，增加了农业经营组织的投资成本和投入风险。

(二) 产权控制

产权是为了界定人们利用稀缺资源之间的关系而存在的，这一制度安排与资源配置密切相关。不同的组织模式，整合农业生产资料的能力不同，掌握农业生产要素的种类、数量不同，获得外部生产资料的能力也有差异，最终影响组织的效益。不同组织形式最根本的区别在于剩余索取权的特征不同。[1] 产权结构是决定组织模式差异的最主要因素。产权结构将直接影响监督成本，形成不同的激励，决定着交易费用的大小。产权的架构影响农业经营组织的效率。我国新型农业经营组织是建立在土地集体所有、家庭承包经营制之上的组织形式，在构建社会化组织功能中必将涉及农村集体经济组织、转包户与承包者三者之间的财产关系和利益关系的调整。小农户加入某种组织，都是对个人的某种权利的让渡与限制，以此换取个人分享组织收益的权利。小农户对组织模式选择的过程，既是主体对契约选择的过程，也是产权重新界定的过程。因此，新型农业经营组织的产权是有关经营组织与小农户之间的财产权划分、界定、保护和运行的系列规则，决定成本与报酬的分配。同时，小农户转让的不同产权权属直接影响交易成本的大小，进而影响交易效率。从稳定性来看，农业经营组织更愿意拥有更多的土地权能。

组织本质上是解决风险、资金及提高决策效率的制度安排，根据所需要的资本规模和资产专用性的不同，经济组织会根据产权安排做出不同的行为决定。由于存在有限理性、机会主义、监督成本等，在农业领域，农村集体经济组织容易产生产权不明的问题，出现"政社合一"，导致内部人控制风险，而农民专业合作社则容易产生核心成

---

[1] 周晓东：《农村集体经济组织形式研究》，知识产权出版社2011年版，第37页。

员侵害普通成员利益的问题和委托代理的问题。

(三) 交易费用

新制度经济学认为任何交易活动都存在交易成本。根据科斯定律,企业可以通过选择不同类型的契约来实现节约交易费用的目的。张五常认为,交易费用的多寡决定了契约形式,从而通过对比可以选择出更优的契约形式。而要实现节约交易成本,则需要进一步了解交易的属性,探究交易双方是怎么相互影响的。威廉姆森将交易属性分为资产专用性、不确定性和交易频率,认为机会主义行为会加大商品契约的交易费用。显然,不同的契约模式存在不同的交易费用。交易费用论和"成本—收益"两种分析本质上一致、角度上互补。[①]

当组织收益大于组织成本时,就会产生组织。农业经营组织建设成本主要来自前期谈判、组建成本,运行中的监督、激励、管理等成本以及自由丧失成本等。当组织已经运行起来时,通常需要扩大生产经营规模来达到降低组织成本的目的。随着农业经营组织的规模扩大,寻求交易者、订立合约、执行合约、监督等系列具有交易属性的活动所需要耗费的人力、财力等越多。当这些费用超过了组织行动者的预期时,组织行动者将不再采取行动,从而组织者需要在生产经营的过程中不断调整经营策略,以探索最优的经营规模。

第二节 小农户和新型农业经营组织行为博弈分析

本节从博弈论的视角,对小农户、专业大户、家庭农场、农民专业合作社、农业企业进行行为分析。只有实现博弈均衡,才能稳定小农户和新型农业经营主体之间的利益联结,提高农业生产经营相关者的整体效益。

[①] 曹阳:《当代中国农村微观经济组织形式研究》,中国社会科学出版社2007年版,第68页。

一 专业大户、家庭农场与小农户的行为博弈

由上述分析可知,专业大户、家庭农场是具有现代化生产经营特征的微观组织。由于组织功能有限,主要通过提供农事服务带动周边小农户融入现代农业生产体系,故首先分析专业大户、家庭农场与小农户之间的合作或竞争行为。假设市场中专业大户或家庭农场和小农户并存,且均为理性的经营主体,专业大户、家庭农场单位面积收益为 R_1,农产品市场交易成本为 C_1,而小农户单位面积收益为 r_1,农产品市场交易成本为 c_1。由于家庭农场、专业大户相较于小农户而言具有先进的生产设施和农业技能,存在规模效益,因此,$R_1 > r_1$,$C_1 < c_1$。当小农户选择与专业大户、家庭农场进行生产合作时,专业大户、家庭农场为小农户提供农事服务将获得额外的服务收益 R_a,同时降低单位耕地机械等资产的专用性,获得收益 R_b,需要支付小农户生产的服务成本 C_a。当 $R_a + R_b > C_a$(将 $R_a + R_b$ 记作 R_3)时,专业大户、家庭农场才会选择合作,此时,小农户因获得农事服务需要额外支付服务费用 c_a,在规模经营中提高产量,增加收益 r_a,从而降低与市场的交易费用,增加收益 r_b;当 $r_a + r_b > c_a$(将 $r_a + r_b$ 记作 r_2)时,小农户才选择合作。按照以上设定,我们可以得到专业大户、家庭农场和小农户选择合作或竞争的收益矩阵(见表6-1),从而得出(合作,合作)与(不合作,不合作)两种策略,其中(合作,合作)能实现小农户和专业大户、家庭农场之间的利益最大化。

表6-1 专业大户、家庭农场和小农户的支付策略博弈矩阵

		小农户 合作	小农户 不合作
专业大户、家庭农场	合作	$R_1 + R_3 - C_1 - C_a$, $r_1 + r_2 - c_1 - c_a$	$R_1 - C_1$, $r_1 - c_1$
专业大户、家庭农场	不合作	$R_1 - C_1$, $r_1 - c_1$	$R_1 - C_1$, $r_1 - c_1$

二 农业企业与小农户的行为博弈

"农业企业 + 小农户"模式是我国采用最多的农业产业化经营模式。通常情况下,小农户收益主要来自将农产品出售给农业企业;农业企业盈利主要来自产品转化,将初级农产品转化为高级农产品。在这一过程中,农业企业可以通过对生产种类的提供、生产技术的支撑、生产质量的要求等促进小农户融入现代农业生产体系,带动小农户融入产业化发展。本节对最常见的"订单 + 小农户"和"农业企业 + 小农户 + 基地"两种形式展开分析。

首先,考察"订单 + 小农户"的情况。假设一个区域有 1 个农业企业和 n 个同质小农户,小农户生产规模为单位 1,小农户生产总收益为 r,小农户在市场交易中所花费的成本为 C_1^*,当小农户与农业企业签订订单合同时,减少了信息搜寻成本、存储成本、谈判成本等,小农户与农业企业交易所需成本降低为 C_1,因此 $C_1^* > C_1$。同时,假设农业企业总收益为 R,农业企业在市场中与小农户随机交易所花费的成本为 C_2^*,当农业企业与小农户签订订单合同时,提高了产品的稳定性,减少了农业企业的信息搜寻成本、产品甄别成本,农业企业与小农户交易成本降低为 C_2,因此 $C_2^* > C_2$。在农业订单中,由于订单签订价格与市场价格存在一定的偏离,小农户和农业企业存在较大的违约动机。任何一方违约,另一方都将遭受严重的损失。在合约设计时,假定农业企业和小农户之间的违约是零和博弈,任何一方违约都要承担违约惩罚 W,一方的违约是另一方的所得。当农业企业违约时,农业企业支付罚金 W,小农户只能以市场价格进行交易,此时,小农户收益为 r_1,农业企业收益为 R_1。农业企业违约的前提是市场价格低于签订合约的价格,因此,$r_1 < r$,而 $R_1 > R$。而当小农户违约时,小农户同样支付罚金 W,农业企业以市场价格进行交易,小农户收益为 r_2,农业企业收益为 R_2。小农户选择违约的前提是市场价格要高于签订合约的价格,因此,$r_2 > r$,而 $R_2 < R$。当双方都违约,合约失效,

· 188 ·

就不存在违约惩罚，双方都选择在市场进行交易。二者支付策略博弈矩阵如表 6-2 所示。

表 6-2　　　　　农业企业和小农户的支付策略博弈矩阵

		小农户 合作	小农户 不合作
农业企业	合作	$R - C_2$, $r - c_1$	$R_2 - C_2^* + W$, $r_2 - C_1^* - W$
农业企业	不合作	$R_1 - C_2^* - W$, $r_1 - C_1^* + W$	$R - C_2^*$, $r - C_1^*$

从而，要实现小农户与农业企业的（合作、合作）达成纳什均衡，必须满足 $(R - C_2) > (R_1 - C_2^* - W)$，通过整理可得 $(R_1 - R) < (W + C_2^* - C_2)$，从经济意义上讲，就是农业企业所支付的违约金 W 和农业企业通过市场交易和小农户签订契约所需的成本差额 $(C_2^* - C_2)$ 需要大于市场价格变动带给农业企业的收益。在一次性博弈中，农业企业通过市场交易和小农户签订契约所需的成本差额较小，因此，当农业企业违约金足够大于市场价格变动带给农业企业的收益时，（合作、合作）就成为小农户和农业企业之间的纯策略纳什均衡，但这一条件在现实中往往难以实现。作为市场经济中追求自身利益最大化的独立经济个体，小农户和龙头企业存在严重的信息不对称，尤其是处于优势地位的龙头企业，常常存在投机行为，或专用性投资不足等问题，违约频发。[1] 从而，在实际运行中，订单履约率低、稳定性差，目前不足 30%。[2]

其次，考察"农业企业+基地+小农户"模式。在这一模式下，农业企业加大生产资料投入比重建立生产基地，可发展旅游观光等

---

[1] 蒋永穆、高杰：《农业经营组织与农业产业体系的多层级共同演化机理》，《财经科学》2013 年第 4 期。

[2] 阮文彪：《小农户和现代农业发展有机衔接——经验证据、突出矛盾与路径选择》，《中国农村观察》2019 年第 1 期。

产业，小农户不仅能获得农业企业所提供的生产经营服务，还能在农业企业产业发展中获利。从而，小农户可增加额外的收益 e，农业企业可增加额外收益 n。在建立生产基地以后，小农户和农业企业之间的农产品交易成本均有下降，形成更低的交易费用 C_3、C_4，双方博弈支付矩阵如表 6-3 所示，二者的博弈均衡为（合作，合作）。可见，这种模式能够提高小农户和农业企业的盈利能力，相对于订单农业，二者具有更稳定的合作关系。

表 6-3　建立生产基地的农业企业和小农户的支付策略博弈矩阵

		农业企业	
		合作	不合作
小农户	合作	$r - C_3 + e$, $R - C_4 + n$	$r_1 - C_1^* + W$, $R_1 - C_2^* - W$
	不合作	$r_2 - C_1^* - W$, $R_2 - C_2^* + W$	$r - C_1^*$, $R - C_2^*$

对比"农业企业＋小农户"的组织模式来看，在"订单＋小农户"模式下，小农户与农业企业之间的契约关系容易受市场价格波动的影响，增加了彼此的违约风险；"农业企业＋基地＋小农户"的模式增加了农业企业的资产专用性，提高了产业化水平，增强了农业企业与小农户之间合约的稳定性，但这一组织方式对于小农户和农业企业而言，也存在一些问题。对农业企业而言，农业企业要承担对小农户生产过程中较大的监督成本，增加了基地建设和管理的费用。对小农户而言，一是小农户与农业企业市场地位悬殊，小农户处于弱势地位；二是从带动小农户融入现代农业体系来说，这种模式主要实现了小农户融入现代农业生产体系和产业体系，难以提高小农户的经营水平。要提高小农户的市场主体地位并推动小农户融入现代农业经营体系，还需要在农业企业和小农户之间建立代表小农户根本利益的农业组织。

三 农民专业合作社与小农户的行为博弈

农民专业合作社（以下简称合作社）通过小农户的自愿联合形成统一经营，始终代表农民的利益，是带动小农户融入现代农业体系的重要组织。合作社能否给社员带来净收益以及净收益的大小直接影响合作社社员的稳定性。[①] 是否参与合作社主要取决于个体小农户"成本—收益"的核算。由于缺乏具有组织力量的"资本"要素，合作社在形成初期存在较高的协商成本，这些协商成本往往难以获得回报，成为沉没成本。合作社建成以后，当合作社未能建立有效的机制对成员进行约束时，不仅不能保证所有成员积极合作，还易产生"搭便车"行为，导致集体行动存在诸多困难，影响合作社的稳定性。本节通过双方的博弈做进一步分析。

首先，考虑合作社得以组建的情形。假设一个区域的小农户具有 n 个同质性小农户，小农户通过"成本—收益"的核算决定是否加入合作社。组建合作社的成本为 C，小农户加入合作社带来的收益为 r_1，不加入合作社带来的收益为 r_2；加入合作社的生产成本为 c_1，不加入合作社的生产成本为 c_2。由于加入合作社提高了单个小农户的规模效益、配置效益，降低了交易费用，从而 $r_1 > r_2$。同时合作社提供有关农事服务，降低生产成本，从而 $c_1 < c_2$。而若仅有一方加入合作社，而另一方未加入合作社，由于合作社组建成本 C 的存在，使更少的农户承担更多的组建成本、更高的运营成本，生产成本由 c_1 增加为 c_3，因此 $c_3 > c_2 > c_1$。从表 6-4 可以看出，（加入，加入）和（不加入，不加入）成为双方的纳什均衡。要实现双方加入，就需要 $r_1 - c_1 > r_2 - c_2$，即 $r_1 - r_2 > c_1 - c_2$。从经济学意义上来说，加入合作社与不加入合作社的利益差额大于加入合作社的成本与市场交易成本的差额。

---

① 黄祖辉：《让合作社成为农村产业化经营的主力军》，《中国合作经济》2009 年第 10 期。

表6-4　　　　　　　小农户加入合作社支付策略博弈矩阵

		小农户2	
		加入	不加入
小农户1	加入	$r_1 - c_1$, $r_1 - c_1$	$r_1 - c_3$, $r_2 - c_2$
	不加入	$r_2 - c_2$, $r_1 - c_3$	$r_2 - c_2$, $r_2 - c_2$

其次，考虑建立合作社以后如何才能实现稳定。假设一个区域的小农户具有同质性，n个小农户组建合作社的成本为C，实现总剩余为R（$R>C$），那么，平均成本为C/n，平均收益为R/n，选择"搭便车"的小农户不愿承担运营成本，因此，合作社成本由其他成员承担。本节任选两个小农户进行模型构建，双方博弈支付矩阵如表6-5所示。

表6-5　　　　　　小农户与小农户之间支付策略博弈矩阵

		小农户2	
		积极合作	"搭便车"
小农户1	积极合作	$(R-C)/n$, $(R-C)/n$	$R/n - C/n$, R/n
	"搭便车"	R/n, $R/n - C/n$	(0, 0)

由表6-5可知，如果小农户都选择积极合作，由于$R/n - C/n > 0$，成员剩余大于所付出的成本，合作社产生规模经济，合作社将稳定发展，合作社组织有效。若一部分小农户选择"搭便车"，合作社剩余还是由全部社员平均分配，但是积极参与合作的小农户将承担"搭便车"小农户带来的成本，导致成本增加，且随着"搭便车"的人数增多，平均剩余变小。当平均剩余$R/n \leq C/n$时，积极合作的小农户也选择退出合作社，合作社解体；而对于"搭便车"的小农户而言，只要$R/n > 0$，都将存在"搭便车"行为。

从实践来看，合作社成员通常包含家庭农场、专业大户和小农户等主体，且同质性的合作社过于理想化，假设一个区域有两类农户，

第六章 中国小农户融入现代农业体系的行为分析

一类是小农户 n，另一类是专业大户或家庭农场 m，小农户生产产出规模为 a，专业大户或家庭农场生产产出规模为 b ($a<b$)，二者投入成本和生产规模成正比。假设合作社总收益为 R，总成本为 C ($R>C$)，那么，单位收益为 $R/(na+mb)$，单位成本为 $C/(na+mb)$。若任选一个专业大户或家庭农场和一个小农户进行博弈模型构建，双方博弈收益矩阵如表6-6所示。

表6-6　小农户与专业大户或家庭农场之间支付策略博弈矩阵

		专业大户或家庭农场	
		积极合作	搭便车
小农户	积极合作	$a(R-C)/(na+mb)$, $b(R-C)/(na+mb)$	$aR/(na+mb) - C/n$, $bR/(na+mb)$
	"搭便车"	$aR/(na+mb)$, $bR/(na+mb) - C/m$	(0, 0)

由表6-6可知，当双方选择积极合作时，不仅能实现双方共赢，还能按照各自资源优势合理分配收益，按照各自规模分摊成本，实现平等互利；若专业大户或家庭农场选择"搭便车"，小农户将分摊专业大户或家庭农场的成本，而小农户相对于专业大户或家庭农场而言，生产规模 b 远小于专业大户或家庭农场的生产规模 a，获利总量较小，进行积极合作所带来的效用也有限，此时小农户也将选择"搭便车"，最终导致合作解体。同理，在专业大户或家庭农场选择积极合作时，小农户将选择"搭便车"来降低成本，此时，由专业大户或家庭农场分担小农户成本。而专业大户或家庭农场生产经营规模大，只要单位产出存在收益，其总收益就较大，并且专业大户或家庭农场很可能是此类合作社的发起者，前期投入了很多的沉没成本，资产专用性明显，只要 $bR/(na+mb) > C/m$，专业大户或家庭农场通常会默许小农户"搭便车"，从而陷入"智猪博弈"。由此可见，小农户生产经营特性和规模决定了小农户难以与合作社齐心协力地发展，导致合作社在发

展中所具有的小农户基础不牢固，流动性大，影响合作社的稳定。而专业大户或家庭农场自身具有规模性，并以追求利润最大化为目的，随着经营规模的扩大、资产专用程度的提高，其更倾向于和合作社建立稳定的利益联结，降低自身经营风险。专业大户或家庭农场成为合作社的主要成员，提高了交易规模，稳定了农产品质量，降低了合作社成本。从而，专业大户或家庭农场相对于小农户更具有稳定性，这也就解释了为什么专业大户或家庭农场更能成为合作社的核心成员，而小农户更易成为外围成员这一现象。要建立合作社与小农户之间稳定的关系，需要充分发挥专业大户或家庭农场的带动作用，通过建立良好的契约机制，完善合作社内部治理。

第三节 小农户和新型农业经营组织行为目的分析

小农户和新型农业经营组织从理论上可以建立稳定的利益联结，其稳定的根源在于小农户与新型农业经营组织能实现双方经济效益的提高。

一 降低交易费用

根据科斯、斯蒂格勒、威廉姆森等对交易费用的论述，交易费用包括获得市场信息的费用、谈判费用、签订以及履行契约合同的费用。市场交易费用的存在，影响市场的组织结构和组织行为。

在家庭联产承包责任制初期，小农户生产活动的目的在于满足生存需要，小农户交易农产品的总量少、范围小。在熟人社会的农村地域范围内，直接交易可以避免信息搜寻、履行合约和承担风险等交易成本。农产品处于初级阶段时，质量易于观察，可以以较低的交易成本在市场流动。而随着生产力水平的提高，农产品总量和类别大幅增多，小农户具有更多的产品可用于市场交易，但其质量参差不齐，供给和需求不平衡，增加了小农户的交易费用。为有效节约市场交易费用，不同形式、不同规模的生产经营组织应运而生。小农户自发形成合作社或小农户加入农业企业等都是小农户节约交易费用、降低组织管理成本的主要方式。小农户与市场的交易直接转换为小农户和新型农业经营组织之间的交易，小农户不再需要分别与产前、产中、产后部门进行交易，降低了市场交易频次，减少了小农户交易费用。

当然，小农户与新型农业经营组织通过建立契约而降低交易费用是需要达到一定交易频次的。在小农户与新型农业经营组织建立利益联结前期存在较大的契约成本、摩擦成本等，在交易频次较小时，小农户与新型农业经营组织之间的交易成本大于小农户在市场中的交易成本，而随着小农户交易次数的不断增多，交易成本持续下降，进而逐渐低于市场交易成本，如图 6-4 所示。假设小农户在生产和经营过程中产生的交易费用包括获取市场信息的成本 ic、与市场主体的谈判成本 nc、执行合约成本 pc 和运输成本 tc。其中，获取市场信息的成本 ic 是在整个生产经营过程中小农户获得市场生产资料、农产品价格、农产品需求等信息的成本；与其他市场主体的谈判成本 nc 是在发现潜在交易对象后，为达成收益双方所花费的费用，包括小农户与市场主

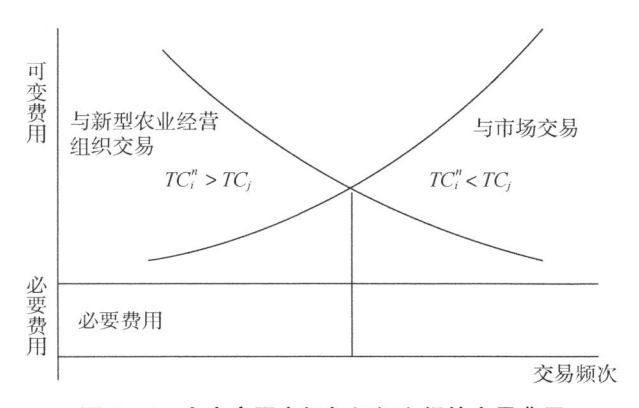

图 6-4 小农户同市场与组织之间的交易费用

体在谈判时讨价还价所需要的时间成本、签订交易条款所需要的人力、物力、财力。执行合约成本 pc 包括在签订合约以后市场主体违约造成的损失、小农户接待交易对象的费用。运输成本 tc 是农产品转移成本，包括农产品收割到家以及从家运送到交易地点所需要的时间和人力、物力等成本。总成本可以表述为：

$$TC = ic + nc + pc + tc \qquad (6-1)$$

从而与新型农业经营组织建立利益联结的小农户交易成本为 TC_i^n（i 代表加入新型农业经营组织的小农户，n 代表不同的组织类型）；而小农户交易成本为 TC_j（j 代表分散经营的小农户）。在小农户和新型农业经营组织建立契约的交易前期，$TC_i^n > TC_j$，随着交易频次的增大，$TC_i^n < TC_j$。

可见，对小农户而言，与市场交易属于不确定交易，市场与小农户都承担较大的市场风险。小农户与市场交易随着交易次数的增多，交易费用将不断增加，而小农户与市场的交易费用转换为与新型农业经营组织交易后，随着交易次数的增多，交易费用反而会不断降低。对新型农业经营组织而言，新型农业经营组织通过将小农户组织起来，降低小农户单独与市场交易的费用，实现以内部较低的管理费用替代外部较高的交易费用，从中获得因降低单个小农户的组织管理费用而带来的收益。而且内部成员越多，所节约的交易费用总量就越大。虽然这些组织对市场的替代也需要付出相应的组织建设成本，维系组织运行成本，组织与成员之间签订契约、维护契约的成本等，但在与小农户反复大量的交易中，成本可忽略不计。随着小农户和新型农业经营组织建立起稳定的交易对象和交易关系，交易费用不断降低，双方都增大了利润空间。

二 提高规模效率

规模效率来自规模生产与经营，属于生产力范畴。主流的研究表明土地细碎化下的小规模生产使生产率低下，规模经营才是提高生产率的关键。阿瑟·杨最早针对农业领域进行适度规模的研究,并且认为要实现最佳利益必须调整要素之间的投入比例。① 若将农地投入的各种要素简化为四种最基本的生产要素,即土地、劳动力、资本和组织能力(企业家才能),而适度规模经营则是通过调整这四种不同的生产要素的配置水平,适应一定的自然条件和社会条件,以实现资源的优化配置。

农业规模经营使农业生产组织因扩大生产规模而提高经济效益,可用长期平均成本衡量经济效益,以寻找最优的经营规模。通过土地、劳动力、资本以及农业经营组织能力之间投入比例的调整,实现成本最小化或收益最大化。当扩大规模使长期平均成本上升,则经济效益降低;反之,若扩大规模使长期成本下降,则经济效益提高。

对小农户而言,小农户生产以实现家庭消费、满足家庭需求为主要目标,这就决定了家庭生产的规模基本上在社会平均收益所要求的大小上下浮动。单个小农户土地经营面积有限,这一规模限制了小农户对先进技术、现代设备、现代管理技术等具有现代农业生产要素的引进和应用,简单重复的生产也使小农户不重视系统的成本收益核算。有限的土地规模增加了小农户在讨价还价、信息搜集等方面的交易费用。譬如,农民在生产资料市场上,面对种子、化肥等多品牌、多渠道的选择,承担较高的假冒伪劣生产资料的风险,小农户难以付出足够的时间、精力进行信息甄别与选择。若坚持单家独户的生产经营,毫无规模效率可言。而新型农业经营组织则不然,它能够通过扩大生产规模,集合生产要素,实现组织内部规模效率,降低单位生产的费用。同时,产业联合体、合作社联合社等具有更高级别的农业经营组织,在农业产业化发展中推动了同种生产要素、同种生产经营活动的聚集,提高了基础设施的统一规划、统一使用,也可实现各主体内部劳动力、资金、设备、技术、信息等要素共享,改善行业环境,带动

---

① [日]速水佑次郎、[日]神门善久:《农业经济论(新版)》,沈金虎等译,中国农业出版社 2003 年版,第 95 页。

行业生产率提高，通过产业链的延伸，提高行业的规模效率。

三 实现配置效率

配置效率主要指要素的利用程度和配置的有效性，表现为资源的利用率和资源的产出率。资源配置可分为行业间资源配置和行业内资源配置。在索洛的新古典增长框架下，赛尔昆把全要素生产率增长分解为行业全要素生产率增长和资源要素的配置效应，通过研究发现，生产要素在行业间通过优化配置能提高全要素生产率。[1] 如果资源在微观行为主体之间产生了错配，会降低全要素生产率，导致产量损失。因此，农业资源配置不仅要解决农林牧副渔产业之间的需求，还要解决农业生产经营主体之间的配置效率。

在农业生产中，最重要的就是农地配置。农地资源作为供给弹性几乎为零的生产要素，决定了农地这一生产要素在农业领域中的稀缺性。当农地未能配置给最具有效率的农业经营主体时，就产生了农地的资源错配。而此时，若劳动力市场可以有效调节，那么效率较大的主体将持续投入，提高边际产出；若劳动力市场存在缺陷，劳动力市场也难以得到有效配置，那么农地资源错配就难以得到有效协调，将进一步拉大边际产出的差距。[2] 若农地的使用不能从无效率的农户转向有效率的农户，将降低农业的总效率。小农户需求、制度与自然因素是造成农地资源错配的主要原因，农地错配通过人、地和农作物影响务农收益。[3] 家庭联产承包责任制原本是解决集体统一经营过程中农业劳动力和农业资源的错配，[4] 但随着小农户的分化，兼业型小农

---

[1] Syrquin, M., *Productivity Growth and Factor Reallocation*, London: Oxford University Press, 1986, pp. 75 – 81.
[2] 姚洋:《中国农地制度：一个分析框架》，《中国社会科学》2000 年第 2 期。
[3] 刘同山、吴刚:《农地资源错配的收益损失——基于农户农地经营规模调整意愿的计量分析》，《南京农业大学学报》（社会科学版）2019 年第 6 期。
[4] 蔡昉:《中国经济改革效应分析——劳动力重新配置的视角》，《经济研究》2017 年第 7 期。

户、离业型小农户群体的增多，土地抛荒严重，土地资源浪费严重，要提高土地配置效率，既要支持愿意种地的小农户扩大土地规模，也要引导不愿种地、不会种地的小农户进行土地流转，还要大力鼓励具有规模经营的主体推进土地的聚集。从而，通过小农户和新型农业经营组织之间建立不同的合约，重新配置生产要素，提高生产经营主体的边际产出，小农户获得土地流转金、土地分红等收益，新型农业经营组织因合作中实现资源的优化配置而提高生产力，双方共同获得配置效益。

第四节　农村集体经济组织行为分析

农村集体经济组织应当是我国新型农业经营体系的重要主体，也应当是农民利益的代表和农民意志的集中体现，具有发展农村经济和执行农村政策的双重属性，农村集体经济组织的行为需要单独予以分析。

实行集体土地的家庭承包经营制以来，许多地方的农村集体经济组织职能逐渐变得有名无实，产生了一系列问题。首先，农村集体组织经济组织功能弱化、空壳化，组织功能缺失，难以为小农户提供必要的经济服务，遑论发挥"统"的功能。其次，农村集体经济组织名义上生产资料是成员共有，但集体产权模糊无法体现成员权利，集体经济处于空壳状态也无法实现小农户的收益权。农民对集体经营漠不关心，难以建立集体经济组织内部有效的监督、管理和激励机制。最后，农村集体经济组织主体功能缺失，体现在对土地所有权管理功能的缺失上，土地撂荒越发严重，土地在使用中污染、变更用途等现象未能得到及时治理，损害了集体成员的权利。

根据所承担的角色不同，农村集体经济组织的行为也具有不同的特征。一是作为农村土地的管理者，农村集体经济组织属于行政组织，具有土地所有权,负责土地发包、管理、监督等,肩负着发展基础设施、进行土地管理、执行日常事务、传达上级指令等职责。所有权主要体现在收益权和处置权上,产权的属性只有在交易时才能充分实现。针对农地的所有权而言,在将农地承包权分配给小农户以后,农村集体经济组织虽难以再从经济上实现所有权收益,但可以从土地管理中体现所有权权益。如由农村集体经济组织将分散的农地统一收回,通过土地整理、完善基础设施以后,再将土地分包给具有适度规模经营的生产主体,从中获得管理费用。同时,农村集体经济组织行使对其他新型农业经营组织的监督权,保障农村土地的使用安全。通过协调小农户和新型农业经营主体之间的关系,维护小农户利益,杜绝产生"大农吃小农"的现象,建立良好的生产经营环境。

二是作为带动小农户发展的集体经济组织,肩负着发展农村经济、推进乡村振兴、带动所有小农户共同致富的经济职责。农村集体经济组织的职能重点在于提高集体资产的经营管理能力,通过组织经营、开发集体资源等壮大集体经济实力,尤其是为小农户提供服务,解决单个小农户难以解决的困难。[①] 为发展现代农业,农村集体经济组织尤其需要推进农村基础设施建设,提高对小农户的服务水平。农村集体经济组织作为农村基层经济组织,有义务主导和参与道路、水利、灌溉设施的建设,推动现代农业发展。同时,要发挥农村集体经济组织的经营能力,践行"统"的功能,通过创建合作社或加入合作社带动小农户融入现代农业体系。

第五节 本章小结

本章对影响小农户和新型农业经营组织行为的因素进行了分析。

---

① 韩喜平:《中国农户经营系统分析》,中国经济出版社2004年版,第11页。

第六章　中国小农户融入现代农业体系的行为分析

在小农户选择加入现代农业经营组织中，小农户行为受思想变革与路径依赖、理性与非理性思维以及要素禀赋变化的影响，农业经营组织受契约、产权以及交易费用的影响，不同的组织类型具有不同的组织功能定位，直接反映为不同的组织行为。在小农户与农业经营组织之间的博弈中，专业大户、家庭农场比小农户更具有发展现代农业生产的诉求，成为农民专业合作社、农业企业的稳定成员。农民专业合作社能有效提高小农户的市场地位，成为小农户和农业企业的重要纽带。小农户和新型农业经营组织之所以选择组织起来，关键就在于能够降低双方交易费用、提高规模效率和资源配置效率。农村集体经济组织这一特殊的组织形式，其行为不仅要在市场经济规律下带动小农户生产，践行社会化组织功能；还要执行基层组织服务、监督、管理等职能，实现经济职能和政治职能的协调。

第七章　中国小农户融入现代农业体系的实例分析

小农户融入现代农业生产体系、经营体系、产业体系是一个综合的系统，"三大体系"相辅相成。同时，推动制度改革，构建新型农业经营组织体系能够有效带动小农户融入现代农业体系。由于现代农业体系的层次有别，新型农业经营主体带动小农户融入现代农业的程度也有差别。本章基于以上理论分析得出的结论，结合作者在博士期间的实地调研，选取三个实践调研案例，就如何实现小农户融入现代农业的不同体系予以分析检验。这三个案例分别侧重于带动小农户融入现代农业生产体系、经营体系和产业体系，具有一定的代表性。

第一节　山西省洪洞县以现代农事服务带动小农户融入现代农业体系

一　山西省洪洞县农业生产托管服务模式

山西省洪洞县兼有山地、丘陵、山前倾斜平原河谷等不同的地形地貌，农业生产环境复杂，全县16个乡镇中大部分都是农业乡镇。土地细碎化严重，难以实现规模经营，现代农业发展缓慢。虽然在推进现代农业的进程中已建立超30000亩的现代农业产业园区，但是绝大部分小农户依旧处于传统、分散、落后的生产经营状态。当地小农户老龄化严重，中青年劳动力大量流失，如何解决小农户生产经营困境，是洪洞县农业发展面临的难题。

在2017年中央号召推广农业生产托管服务以后，山西省作为农业生产托管试点省份，全面推动农业生产托管服务。在这样的政策背景下，洪洞县作为首批"农业生产托管服务试点项目县"之一，开展农业生产托管服务，形成了"菜单式指引、合同式托管、保姆式服务、管家式经营、网格式管理"的"五位一体"农业生产托管服务模式，并通过对小农户提供系列的生产托管服务，实现了土地集中连片，大面积推进机械化、集约化的现代农业生产。农业生产性服务业改变了传统小农户的生产模式，探索出了一条适合小农户发展现代农业的道路，成为当地振兴乡村的支撑产业。这一模式成功入选了"全国农业生产托管十大模式"之一，也被称为"洪洞模式"。截至2020年年底，洪洞县建立起的托管服务专业合作社，其服务范围已经覆盖了140余个行政村，服务面积广，受益小农户多。

从具体实现方式来看，洪洞县主要通过组织生产服务的农民专业合作社和农业企业，根据当地农作物的种植流程，制定出不同的作业方式以及套餐组合，并且可以由小农户进行自主选择，其服务内容包括耕、种、防、收、管等机械服务以及专业施肥、植保等农业生产服务。小农户与服务组织通过签订合同明确双方权利和义务，小农户支付生产资料购买费用、劳动服务费用，服务组织根据小农户需要进行托管工作。为提高沟通效率，合作社以500亩为一个基础网格，设置相应的服务联系人负责日常的联系、管理等事务，如实现农户与合作社之间的信息传递，反映小农户需求，登记网格区域中耕、种、防、收、管等环节的作业农时、作业种类等。此外，以基础网格为单位，以50亩为一个小网格、以1000亩为一个大网格，设置相关的联络人、负责人，形成"田管家＋网格式"的托管服务体系。为了进一步规范生产服务，实现农业生产一站式服务，洪洞县成立了农业生产托管中心，为小农户和提供农事服务的主体提供信息、交易平台，极大地促进了当地农事服务业的发展。在这一过程中，农村集体经济组织充分发挥协调、组织、监督功能，将小农户组织起来与合作社签订协议，最终形成"中心＋服务组织＋农村集体经济组织＋小农户"的生产服务模式。

农事生产服务体系的构建，为洪洞县农机户、小农户带来了良好的经济效益。以2017年为例，承担托管任务的7个服务型合作社比以前的田间作业的总面积提高了约25%，增加收入约16%；对于农机户而言，实现增收约20%；对于小农户而言，降低了小农户每亩20%—30%的生产成本，在降低生产成本的同时还提高了超过15%的粮食产量。此外，小农户生产出来的粮食又由合作社或农业企业进行销售，小农户增加销售收入约2%。集中连片生产还形成了良好的生态效益。专业化服务组织推广应用统防统治、秸秆还田、有机肥应用等技术，极大地减少了用水、用药、化肥用量，克服了小生产的弊端，加快了现代农业发展的步伐。

二 小农户融入现代农业体系实现机制

（一）政府引导服务体系建设

山西省积极响应中央农业生产托管试点工作，以"服务小农"为政策原则，展开了省、市、县、乡、村、服务组织的"六级联动"，从如何选择农事服务的主体到合同的签订、过程的监督、成果的检验等方面都制定了有关细则，并建立了项目县绩效评价奖补退出管理机制，由上而下地制定出有关政策措施，将农业生产托管作为推进农业生产性服务业的主要方式。

首先，建立起省、市、县、乡、村、服务组织"六级联动"的责任制。省级主要负责印发年度工作通知并对具体实施进行抽查；市级主要负责政策指导、确定项目并统一对服务工作进行监督管理和绩效评价；县级是托管服务的责任主体，主要负责地方统筹协调，制定目标任务，明确试点内容、支持环节和运行机制，督导工作经费的使用；乡镇根据县级方案针对性地下村入户宣传，协调村组和群众的配合；

项目实施村组根据本地地块特点和服务组织的能力，计划作业进度；农事服务组织通过与小农户签订服务合同，确定所需服务的具体地块、服务内容、细则以及作业时间，并且双方对服务质量、服务成果达成一定协议，此后农事服务组织按照农机作业操作规范要求开展作业服务。

其次，山西省政府印发《关于切实抓好农业生产性服务业的意见》，助推农业生产托管工作，并率先在全国制定有关农业生产托管的服务标准、绩效评价方案等。根据所制定的有关文件对试点县进行管理和项目考核，建立农业生产托管试点项目县退出机制，引导并规范农业生产托管的发展。

最后，政府公开选取服务主体。政府制定符合服务主体资格的具体标准，规定入选的服务主体必须具备法人资格，并且拥有一定数量的农业机械设备，能够为小农户提供专业的农事服务，所选取的服务主体还必须具有一定的社会化服务经验、良好的信誉等。政府根据所设定的细则展开公开公平的择优选择。对于入选的服务组织而言，政府需根据当年的服务面积和服务质量进行审核，之后再兑付补助资金并聘请第三方审计机构专门执行，以保障项目资金用于实处。

（二）组织构建带动小农户融入现代农业生产体系

洪洞县农业改革主要以"服务小农"为发展目标，形成以服务型合作社、农业服务公司、农村集体经济组织、家庭农场等多元主体参与的服务组织体系。小农户与农业经营主体之间主要是"购买服务"与"提供服务"的关系。

小农户所需要的服务主要集中在农业生产环节。农机服务合作社、农事服务公司与小农户之间通过签订服务合同，明确合作社所提供的服务的具体地块、面积，协商服务内容、时间等，并且对服务质量、验收要求等达成协议。农机服务合作社、农事服务公司按照服务合同统一购买生产资料，统一作业经营，为小农户提供田间作业服务，由小农户支付服务费用。如小农户可选择全托管模式，即小农户将自家土地完全托管给农事服务组织,双方签订合同以明确权利和义务,农事服务组织为小农户承诺定额产量,小农户向组织缴纳约定的农资购买费用、服务费用等,此时,农事服务组织虽然需要承担亏损的风险,但也可能因为提高产量而带来额外收益,从而对农事服务组织产生激励作用。农机合作社、农事服务公司联结起上游提供种子、农药化肥的生产资料企业,也联结起下游销售、加工等企业、合作社,农机合作社是整个服务体系建立的重点。同时,当地农村集体经济组织也通过组建服务队开展农业生产托管服务,发挥农村集体经济组织对小农户的服务功能。此外,农村集体经济组织还负责协调其他服务组织与小农户之间的关系,搭建平台促进小农户与农事服务组织签订服务合同,执行对服务主体履约情况的监管等,有效地将合作社和小农户连通起来。

三 案例分析

农业生产托管是现代农业生产服务的重要方式,是带动小农户融入现代农业体系的重要手段之一。农业生产托管的本质是委托人和受托人所缔结的有关提高双方权益的合同,其目的在于通过规模化的服务降低农业生产经营的风险,减少农业生产经营中的成本,降低小农户与市场购买农资的交易费用,提高资源配置效率、规模效率。这样的农事服务实现了老龄化小农户、兼业型小农户在自身劳动力不足或生产能力欠佳的情况下继续从事家庭经营的愿望,执行家庭经营计划。农业生产托管组织将小农户的土地集中起来,统一为其提供农事服务,打破了经营权在小农户之间的界限,由农事服务组织进行规模化的耕种、管理和收割,推动了土地的规模化种植、集约化经营。

服务型农机合作组织的建立对小农户和农机手、农机合作社都产生了良好的效益。首先,小农户与合作社签订合作合同,组成一个稳定的组织结构,降低了小农户的搜寻成本和信息甄别成本。农业生产托管在稳定小农户承包经营权的基础上,解放了农村劳动力,小农户

第七章　中国小农户融入现代农业体系的实例分析

在兼顾农业生产的同时，可以将剩余劳动力投身于其他领域，增加了小农户的工资性收入。其次，对于农机手而言，大量小农户参与农业生产托管服务，合作社将小农户托管作业的土地进行划分，合作社按照托管面积配置机械，农机手联合耕作，就近领取任务，减少了跨区域作业。土地规模作业后，极大地降低了农机手在耕作中的油耗成本、时间成本、人力成本等，提高了农机使用效率，也提高了劳动生产率，拓宽了农机手的获利空间。以玉米为例，农机合作社成立以前能作业10亩/天，现在提高到20亩/天。最后，对于服务组织而言，服务组织通过集中采购农业生产资料，统一选用新品种、使用先进生产技术，提高农机装备的使用效率等，从统一的生产经营中，节约人工、物料费用，实现农业节本增效。对于提供农事服务的合作社、农业企业而言，不必投入高额的土地流转金，就能将小农户碎片化的土地连片整合，以市场化的方式实现规模生产，获得规模收益，防止"垒大户"现象。这些组织可将资金、人力等更多地用于改进生产设备、提高服务水平，提高了现代农业的生产水平。

集中成片以后，还能够使农业生产产业链上下游的经营主体产生良好效益。首先，规模化的生产可通过种子农资企业为服务组织进行农资直供，减少了市场交易成本，保障了农资品质；其次，农产品收购企业直接收购、烘干，降低了交易费用。综上所述，小农户、农机手和合作社、农业企业可以节约交易成本，共享集中连片形成的收益，同时也共担生产中的风险，通过要素契约实现合作社与小农户之间的互利共赢、风险共担。在提供农事服务的过程中，农事服务组织将现代农业生产要素与小农户生产资料有机结合，探索出土地集约化经营的新路径。

从案例中还可以发现，在农业生产托管服务模式下，小农户、服务型经营主体处于两个相互独立的核算体系中。小农户生产成本主要包括农业服务费用、自行生产所花费的成本，小农户的收益来自扣除服务费用后的农作物剩余。农机服务组织生产成本包括前期设备购置成本、提供服务所需的人力和物力成本、设备损耗等，其收益来自小农户支付的服务费用、超额生产的农作物等。这两类主体独立核算、独立经营，重点解决了小农户"怎么种"的问题。这样的方式虽然对于带动小农户提高现代化经营水平、促进农业产业化发展具有一定的作用，但是效果有限。因此，现代农业服务体系重点实现了带动小农户融入现代农业生产体系的目标。

第二节 贵州省娘娘山产业园区带动小农户融入现代农业体系

一 贵州省娘娘山产业园区基本情况

贵州省娘娘山地区位于贵州省六盘水市盘州市普古乡。普古乡，彝语意为锥形的山，共涵盖舍烹村、水坝村、播秋村、新寨村、天桥村、卧落村、厂上村、嘎木村8个行政村。由于地处大山深处，受交通、观念、资金等因素的影响，农业落后，产业结构单一，农民主要以种植玉米、小麦、油菜为主，分散经营，收入水平低。2012年以前，核心区域8个村共3105户，8875人，有劳动力4502人，外出务工2746人，外出务工率约为61%，空心村、老龄化现象严重。舍烹村、水坝村等人均可支配收入约为4000元；播秋村、新寨村人均可支配收入约为3000元；天桥村、卧落村、厂上村、嘎木村人均可支配收入约为2000元，少数特别困难户人均不到700元。

为改变当地落后的生产经营状况，2012年当地致富能人陶正学带领7个村民自发成立银湖合作社，合作社先后通过股东大会讨论制定合作社章程，选举了合作社理事会、监事会等成员，构建合作社运营机制。合作社引入现代生产技术、管理等生产要素，提高当地传统小农户生产力水平。2013年4月，合作社以2000万元资金入股贵州娘娘山高原湿地生态农业旅游开发有限公司，共同建设集种植养殖业、生态旅游观光为一体的产业园区。合作社入股农业公司以后，公司统一

第七章 中国小农户融入现代农业体系的实例分析

制定园区发展规划，实现农业种植与休闲旅游两大产业有机结合，并将传统的种植业扩展到特色农业、山地旅游业、大数据大健康等产业。随着农产品生产能力的提升，园区也建立起集生产、加工、销售等多环节的现代农业产业链。同时，在"资源变资产、资金变股金、农民变股东"的农村"三变"改革及系列地方制度的推动下，当地建立了联村党委，对 8 个行政村进行统筹安排。在联村党委的带领下，8 个行政村由各自为营、单打独斗变为共同战斗、抱团发展，有效地促进了资源要素的有序流动、优化重组、资源共享。为进一步加强对集体经济的建设，实现"政经分开"，核心村相应地建立了 8 个村级合作社，以银湖合作社为总社，实行"总社＋分社＋小农户"的发展模式，发展起"合作社＋小农户""党建＋合作社＋小农户""龙头企业＋合作社＋小农户""园区＋公司＋合作社＋村集体＋小农户"等多种利益联结，形成了政府、"农村集体经济组织—合作社—农业企业—家庭农场"、"种养大户—小农户"等多主体参与的现代农业产业联合体，项目建成后带动普古乡及周边乡镇近 40000 人发展，实现群众增收超 4 亿元。自此，娘娘山地区小农户将传统农业生产经营模式改变为现代农业生产方式，改善了生产关系并参与到了现代农业产业发展中去。

二 小农户融入现代农业体系实现机制

贵州省娘娘山地区通过建立公司带动、以合作社为纽带、农民参与以及村党委积极配合的组织模式，将小农户带入现代农业体系中。取得这一成果，离不开有关制度的改革。而且在制度改革的推进下，新型农业经营组织与小农户建立起紧密型利益联结。

（一）制度变革助力产业园区发展

1. 推进以"三变改革"为核心的农村产权制度改革

为了盘活农村资产，2016 年 1 月贵州省开展试点将"资源变资产、资金变股金、农民变股东"的"三变"改革。"三变"改革获得了小农户对闲置生产资料、名义上的生产资料的收益权，盘活了农村资源，推动了生产关系的变革。从具体实施来看，主要包括以下内容。

一是资源变股权。当地政府围绕 2015 年中央一号文件关于"引导农民以土地经营权入股合作社和龙头企业"的政策导向，从推进农村产权制度改革入手，重新对农村资产进行清算，整合农村土地、山林、旅游文化等资源并将农村集体可经营性资产量化，通过折股、配股、入股等形式，将农村的资产、土地股份化，使闲置的农村资源得以利用。此举将农村资源转变为农村产权再转变为农村资本，有效地解决了农村集体经济组织主体不明晰、产权归属不清晰等问题，推进了要素聚集，提高了土地利用率，为小农户增加经营性收入提供了产权基础。

二是资金变股金。为提高专项资金的利用率，将财政投入[①]作为农村集体和农民持有的资本金，将分散资金聚集并投入当地的农业经营组织中，农村集体和农民按股比分红。此举将小农户的补贴集中配置，解决了财政投入额度小、点多面广、资金分散等问题，将政府的一次性财政投入转变为持续性收益。

三是农民变股民。在实现前两者的基础上，农民自愿将农村土地承包经营权以及自家所拥有的其他生产要素入股到当地农业经营组织中，转变小农户分散经营的生产经营方式，变革了生产关系。

2. 展开农村集体经济改革

为解决农村集体经济空壳化的问题，提高政策的执行力度，提高协调能力，当地政府将娘娘山联村党委下辖的 8 个村作为首批示范点，在全县推进成立村级合作社。村级合作社主要负责管理农村集体资产、组织小农户加入合作社、解决小农户缺乏原始资金问题、为小农户发展提供平台等。村级合作社的建立，为政府在政策、资金、项目、技术、社会资源等各方面的扶持提供了明确的主体。村级合作社积极发展服务功能和经济职能，以产业园区为载体，辅助建立"园区+公

---

① 不包括补贴类、救济类、应急类财政投入。

司+合作社+村集体+小农户"的多元化经营模式,执行农村集体经济组织"统"的具体职能。在农业产业联合体中,村级合作社代表小农户利益与农业企业沟通交流,实现了小农户、企业等多方主体共赢的目标,推动了当地农业、农村的发展。

3. 进行其他制度改革

产业园区的建设,离不开各级政府在农业制度层面上的支持,因为有关科技、金融等制度有效促进了现代农业生产要素的流动,为小农户融入现代农业体系提供了制度保障。

一是推进科技制度改革,搭建农业科技服务平台。为积极响应国家以"星创天地"[①]为平台的农村科技制度改革,当地以娘娘山高原湿地生态农业旅游开发有限公司为主导,协同普古银湖种植养殖农民专业合作社、盘州双华农机专业合作社、盘州旅游文化投资有限公司等投资发展盘州市娘娘山农业星创天地,围绕农业产业、农业科研、农产品物流和电子商务等,加强与省内外科技院所的联系和合作,为园区的产业建设提供科技支持。星创天地服务园区内的农业公司、农民专业合作社、种养大户、小农户等,有效提高了农业技术转换率。

二是建立金融扶贫制度,解决农民发展缺乏资金的问题。根据贵州省出台的《贵州省精准扶贫"特惠贷"实施意见》、盘州市出台的《县人民政府办公室关于印发盘县精准扶贫"特惠贷"实施方案(试行)的通知》等文件,建立政府金融扶贫制度。地方政府担保引入社会金融机构资金,为小农户提供创业贷款和资金支持。如贵州银行为银湖合作社社员提供每户8万元的"农户创业贷",贷款期限为三年,政府贴息帮助村民偿还前两年的银行利息。小农户将贷款用于改造房

---

① "星创天地"是以企业为主体,以市场为导向,以农业科技园区、科技特派员创业基地、科技型企业、农民专业合作社等为载体,通过吸纳返乡农民工、大学生、农业致富带头人创新创业,利用线下孵化载体和线上网络平台,聚集创新资源和创业要素,促进农业科技成果转化。"星创天地"是国家针对未来农业科技发展打造的新型农业创新创业"一站式"开放性综合服务平台,是国家科技计划体制改革农业领域的重要内容之一。

屋作为农家乐、入股合作社等,助推小农户参与多功能产业体系。

(二) 组织构建及带动小农户融入现代农业经营体系

在银湖合作社成立以前,小农户以分散经营为主,娘娘山地区组织化程度较低。在"三权"促"三变"以及有关制度变革的背景下,通过组建合作社再到建立龙头企业、联村合作社,形成产业园区,推动当地社会化、组织化程度不断提升。具体来看,园区的新型农业经营组织主要包含银湖合作社、村级合作社以及农业公司,不同的组织形式具有不同的功能定位,发挥的作用也不尽相同。

1. 银湖合作社及功能定位

银湖合作社位于娘娘山产业园区的核心位置舍烹村。从经济属性来看,普古银湖合作社属于农民自发形成、代表小农户集体利益的组织形式。从小农户和合作社的具体利益联结方式来看,小农户主要通过与合作社签订股权协议,将小农户分散经营转变为合作社统一规划、统一布局、统一经营。小农户将土地经营权、自有闲散资金入股银湖合作社,根据土地质量高低,以每亩400—800元进行保底分红;也可将土地以每亩2万元折价入股。合作社以土地入股的方式整合普古乡和周边乡镇共181.4平方千米土地。从分配模式来看,合作社与小农户之间按合作社30%、小农户70%的比例进行分红,实行按劳分配和按生产要素分配相结合的分配方式。合作社采用小农户和合作社共同出资的方式认购股份,合作社采用为小农户提供免费贷款的方式,借助政府和社会资金,如特惠贷、农民创业贷等,解决小农户入股所需资金的问题。合作社现有股东1595户,资金入股465户(其中土地折价入股86户共153.53亩,每亩折价2万元;闲散资金入股379户),土地入股分红1130户。

2. 村级合作社及功能定位

以舍烹村为核心区,由辖厂上、嘎木等8个行政村分别建立的村级合作社,从经济属性上看,是农村集体经济组织的具体表现形式,肩负着发展农村经济、监督农村集体资产使用、带动全村共同富裕等职能，是代表全村利益的农民合作组织。首先，村级合作社以"入社自愿、退社自由，整村发动、一户一入"的原则，以联村党委为依托，形成"总社+分社+小农户"的发展模式。村级合作社成为银湖合作社总社和小农户之间重要的执行组织、协调组织，代表各村小农户的集体利益。其次，村级合作社将水面资源、荒山、林地等农村集体资产入股合作社，盘活农村集体闲置资产，行使农村集体经济组织对集体资产的所有权、经营权。银湖合作社根据各村入股的土地面积，按照20元/亩为其提取农村集体经济积累资金，在盈利后，按照农产品的总量，以0.025元/千克为其提存农村集体经济积累资金，体现出农村集体经济组织对农地行使所有权、管理权的职能。

3. 农业公司及功能定位

产业园区农业公司涉及农产品生产型农业公司和提供农事服务型农业公司。生产型农业公司主要负责农产品生产、加工、销售等，通过延长产业链以获得增值收益。首先，宏财集团投资有限责任公司与合作社签订销售合同，建立起"公司+合作社+小农户"模式。公司与合作社签订4元/千克的保底收购协议，建立灵活的利益联结；其次，为了进一步稳定利益联结，农业企业还与部分合作社共建产业基地，按照公司70%、合作社30%的比例签订股份协议，宏财集团投资有限责任公司为小农户垫付土地流转费用、种苗种植劳务费、管护费、农资费等。公司与合作社的股权契约降低了农业公司对小农户生产的监督管理费用，稳定小农产品质量，降低了公司风险。农业公司将生产让利于小农户，将风险归于企业，充分发挥了企业在加工、销售、营销、品牌建设等方面的优势。服务型农业公司主要基于当地农业、自然资源等提供有关服务，合作社入股贵州娘娘山高原湿地生态旅游开发公司，由公司统一布局农业、农旅结合产业，优化当地农业产业结构，使小农户在多元产业化的发展中成为现代农业产业链中的投资者、持有者、受益人。

三 案例分析

在政府有关制度改革的推动下，贵州娘娘山产业园区由当地能人带头，组建新型农业经营组织带动小农户融入现代农业体系。农业企业发挥了带头作用，合作社总社、村级合作社承担各自的组织功能。联村党委是园区运行的重要制度供给者，成为银湖合作社总社、村级合作社之间主要的协调机构。在园区新型农业经营组织的建设中，组织化推动了生产要素的流动，建立起小农户和新型农业经营组织利益共享机制，推动了产业细分和产业衍生，实现了小农户融入现代农业体系的不同层次。

（一）产业园区运行促进了生产要素的流动

在产业园区成立以前，当地小农户生产要素几乎难以实现流动，通常只能是小农户之间简单的劳动力交换，小农户缺乏资金、缺乏获取现代生产要素的渠道。"三变"改革、产业园区建设推动土地、劳动力、资金等生产资料由"分"到"统"，实现村内、村与村之间生产要素的流动，以规模化生产取代小农户分散经营，推动当地农业从劳动密集型、粗放型转变为资金密集型、技术密集型，革新了农业生产方式，提高了小农户生产能力，培养出现代农业生产队伍，实现了小农户融入现代农业生产体系，为推动利益共享、产业细分和产业衍生奠定了基础。

在土地流动方面，当地原本分散贫瘠的土地入股到银湖合作社，合作社通过对土地的平整、翻耕，将其规划为农业产业园区、农业科技园区，整合了农村集体闲置土地，盘活了土地经营权。在资金方面，银湖合作社从50万元增资到2000万元，以多人一股创新融资方式，解决了合作社发展初期的资金问题，并将小农户创业贷款入股公司，减轻了银行贷款和借款风险，县、乡两级党委将有关的帮扶、发展资金在不改变使用性质的前提下入股园区，为园区发展提供资金支持，使民间资本参与园区建设，充分发挥小农户、政府、社会力量共建产

第七章 中国小农户融入现代农业体系的实例分析

业园区。标准化生产也保障了农作物品质，稳定了产品销售渠道，提高了资金周转率和利用率。在人才方面，通过"内培外引"壮大人才队伍。对外引进农技师、农艺师，负责农业科技园建设，号召当地以及周边外出务工年轻人回乡创业，成为合作社管理人员。银湖合作社统一安排小农户劳动，联村小农户根据自身技术优势，在产业园区劳动获得收益，解决了园区内部技术人员紧缺、技术人员供需不平衡的问题。在技术方面，通过打造娘娘山星创天地，构建政府农业部门、科技协会、农业院校、农业企业、农民专业合作社多位一体的农业技术推广链，实现园区外部先进技术的流入和园区内部先进技术的共享。农业生产过程从选种、耕种、管理、加工等环节都大量运用现代科学技术，极大地提高了该地区农业生产的现代技术水平。在信息方面，合作社成为政府信息、市场信息传递的平台，市场信息也能够及时从消费端反馈至生产端，解决了农业生产供需信息不对称的问题，提高了信息传递效率。

（二）建立经营体系，实现小农户与经营主体利益共享

在农业发展中，各农业经营主体的活动目的在于实现自身利益最大化。这不仅需要增强园区的整体经营能力，更要建立一个科学的利益联结，实现公平的利益分配。总的来看，娘娘山地区建立"农业企业＋合作社总社＋村级合作社＋小农户"的农业产业联合体，不同农业经营组织与农户之间通过建立利益联结，降低了生产经营的成本，实现了利益共享。

首先，建立村级合作社、银湖合作社总社，小农户将自有的生产要素流转或者入股合作社，小农户成为股东，合作社统一经营，发挥"统"的职能。对于小农户而言，提高小农户的谈判力，改变传统单家独户的生产决策，实现合作社科学种植。在分配方式上，建立按劳分配和按生产要素分配的利益分配方式，提高了农民的积极性。合作社作为小农户和农业企业之间的纽带，合作社负责监督生产基地进行标准化生产，统一开展病虫防治，保障了产品质量，降低了企业对小农户的监督费用。尤其是通过合作社自建基地，进一步增强了小农户

和新型农业经营组织的利益联结。联村制度的建立使核心区土地得以统一规划，也促进农业规模化、产业化发展，并且使小农户、合作社增强了规模效益、配置效益。

其次，龙头企业极大地提高了当地的农业经营水平。通过龙头企业与合作社签订产品收购合约、合作社与小农户签订合约的方式，以合作社作为中间组织，降低了龙头企业与单个小农户之间的交易成本。龙头企业批量采购种子、化肥等生产资料，降低了小农户的原材料成本。

对小农户来说，小农户是否加入合作社，重点在于经济收益能否增加。2012年以前，产业园区覆盖面积人均纯收入不足3000元，随着合作社的建设、产业园区的发展，2015年舍烹村人均可支配收入已达到14000余元，是2012年的3倍有余，其余7个村的人均纯收入也增长到近万元。尤其是部分小农户将土地量化入股联村开发旅游项目，每亩产值实现10倍增长。小农户加入合作社以后，在农业上的收入明显大于分户经营。这种收益增长直接反映到农民的收入构成中（见表7-1），农民从原来的务农收益增加到土地入股、发放保底分成资金、劳动工资、资金分红等，从传统的一次获利转变为从土地到农产品、服务等要素的多次获利，从单一经营转变为产业化经营，分享合作社盈余，实现合作社和小农户之间的利益共享。现代农业经营体系的建设不仅极大地提高了小农户的收入，小农户还能在家门口进行劳作，实现了经济利益最大化和家庭利益最大化。

表7-1　　　　　　　　2016年村级合作社农民收入情况

序号	村名	户数（户）	加入村级合作社				就业					特惠贷
			户数（户）	入股面积（亩）	发放保底分成资金（万元）	临时用工（人次）	发放务工费（万元）	固定用工（人）	年发放工资（万元）	贷款户数（户）	贷款金额（万元）	发放保底分成（万元）
1	水坝	631	598	1302.8	67.23	698	34.8	24	63.36	42	210	3.15

续表

序号	村名	户数（户）	加入村级合作社 户数（户）	加入村级合作社 入股面积（亩）	加入村级合作社 发放保底分成资金（万元）	加入村级合作社 临时用工（人次）	就业 发放务工费（万元）	就业 固定用工（人）	就业 年发放工资（万元）	就业 贷款户数（户）	就业 贷款金额（万元）	特惠贷 发放保底分成（万元）
2	天桥	215	204	1941.9	96.89	1070	24.94	23	60.72	55	275	4.13
3	卧落	299	284	1309.9	49.91	908	46.87	23	60.72	0	0	0
4	舍烹	486	465	1355.6	58.27	2668	35.47	26	68.64	15	75	1.13
5	新寨	395	375	2710.2	113.06	1662	29.79	26	68.64	0	0	0
6	播秋	330	313	1256.1	53.61	706	21.64	24	63.36	40	200	3
7	厂上	451	428	2999.5	117.58	3902	44.7	26	68.64	17	85	1.28
8	嘎木	298	283	737.8	39.54	2312	33.59	24	63.36	0	0	0
总计		3105	2950	13614	596.08	13926	271.8	196	517.4	169	845	12.7

资料来源：调研数据整理。

（三）初步建立起多样化的产业体系

新型农业经营组织的建设优化了当地的产业布局，延长了产业链，发展起多功能产业，实现农业产业与第二、第三产业的融合发展、相互补充，也推动了社会化分工。

一是银湖合作社带头建设的贵州省娘娘山高原湿地生态农业示范园区主要以高山水果和红米等为主导产业，配套发展特色水果及肉类产品深加工产业，引进果脯等深加工技术、工艺研发、储藏保鲜、选育、培育新品种的技能，延长产业链。通过加工获得较高的附加值和品牌溢价。

二是联村党委按照"一村一策、一村一社、一村一产"的思路，推动基础设施连建、产业连片、美丽乡村连线，提高产业园区的整体竞争力。差异化的竞争又降低了村与村之间产品的同质性，减少了小农户种植养殖的盲目性。

三是银湖合作社入股娘娘山高原湿地生态旅游开发公司，形成农旅结合的多功能产业体系，通过整合当地旅游资源、文化资源，发展乡村旅游业。

四是随着产业园区的发展壮大，对农机服务需求增大，发展现代农业支撑体系。如盘州市双华农机农民专业合作社、盘州市利贵农机农民专业合作社等，开展农业机械化生产、收割等服务。

五是随着产业园区的发展，农业生产走向专业化，部分小农户不再进行猪、鸡、鸭等养殖业的生产，增加了市场需求，继而又推动了养殖大户的兴起。在产业化的发展中，实现小农户、合作社、农业企业的分工合作，提高社会化分工水平。

从而，以现代农业经营体系为核心的建设，不仅能通过新型农业经营组织提高小农户现代农业生产水平，还能促进现代农业产业化的发展，有效提高农业生产力，革新生产关系，对全面促进小农户融入现代农业体系具有积极的作用。

第三节 贵州省兴仁县[①]依托薏仁米产业发展带动小农户融入现代农业体系

一 贵州省兴仁县薏仁米产业发展概况

贵州省兴仁县因具有得天独厚的地理环境和气候条件，种植薏仁米已有400多年的历史，是中国薏仁米的核心产区。2012年以前，兴仁县薏仁米完全处于小农户粗放式的经营状态，农民种植的薏仁米品种较为传统，缺乏技术指导，产量与品质均不稳定；当地农田水利等基础设施建设滞后，农业生产水平低下。在小农户分散经营的情况下，薏仁米价格受市场影响波动较大。同时，当地收购薏仁米的企业都以销售原米为主，产品单一、设备简陋、工艺简单，企业销售的产品、

---

① 2018年，"兴仁县"改为"兴仁市"，由于本节内容为2018年前，保留"兴仁县"称谓。

时间、周期具有较高的一致性，企业为了快速销售产品，往往以低价销售，形成恶性竞争，造成市场环境混乱。农民收入微薄，贫困发生率高达25%。

为解决小农户分散经营的状况，改善市场环境，促进薏仁米的产业化发展，兴仁县政府引导县内十余家薏仁米企业联合组建成立4个集团企业。① 此后，在当地政府有关部门的指导下，进一步成立由薏仁米行业龙头企业发起、其他薏仁米农业组织、个体户参与的兴仁县薏仁米行业商会，以"世界薏仁看中国、中国薏仁看兴仁"为发展目标，遵循"品种调优、产业调特、规模调大"的原则，以高定位、高标准创建兴仁县薏仁米品牌。为提高薏仁米生产能力，保证产品质量，在下山、屯脚、巴铃、回龙等15个乡镇共成立154家薏仁种植专业合作社并联合建立生产基地，实现合作社统一规范生产经营。在组织化的推动下，当地薏仁米产业由原来的以销售为主发展为由原材料生产、培育、种植、流通、休闲旅游为一体的全产业链。当前，兴仁县成为全球最大的薏仁米种植基地和产品生产、流通中心，国内外占80%的薏仁米原米加工由兴仁县完成，获得"中国薏仁米之乡""全国薏仁米特色农产品优势区"等称号。薏仁米产业的快速发展为小农户带来了良好的收益，2018年兴仁县实现脱贫摘帽，贫困发生率降至1.65%，贫困户平均可增收千元左右。为了进一步扩大产业规模，兴仁县还将周边的"四县一区"② 联合起来建立薏仁米生态经济区，协同周边乡镇发展，更大范围地推动当地小农户融入现代农业体系。

二 小农户融入现代农业体系实现机制

（一）政府扶持助推产业发展

兴仁县政府以农业供给侧结构性改革为契机，积极响应《国家乡

---

① 包括贵州薏仁集团、聚丰薏仁集团、华丰薏仁集团、泛亚集团。
② 包括安龙县、晴隆县、义龙新区以及贞丰县、普安县部分区域。

村振兴战略规划（2018—2022年）》"一县一业"的战略规划，结合当地种植薏仁米的自然条件和悠久的种植历史优势，全县统一布局推动薏仁米产业发展。

首先，以薏仁米为核心产业编制兴仁县优质农产品"十二五"时期发展规划并专门成立薏仁米产业发展办公室，建设以县政府为主要领导的园区领导小组，领导兴仁县农村产业融合发展示范园区建设。

其次，先后出台《兴仁县2013年薏苡仁产业发展实施意见》《关于进一步加快薏仁米产业发展的意见》《关于成立创建国家级薏仁米质量安全示范区工作领导小组的通知》等，指导产业发展；建立对农产品从基地生产、加工、运输、仓储的质量安全溯源体系，完善病情防疫监管体系，保障产品质量。根据《兴仁薏仁米栽培技术规程》《病虫害综合防治技术》等技术资料开展培训，对小农户给予具体的生产指导，使示范区种植农户掌握种植的基本知识，为小农户生产提供技术支撑。

再次，县政府扶持引导小规模生产经营的农业企业联合组成集团企业，实现资源和市场的整合，指导成立兴仁县薏仁米行业商会，扶持中小企业发展并与龙头企业泛亚实业集团签订战略发展协议，推动建立以集团主导投资运营的薏仁米生态经济区。

最后，为提高小农户的种植积极性，保护小农户利益，政府对薏仁米的收储实行价格干预，对薏仁米毛谷实行保底收购价，建立收储方案，稳定小农户生产预期，促进薏仁米产业的稳定发展。经过有关政策的支持，全面推动当地小农户参与薏仁米产业发展，当地薏仁米产业也逐渐实现了从低附加值到高附加值的转变，建立了薏仁米全产业链。

（二）组织构建带动小农户融入现代农业产业体系

1. 兴仁县薏仁米行业商会构建及功能定位

兴仁县薏仁米行业商会是在政府的支持下，由龙头企业带头建立的具有市场性质的组织形式，其经济属性是介于政府和农民之间的、代表经营主体利益的一个行业组织。行业商会致力于提高当地薏仁米产业地位，维护市场秩序，促进资源整合，规范中小企业生产经营，保障种植农户利益，其发挥作用的对象主要涉及薏仁米行业、有关企业、小农户、政府部门等。

第一，从引导当地整个行业来看，行业商会通过制定差异化的发展战略，根据会员企业的优势进行指导，防止行业内部恶性竞争，提高单个企业的竞争力。同时，把兴仁县从事薏仁米产业的 40 家企业、120 家合作社、300 多家种植大户和 12000 户小农户联合起来，组建集团，建立薏仁米行业商会，抱团发展，为各经营主体提供咨询、培训等服务，较好地破解了薏仁米产业"小、散、弱"的问题。目前，全市薏仁米产量达到 16 万吨，占世界薏仁米产量的 70% 以上，主导了薏仁米的定价权。

第二，针对当地个体企业，行业商会要求会员企业规范财务制度，建立现代企业管理制度，实行制度化管理。同时，鼓励企业加大新品种研发，集中人力、财力做精加工，建立电商平台、营销渠道、科研平台等。指导会员申报专利发明，指导企业加强价格自律，严禁恶性竞争。

第三，行业商会致力于保障小农户种植的利益，积极组织规模企业稳定薏仁米收购价格，建议县政府参照水稻、小麦、玉米等大宗粮食作物收储办法，出台制定薏仁米毛谷收储方案，建立价格收购机制，保障种植农户的利益。

第四，行业商会还负责向政府有关部门反映情况，配合县农业农村局对企业、合作社、个体户等会员进行普查，帮助县农业农村局建设行业数据库，为指导产业发展提供依据。同时，通过搭建平台争取金融机构对会员企业给予资金支持。

第五，行业商会对接国外市场，通过商会牵桥搭线，如聚丰薏仁股份有限公司携产品参加了西班牙、法国、日本等国际展销会并签订了 360 万美元的出口订单。行业商会已成为当地小农户、薏仁米企业等连接政府部门、金融单位、国外市场的重要桥梁。行业商会的建立，改变了过去加工企业小而多、竞争能力弱的状况，增强了企业的发展实力和市场竞争优势。

行业商会是农业经营组织的再组织形式,会员主要以农业企业、合作社为主,以小农户为辅。当地行业商会以实现行业发展为目标,制定并出台兴仁县薏仁米行业标准、统一产品质量标准等,在品、种、管、收等环节都予以了全面规范。通过农业企业、合作社等辅助农户进行科学的种植、养殖,提高小农户的现代农业生产水平,带动小农户融入现代农业生产体系。对于直接参与行业商会的小农户,行业商会通过举办技术交流会、指派专业技术指导员等方式,对小农户实现"一对多""一对一"的技术指导,提高了当地小农户科学种植薏仁米的水平。

2. 四大龙头企业及功能定位

四大龙头企业是在市场发展的基础上,由行业商会推动建设而成的市场性经济组织。在行业商会的引导下,四大龙头企业差异化发展基地建设、生产流通、品牌建设、产品深加工、新产品研发、薏仁米衍生产业等,已形成完整的现代农业产业链。其中,贵州薏仁集团专注于深加工;泛亚集团侧重于薏仁米产业基地建设,依托基地开发康养业并负责运营薏仁生态经济区;华丰薏仁集团致力于开发薏仁米加工技术;聚丰薏仁集团重在开拓国际市场,开展国际贸易。虽然各企业业务重点不同,与小农户建立的利益联结形式也不一样,但总体来看,当地小农户与企业之间都能通过灵活的买卖契约建立起利益联结。为了稳定农产品质量,克服双方在交易中的不确定性,以泛亚集团、聚丰薏仁集团为首的生产型企业,牵头建立起薏仁米企业基地,采取"公司+基地+小农户"的模式增强利益联结,公司负责农作物所需生产资料的统一采购,在生产过程中予以技术指导并提前与农户签订收购合同,采取保底价收购,建立14.35万亩的生产基地。通过基地的建设,从源头提升薏仁米品质,推动规模化、标准化种植,实现了薏仁米的绿色、有机生产。综上所述,在农业企业的带动下,当地小农户实现了现代化生产,也积极参与到薏仁米产业化发展中,成为薏仁米产业的参与者、受益者。

3. 合作社及功能定位

为了进一步降低农业企业和小农户之间的交易成本，保障小农户的生产质量，提高小农户在与企业博弈中的地位，代表小农户利益的合作社应运而生。合作社成为联结企业和小农户的载体。农业企业与合作社、合作社与小农户分级签订薏仁米收购合同，也有小部分农户以流转或参股的形式将土地转到农村集体合作社，参与经营利益分成。合作社以村为单位，一方面，组织小农户与企业之间的产销对接，保障薏仁米的销售渠道，以农业企业制订的生产经营计划组织小农户标准化种植并负责前期的农资采购以及作物的收储等；另一方面，与小农户签订生产协议，收取0.1元/千克的管理费，维持合作社运营。合作社成为公司生产的载体，为小农户提供生产资料与技术服务，推广优质高产的薏仁米品种。社员接受合作社监督和指导，按生产标准进行种植。在利益分配上，合作社将盈余按照"4+2+4"的比例进行分配，[1] 兼顾生产型小农户、加工型小农户以及入股社员的利益。

三 案例分析

从兴仁县薏仁米产业的发展可以看出，发展农业产业组织对于带动小农户融入现代农业体系具有强大的动力。在发展产业以前，兴仁县农业发展水平低，薏仁米品牌特色不足，加工技术相对落后，产业配套设施薄弱，行业内部恶性竞争明显，市场需求不够清晰，当地农民生存困难。发展薏仁米产业以后，以发展农业产业为目标建立行业商会，以行业商会指导农业企业建立完整的产业链，再以农民专业合作社为桥梁，与小农户建立利益联结，形成村级合作社、合作社总社、农业公司、行业商会四种不同的组织模式，并在组织与再组织的过程中共同推动农业生产要素流动，实现统一生产经营，形成较完整的产

---

[1] 其中，40%按农户的交易比例返还给社员，20%按加工户与合作社的交易比例返还给加工户，剩余的40%按照入股社员的入股比例进行分红。

业链，全方位地实现小农户融入现代农业体系。

(一) 促进了生产要素的流动

在发展产业以前，当地的生产要素难以流动，即使是小农户之间的土地流转行为也比较少。在兴仁县实现小农户组织化的过程中，兴仁县将"政府—公司—合作社—社员"紧密相连，将这些主体组织起来签订生产经营合同，在发展现代农业体系中承担起不同的职能。其中，政府为解决当地发展资金困难的问题，为前期发展垫资发放农种、肥料，安排有关农技部门开展技术指导；农业公司承担加工、销售职能；而合作社主要负责对小农户生产中的监督管理，通过组织化与再组织化，将政府资源、企业资源、小农户资源有机整合起来，推动整个县域的生产要素流动，为小农户生产注入了现代生产要素。同时，产业化的发展也推动了社会分工的深化，创造出更多的生产力。

在土地方面，农业企业、合作社致力于集中连片打造示范基地，盘活了闲置土地，极大地提高了规模效益。在资金方面，以农业公司、合作社为载体，将大量政府资金投入薏仁米产业的建设中，提高了资金利用率。对小农户而言，自家种植的薏仁米价格得到政府"兜底"，也提高了小农户的积极性。在人才方面，通过农业企业强大的资本支持，引进大量的薏仁米研究、销售人员，更新了农村人才体系。在技术方面，通过农技人员联系制度，展开"一对一""一对多"的指导服务，保障了农技人员能够及时根据农作物生长的情况对小农户展开指导和培训，确保技术进村入户到田，极大地推广了营养球育苗移栽、测土配方施肥、人工提肥复壮、病虫害防治的技术。并且，泛亚集团还与全国十余所大学、研究所等建立长期科研合作关系，致力于薏仁米产品开发，配套完善产品发明专利申报、包装外观设计等，进一步解决了小农户缺乏技术投资的难题。在互联网的普及下，部分农业基地按照"互联网+小农户"的操作模式，在基地安装全程可视化、可追溯、全留痕的物联网设备"农眼"，通过全天候自动采集农场气象、土壤和图像信息，实现对农场的远程监管和虫情监测、自动扑杀。通过"农眼"指导小农户精准化种植，实现可视化农业的发展。

在生产要素的重新整合下，当地小农户改变了以前采用传统农业作业的方式，解决了以往种植过密所带来的产量低的问题，同时经过农业科技的普及，亩产从150—200千克提高至300—350千克，农业生产效益得到极大提高，小农户逐渐实现了现代农业生产。

（二）建立起完善的经营体系

兴仁县薏仁米在已有市场经营主体的基础上，采取"龙头企业＋合作社＋小农户＋基地"的生产经营模式，自上而下构建起了经营体系，新型农业经营组织的生产经营内容丰富多样，具体内容如表7-2所示。不同的组织形式对小农户的带动作用不同，股份性质的合作社能够直接带动小农户实现现代农业经营，其他形式的组织更多致力于推动小农户实现现代农业生产，以提高产品品质，满足自身加工、再加工需求。

表7-2　　　　　　　　兴仁县全产业化组织及经营内容

经营主体类型	经营内容	典型代表
专业合作社	种植、加工、销售、收购、储运	兴仁县农丰生态种养殖农民专业合作社、兴仁县同裕薏仁米农业专业合作社、兴仁县聚丰薏仁米加工农民专业合作社、新马场乡米粮薏仁种植专业合作社等
农业企业（小微企业）	粗加工、销售、初加工	兴仁县屯脚镇达拼薏仁米厂、兴仁县屯脚镇长虹薏仁米厂、贵州省兴仁县永兴薏仁米初加工厂等
农业企业（有限责任公司）	良种研发与推广、深精加工、销售、农业技术研发、农业技术服务与推广、农业技术培训、通讯科技、网络工程、薏仁米系列制品、购销、基地建设、农资采购、电子商务、饮料生产、出口贸易、薏仁米相关文化及旅游开发等	贵州薏仁集团兴仁薏仁科技有限责任公司、贵州泛亚薏仁米有限公司、贵州仁信农业开发有限公司、贵州薏道科技有限公司、兴仁县引力农产品加工商贸有限责任公司等
行业协会	协助价格制定、开拓国际市场、减少内部竞争、配合政府对经营主体普查等	薏仁米行业商会

资料来源：调研数据整理。

首先，政府引导成立的行业商会，将全县有关薏仁米生产、加工、销售的农业企业、合作社以及部分小农户组织起来，通过制定行业规则，规范行业经营行为，指导行业生产发展并通过行业商会提高农业企业的组织能力，将小企业整合为企业集团，抱团发展。

其次，通过龙头企业与合作社签订产品收购合约和合作社与小农户签订合约的方式，建立"龙头企业+合作社+小农户+基地"的利益联结，改变传统的小农户单家独户的生产经营，实现小农户在合作社的统筹安排下组织生产经营，严格执行"六统一"。[①] 村级合作社有效执行农村集体经济组织的经济职能，实现县域范围内"龙头企业+合作社+小农户"这一组织模式的全面覆盖，帮助小农户增产增收，提高小农户的积极性，实现多方共赢。

(三) 形成完整的产业链

在政府的大力投资、新型农业经营组织的全面推动中，兴仁县形成了集基地建设、生产流通、品牌建设、产品深加工、新产品研发、薏仁米衍生产业于一体的全产业链，发展起收储、种植技术建设、品牌推广等农业项目。薏仁米产业链的完善以及产业形态的升级有效推动了薏仁米产业向专业化、市场化、国际化发展。产业体系的建设也有效地解决了农民的销路，倒逼生产体系的改革，要求小农户标准化生产，从源头把控农产品质量。通过产业化的发展，联动生产端和消费端。随着薏仁米加工销售环节的稳定，加强了对原米的需求，当地小农户收入结构逐渐发生改变。为了获得更高的收益，小农户从大量种植玉米转变为种植薏仁米，带动小农户回乡创业，促进产业结构调整，实现第一、第二、第三产业的融合发展。

对于小农户而言，在产业化的发展中，小农户生产经营状况得以大幅改善。一是产业化发展增加和衍生出大量的就业岗位，部分农民就近从业，成为加工合作社、加工企业的农业工人；二是采用"政府+企业+合

---

① 包括统一供种、统一供肥、统一供膜、统一配方、统一技术措施、统一病虫防控。

作社+种植户"的模式,由政府提供政策扶持,企业提供技术指导,进行市场化经营,保底收购薏仁米,提高小农户收入,如鸡骨村900多户村民种植4000亩薏仁米,每户年均增收4000元左右;三是随着当地薏仁米产业规模的扩大,创造了良好的市场经营环境,当地小农户逐渐改变了传统的粗放式生产经营方式,从粗加工发展到深加工,使小农户深度参与产业化发展,提高了社会化分工水平。当前,薏仁米产业成为兴仁县覆盖小农户最多的产业,产业化的发展推动了农业经营组织的发展,也推动了小农户实现现代化的生产经营。以此也说明了小农户融入现代农业产业体系是小农户融入现代农业体系的最高层次,对于小农户融入现代农业生产体系、经营体系均能发挥作用。

第四节 本章小节

本章在第四章、第五章、第六章的理论分析基础上,以山西省洪洞县、贵州省娘娘山产业园区、贵州省兴仁县带动小农户融入现代农业体系为案例,对不同的实践模式予以分析。研究表明,制度的改革和新型农业经营主体组织化的建设对于推动小农户融入现代农业体系至关重要。

在实践中,不同案例实现带动小农户融入现代农业的层次和程度并不相同,增加的农业效益、节约的成本、获益的情况也不同。山西省洪洞县的案例重点是通过农业社会化服务组织为小农户提供现代农事服务,带动小农户融入现代农业生产体系,这样的方式帮助小农户解决了"怎么种"的问题;贵州省娘娘山产业园区的重点是通过小农户统一核算、统一经营带动小农户融入现代农业经营体系,以新型农业经营组织的建设带动当地小农户融入现代农业生产体系、产业体系;而贵州省兴仁县薏仁米的案例重点在于通过产业的建设,倒逼产业组织的创新,带动小农户融入现代农业生产体系、经营体系和产业体系。这些案例说明在不同组织形式、发展模式下带动小农户融入现代农业体系的水平是具有差别的。也说明现代农业体系是有层次的，现代农业生产体系对于经营体系、产业体系来说是基础；现代农业产业体系的发展能够倒逼经营体系、生产体系的变革，决定现代农业体系的高度；现代农业经营体系是现代农业生产体系、产业体系的有力支撑。因此，现代农业三大体系是一个相互关联的系统。

第八章 小农户融入现代农业体系的国际经验及启示

世界各国由传统农业转向现代农业,所处的社会经济发展阶段、自然资源、文化传统不同,农地制度、农业经营管理制度也具有差异,农业现代化的路径、方式等也不尽相同。发达国家农业可分为土地私有制基础上的私人大农场农业和土地私有制基础上的小农家庭农业。其中,代表小农家庭农业的日本、韩国、荷兰等国家在农业现代化进程中已实现了由传统的小农经济向集约化、组织化、产业化的现代农业转变。虽然这些国家的社会经济体制与中国具有差异,但实现现代农业的方式方法、农业政策、经营管理、农业经营组织模式等对中国小农户融入现代农业体系具有一定的启发和借鉴意义。因此,本章分别对日本、韩国、荷兰如何推进小农户实现现代农业进行研究,以期能为中国小农户融入现代农业体系提供经验借鉴。

第一节 日本小农户融入现代农业体系的经验

日本在第二次世界大战后实行"耕者有其田"的土地政策,推行以分散家庭经营为主的个体小生产。土地供给缺乏弹性,人地矛盾突出。加之日本土壤贫瘠,四分之三以上都是山地丘陵,只拥有少量的平原,可谓农业生产条件恶劣。截至 2015 年,日本户均经营规模为

220平方千米,[①] 依旧以小规模生产为主。日本从第二次世界大战后至今,走出了一条富有特色的农业现代化道路,其经验值得借鉴。

一 日本现代农业发展历程

日本的农业现代化进程主要经历了以下三个阶段。

第一,现代农业起步阶段(20世纪50年代初期至50年代中期)。第二次世界大战期间,日本农业发展受到阻碍,粮食严重缺乏。日本政府以农村民主化和粮食增产为目标,采取了一系列提高土地产出率、增加单位面积产量的措施。同时,收购地主土地,低价转卖给佃农,实现农地所有权与经营权的统一,改变农地经营制度,提高生产积极性。此后,为了进一步消灭地主阶级,出台《农地法》巩固自耕农体制,通过《农业委员会法》《农地法》等法令严格限制土地买卖租赁。这一阶段,政策的制定虽然保障了农民的土地权益,但是《农地法》规定了不同地区土地保有量的上限,[②] 这一规定又阻碍了农地流转与集中,影响了规模化、机械化生产。

第二,现代农业基本实现阶段(20世纪50年代中期至70年代中期)。随着工业化的发展,农村劳动力大量转移,为农业规模化创造了条件。农村劳动力的外流提高了劳动力的要素价格,又进一步推动了劳动节约型技术的推广与使用。工业现代化为农业提供了大量的工业技术,推动了农业机械化、化肥化发展。同时,在保障"自耕农主义"的基础上,政府从20世纪50年代末先后多次修改《农地法》,取消了对购地、租地面积上限的限制,放宽了土地所有和转让等方面的约束,推进土地集中,提高土地经营规模。政府不断修改土地法、粮食法,采取生产、价格、结构等政策,放松市场交易规则,

---

① 叶兴庆、翁凝:《拖延了半个世纪的农地集中——日本小农生产向规模经营转变的艰难历程及启示》,《中国农村经济》2018年第1期。

② 在府、都、县居住的农户,每户上限为3町步(町步,日本土地面积单位,1町步约等于1公顷),在北海道居住的农户,每户上限为12町步。

为农业现代化快速发展提供宽松的市场环境。面对农地经营规模小、地块零散以及单独购买农业机械不合算等情况，具有规模经营特征的合作经济组织应运而生，成为"村落营农"①的雏形。20世纪70年代中期，日本基本实现农业机械化，80年代跻身世界机械化水平的前列。

第三，现代农业完善阶段（20世纪70年代中期至今）。随着以机械化为标志的现代农业逐渐完成，全民对农产品质量提出了新要求，日本进入了现代农业提质发展的阶段。这一阶段的主要任务是建设现代农业生产经营组织，在提高生产率的基础上解决"石油农业"的弊端，着力发展有机农业、生态农业、绿色农业等现代农业模式。1992年出台"新粮食农业农村基本政策"，提出个别经营体和组织经营体的概念。1999年出台"新粮食·农业农村·基本法"，提出培育"有效且稳定的农业经营体"，注重完善村落型法人的生产组织功能。生产经营组织能力的持续提高克服了小农户生产的弊端，保障了农产品的质量，促进了经济、生态、社会和环境的有机统一。当前，面对现代农业发展动力不足、小农户收益降低等新情况，日本提出，发展第六产业②促进农业转型升级，通过食品加工、农产品流通、销售、信息服务等延长农业产业链，鼓励小农户开拓销售渠道，发展"农家乐"式的观光农业，拓展现代农业的深度和广度。

二　日本小农户融入现代农业体系的关键措施

日本小农户实现现代农业的主要措施涉及四个方面。

一是强有力的制度支持。首先，不断推进土地制度改革。第二次

---

① 目前的村落营农大致有两种类型：一种是由少数大型骨干农户联合组成接受作业委托的合作经营组织，这种类型的组织成立时没有包括整个村落，但是在村落全体居民同意的基础上成立的，从这个意义上也可以把它叫作"村落营农"。另一种类型是把村落内男女老少都集合起来，由地域全体人员进行的合作，这才是真正意义上的村落营农。

② 第六产业即是指将第一、第二、第三产业融合在一起的产业，将3个产业相加，即1 + 2 + 3 = 6。

世界大战后的日本首先确立了自耕农的生产地位,实现了农民间的平均主义,保障了小农户的土地权利。随后,针对严峻的人地矛盾,日本农地制度经历了从严格到宽松的转变,从注重保障小农户利益到实现经济发展并重。在实行《国民收入倍增计划》后,农村劳动力向非农领域转移,客观上为农地规模化提供了条件。其次,通过颁布《农业协同组合法》《农业信用担保保险法》等系列法案,为小农户发展提供了金融保障。为稳定小农户收入,日本还出台了《农产品价格安定法》,承诺当市场价格低于小农户的生产成本时,农业价格安定基金为其弥补差额,[①] 若遇到灾害,也能得到一定的救济。在现代农业基本实现后,为加大发展生态农业的力度,连续出台有关治山治水、水资源保护、土地保护的法规并加强农药使用的管理,以制度为引领,走绿色、生态的现代农业道路。日本政府为农民提供了全方位的制度保障,快速推进了农业现代化。

二是对小农户投入大量的财政补贴。从1960年开始,日本小农户的收入约有60%来自政府补贴,其中包括基础设施建设、农业直接补贴、农业贷款、税收政策等。如小农户只需出资20%即可获得一栋温室大棚的全部产权,其余50%来自国家补助,30%来自县、市、町、村的补助,高额的补贴推动了设施农业成为日本最大的农业产业。直至2012年,政府补贴占小农户收入的比重仍然超过50%。[②] 为了克服小农户生产资金短缺的问题,政府和民间共同设立基金,为小农户提供租赁土地资金。对于山区地理条件差的小农户,政府还额外给予财政补贴,提高山区小农户的生产积极性。此外,为了降低农业的生产风险,成立由小农户投保和政府补贴各出资50%的农业保险基金,一旦小农户遭遇自然风险,可获得高达85%的赔偿。

三是不断完善社会化组织体系。日本社会化组织体系主要由两部

---

① 国家出资50%,县出资30%,农协和农户共同承担20%。
② 《日本农民收入过半为政府补贴》,http://intl.ce.cn/specials/zxxx/201310/23/t20131023_1656072.shtml。

分组成。首先，日本农业社会化服务主要由农协①完成，并在农协基础上建立"基层农协—都道府县联合会—全国联合会"三级体系。在政府的大力支持下，以市町村行政区域为基础成立不以营利为目的的基层农协，为农业生产产前、产中、产后环节提供金融、保险、税收、生产资料采购与推广、农业技术指导、农副产品销售、价格制定等方面的服务，实现生产、加工、销售等环节的衔接。农民成为基层农协的股东，分取农协所管辖的金融机构的利润，实现二次分红。农协所提供的综合性服务极大地减少了小农户的劳动生产投入，帮助和指导小农户合理优化配置，提高资源利用率。当前，日本已有99%的小农户加入农协。其次，日本设立村落型法人加强了对农村土地的管理。日本农业人口老龄化结构明显，60%以上为65岁小农户，子女不愿继承农业，闲置农地高达4000平方千米。为此，日本以村落为基本单位设立法人，小农户可以自愿以村为单位建立生产合作组织，以"组织经营体"的名义租赁闲置农地，再转租给愿意租种的小农户，解决了高龄小农户农地委托经营的问题。最后，日本在2003年提出了"村落型经营体"的概念，这种以村落为单位的生产组织极大地促进了农业的规模化经营。

四是注重农业技术研发和提高农村劳动力素质。为了迅速实现科技兴农，日本构建起以"科研机构、大学、企业"为主导的多主体参与的农业科研体系，建立科学的技术推广制度，侧重于应用基础与应用科学、基础理论、具体生产技术的研究，大力发展生物农业、循环农业等。针对日本规模小、地形复杂等现实条件，专门开发小型机械。同时，第二次世界大战后，日本加大基础教育以及专业教育，设置与农业相关的高中、大学、技术学院等，还专门成立农业经营大学校，加强农民的生产技能、对风险的应对能力、营销能力、数据分析能力、农业观等方面的培养，提高农民的素质，实现传统小农户转变为现代农户。

---

① 农协即农业协会的简称。

三 日本小农户融入现代农业体系的经验启示

日本经过第二次世界大战后 50 多年的发展，形成了家庭经营与农业组织经营并存的现代农业经营体系。从日本推动农业现代化的过程可以看出，日本小农户融入现代农业有两个必要条件：一个是大力推进工业化、现代服务业发展，推动农村劳动力转移到非农产业，解决农村剩余劳动力，提高土地规模经营，以机械化代替人工劳动力，提高农业规模化和机械化；另一个是建立完善的社会化组织及农业服务，减少农民在农业生产经营中的劳动投入，减少生产成本。结合日本农业现代化中的主要措施，中国在推进小农户现代化时可以有所借鉴。

一是加强对土地制度的变革。日本不断推进土地规模化的前提是充分保障小农户的所有权。对于中国来说，在土地制度改革中应首先明确集体所有权权能，保障农民承包权的稳定，积极推动经营权的流动。

二是与时俱进出台有关促进农业现代化的政策。农业现代化的初期应推进生产规模化、机械化。机械化在实现现代生产力替代传统的人力、畜力的同时，也更新了农业生产程序，不仅改变了人与土地的关系，还发展了新的人与人的关系。机械化发展对规模经营提出了更高的要求，进而推动了农业体制变革。

三是建立完善的农业经营组织体系。日本十分重视发挥农协的组织功能。我国农业经营应积极借鉴日本农协的运营模式，扶持合作社、农业协会等农业经营组织，充分发挥组织功能、协调功能，不断增强社会化组织功能。在借鉴日本农协运营模式的同时，还应加强农业经营组织自身生产能力的建设，而不是仅仅依靠政府特殊金融、保险业务和税赋优惠政策的扶持。

四是加大人力资本投入，注重对农民的教育，配套推进现代农户培养制度，帮助小农户树立现代农业观。

第二节　韩国小农户融入现代农业体系的经验

韩国地形多山，以丘陵为主，人均占有耕地面积约 0.7 亩，与我国农业资源禀赋相似。从农业基本情况来看，中韩两国小农经济占主要地位，农业兼业化明显，都具有农业现代化起点低、人地矛盾严重、小农思想根深蒂固以及城乡二元结构突出等问题。面对家庭生产规模小、小农户比重高的基本农情，韩国农业并未走规模化道路，而是在摸索中走出了以合作社为带动的现代农业道路，其有关措施值得我们思考和学习。

一　韩国现代农业发展历程

第一，现代农业奠定基础时期（20 世纪 50 年代至 60 年代）。20 世纪 50 年代前后，韩国土地主要集中于大地主手中，80% 的小农户少地甚至无地。全国超过一半的小农户都需要向大地主租种土地，并且租金费用占收入的六成左右，大部分小农户生活艰难。土地高度集中于大地主，阻碍了韩国农业的发展。随着第二次世界大战的结束，1948 年"大韩民国"的成立面临着土地高度集中、粮食严重短缺等问题，因此，政府在全国范围内展开土地制度改革，有偿征用和有偿分配处置从日本殖民者手中没收的"归属土地"。截至 1952 年年底，政府将 90% 的土地有偿分配给农民，实现了"耕者有其田"，家庭小农场的主导地位得以建立。土地私有的确立，改变了土地归地主所有，推动了地主将土地资本转化为产业资本，加速了原始资本积累，同时土地私有的确立、产权的明确，极大地调动了小农户的积极性，也为后期合作组织的兴起奠定了基础。

第二，现代农业起步阶段（20 世纪 60 年代至 70 年代）。进入 20 世纪 60 年代以后，韩国首先制订了增产粮食的计划，大力推进对农村基础设施的建设，配套建设农村金融机构，解决小农户资金短缺问题。但是由于当时政府更加重视发展工业，地方政府并未有效实施这些政策，其执行效果也不突出，加之美国对其实施低价粮政策，挫伤了小农户的积极性，农业发展停滞不前。此后，韩国先后提出第一个五年计划（1962—1966年）、第二个五年计划（1967—1971年），不断加大对农林渔业的投资，加强对灌溉等基础设施建设和廉价农药化肥等农业生产资料的供给。在军政府上台后，通过集权官僚自上而下推广新技术，并将分散小农户组织起来形成合作，鼓励农民向企业农民发展。虽然这一时期依旧以工业化建设为主，农业并未得到快速发展，但政府从各方面对农业予以支持，农业生产条件得到改善。

第三，现代农业发展阶段（20世纪70年代至80年代末）。随着第二个五年计划的实施和完成，韩国工业得到快速发展，政府的财政收入得以提高，进入工业反哺农业时期。这一时期，政府的重点是加大农业研究和推广服务的投资，提高化肥农药使用率，提高对农业机械化的投资水平，推广农业技术，建立商品化、专业化的生产基地等。随着"新村运动"的开启，韩国农业现代化进入快速发展阶段。农产品结构得以优化，农业生产经营模式向集约化、产业化发展。同时，在城镇化和工业化的推动下，部分农村人口转移，提高了剩余小农户的人均耕地面积，推动了小型机械向重型化、大型化机械转变，提高了机械化水平。进入80年代以后，韩国出台一系列推动农业改革的措施，如制定了"开放农政和综合开发"政策、对农业进行大规模投资与贷款、以村落为单位设立农产品"商品化、专业化"综合经营试验等，助力现代农业的稳步发展。农业现代化也提高了小农户的收入水平，快速缩短了城乡收入差距，1971年农民收入是城市工人收入的78.8%，到1974年，已达到104.5%，城乡收入差距基本持平。

第四，现代农业提升阶段（20世纪90年代至今）。1996年，韩国基本实现农业机械化，有机农业达到世界先进水平，实现农业现代化。此后，政府在农业领域致力于发展技术密集型农业，培养专门的经营型人才，将农渔村发展为富饶产业基地等，提升农业现代化质量，致力于建设具有国际竞争力的农业。通过持续完善农业制度、改善农产品结构、制定发展规划、大力开发新技术等，加快农业现代化。在产业化发展思想的指导下，韩国逐步建立复合型产业体系。这一阶段，政府依旧大力推进农业机械化和规模化经营，对机械的购买进行半价补贴，以推动农业生产全过程的机械化，提高家庭劳动能力。进入21世纪，韩国通过新型农业经营主体的协同发展，进一步提高标准化生产水平，打造出全产业链的高级现代农业。

二 韩国小农户融入现代农业体系的关键措施

韩国小农户实现现代农业的主要措施包括五个方面。

一是土地制度的改革为韩国实现农业现代化奠定了基础。韩国的土地制度以保障土地私有、"先分后合"为主线，解决小农户分散经营的问题，推动现代农业规模经营和合作经营。20世纪50年代实现"土地归耕者所有"的土地私有制，确定小农户私有产权，调动小农户的积极性；20世纪60年代至70年代，韩国完成农业国向工业国的转变，在小农户大量入城的背景下，政府鼓励小农户出售农地推动规模化生产，解决部分土地抛荒问题；20世纪70年代至90年代，在稳定所有权基础上推动合作化经营，激励土地联合使用；20世纪90年代至今，以《新土地基本法》《农地强制条约》等为引领，推动土地流转，实现规模经营。尤其是在2002年《土地法》的修正案中提出废除农场0.03平方千米的限制，不仅推动了小农户联合耕种，极大地促进了农场规模化，而且驱动了大量的工商资本涌入农村，加快了现代农业的发展。

二是政府出台系统的农业政策来改善小农户的生产经营环境。在资金方面，政府在连续三个"五年计划"中，持续加大对农业、农村的投资。实施价格保护和投入补贴政策，保障小农户生产粮食的收益，减轻小农户生产成本，如直接补贴化肥、农药等生产资料，设立有关农地管理、畜牧业发展的专项基金，保障小农户生产的顺利进行。针对生产资金缺乏的农民，制定信誉担保制度和农地抵押制度为其提供贷款，帮助小农户解决资金紧缺的困难。

三是建立农业协同组织（以下简称"农协"），提高小农户的组织化程度。韩国建立的农协，是由农民出资进行农产品的股份合作或专业合作、出口加工贸易合作等多元合作的、代表农民利益的合作经济组织。在农协的不断演变过程中，农协从简单地为小农户提供资金、农药、化肥等生产资料扩展到为小农户提供农业生产经营支撑、金融支撑和教育支援事业等，其中农业生产经营支撑包含培育产地、提供生产资料、帮助农产品流动加工销售、建设农产品流动市场等；金融支撑包括执行政府农业政策贷款、提供农业保险、信用保障等；教育支援包括务农指导、组合员教育、地区文化福利事业、国际交流等。韩国在改革中形成"基层农协—中央会"两级精简的结构，提高协会运行效率。其中，农协主要负责对小农户的生产经营指导，与小农户签订收购合同并支付定金，引导小农户计划生产，解决小农户的生产资金问题，到了农作物收获期，农协还会将农产品集中到批发市场，有效地解决小农户的销售问题，提高小农户的市场竞争能力。农协实现产销对接，形成小农户到消费者的生产流通产业链，减少中间过程，这种稳定的格局有利于农产品的规范生产与经营，有效地带动小农户的商品化和社会化生产。

四是开展"绿色革命"，提高小农户的科技水平。"绿色革命"是韩国基于小规模家庭经营的特点，以科技为引领，致力于提高农地单位产量的农业革命。首先，联合有关农业的单位、大学等共建农业科研体系。这一套体系主要由市场化主体主导参与，政府为其提供资金、技术等方面的支持，具有独立性。其次，政府组织建立农业技术中心、农业技术院和农村振兴厅以及农协、各地的村民会馆等科研推广机构，形成政府性科研推广体系。最后，大力推进农业教育培训，如农协组织定期的教育和培训，农业技术中心组织农民参观学习等。这些措施提高了小农户的科学技术水平。

五是开展新村运动,改善小农户的生产经营环境。从 20 世纪 60 年代开始,韩国城市化发展迅速,城乡差距加大,农村劳动力大量流向城镇,劳动力短缺影响了农业发展,也给城市带去了拥挤、污染等问题。从而,韩国政府在寻求农村和城市发展的平衡点中提出了新村运动。1971—1973 年,韩国政府无偿为小农户提供水泥、钢筋等建筑材料,激励小农户创建新农村。随后,政府又配套完善基础设施建设,极大地改善了农村的生产和居住环境。此外,不仅号召知识分子从事农村科技、知识的推广工作,助力小农户提高科学文化水平;还开展乡村文化建设、发展农产品加工等。新村运动的内容随着现代农业的发展需求而改变,全面改善了农村的生活生产状况,也提高了农民素质,稳定了农村劳动力。

三 韩国小农户融入现代农业体系的经验启示

韩国农业现代化是在确定土地私有制的基础上,在政府一系列政策的引导下,充分调动小农户的积极性而得以完成的。农协充分发挥组织功能,解决了小农户分散经营的问题;农业机械、科技的大力推广解决了小农户生产力低下的问题;新村运动改善了农村的生产生活环境。在自上而下的改革中,政府始终以小农户利益为根本,保障了小农户现代化生产的顺利运行,也启发了我们在推动小农户融入现代农业体系中要时刻把农民的合法利益放在第一位。结合韩国农业现代化中的主要措施,中国在推进小农户现代化中可以有所借鉴。

一是加强土地制度的改革。韩国在人多地少的情况下,不断放宽对土地制度的限制,推动了适度规模经营,对于中国来说,土地不能改变所有权性质,那么就需要加强经营权的改革,盘活土地经营权。

二是持续性地加大对农村、农业、农民的投入。在韩国推进农业现代化的进程中,政府充分发挥主导作用,不断加大对农业产业的投入,大力推进基础设施建设以及推动现代农业科研体系等建设,为韩国农业的发展注入了活力，逐渐改变了农业的弱质性。中国在发展现代农业中，也需要注重对农业的持续性投入，通过产权制度的改革，将一次性的投入转变为持续性的投入。

三是注重农业协会的建设，推动农业经营组织形式的创新。韩国农业协会是带动韩国小农户融入现代农业体系的最重要的组织机构，不仅为小农户提供了生产支持，还提供了具体的经营指导，小农户通过加入农业协会，实现了产业化的发展。同时，农业协会也成为联结政府和市场的桥梁，在辅助政府制定产业规划、实施产业政策的过程中，也发挥了重要的作用。中国可以借鉴农业协会发展模式，加强顶层设计，推动农业协会功能的完善，通过农业协会、农民专业合作社、合作社联合社等多元化的组织形式提高小农户组织化能力。

四是持续推动农业机械化。韩国农业现代化不断推行农业机械化，无论是小型机械还是大型机械，都成为提高小农户生产水平、提高效率的主要方式。中国同样面对兼业化严重、老龄化等问题，也可通过持续的机械化提高劳动效率。针对中国机械化程度低的现状，不仅要加大对农业机械的补贴，支持丘陵山地农业机械研发；还要创新土地经营模式，如通过土地托管、代耕代种等模式提高土地机械化程度。

五是建立完整的产业链，提高小农户的产业化水平。为了提高小农户分享现代农业产业收益比重，韩国主要通过一个区域或一个村生产一种农产品，并在原产地直接进行分选分级和包装，减少加工公司的参与。通过延长产业链，当地小农户直接获得产品增值的收益。中国农业产业化发展比较慢，很多地区小农户产业优势不明显，未能建立起完整的产业链，中国应加强对有关农业产业发展的政策支持，推动产业化的发展，推进第一、第二、第三产业的融合。

六是发展乡镇，持续推进乡村振兴。在实现机械化以后，韩国并未盲目实行农村人口城镇化，而是致力于加强农村建设，改善农村硬件设施，实行就近城镇化发展战略，协调城乡关系。这一点与中国的乡村振兴战略相契合，中国应坚定不移地实行产业兴农，以产业带动乡村发展，改善农村生活生产环境，合理推进小城镇和特色小镇建设。

第三节 荷兰小农户融入现代农业体系的经验

荷兰小农经济有着悠久的历史。荷兰是一个人多地少、农业资源缺乏的国家，国土面积约为4.2万平方千米。20世纪末，荷兰农业人口占总人口的54.9%，人均耕地仅有1.3亩。农场规模小、地块细碎、土地贫瘠等问题严重，沟渠、棚篱纵横，阻碍了农村道路、排水管道系统的建设，农业生产能力弱。单个家庭兼有种植业和养殖业，难以形成有效分工。进入20世纪以来，荷兰在先天条件极其不足的情况下，通过对农业的有效改革，走出了一条高度自动化、集约化、高产出率的现代农业道路。当前，荷兰已跃升为世界第二大农业出口国，现代农业成效突出，小农户也全面实现了现代化生产经营，荷兰的经验值得中国借鉴学习。

一 荷兰现代农业发展历程

第一，现代农业起步阶段（19世纪末至20世纪50年代）。第一次工业革命推动了蒸汽船的发明和广泛运用，促进了物资资源的跨国流动，大量的北美等地区粮食涌入欧洲，引发了欧洲农业危机。荷兰在危机面前并未采用简单的保护主义，而是坚持自由贸易路线，抓住粮价便宜机会，大量购买廉价粮食，全力发展畜牧业，调整农业产业结构，开启荷兰农业现代化之路。针对小农户分散经营的农情，荷兰制定合作社法，实施税收优惠，鼓励农民创建合作社，提高小农户的组织化效率。此后，在合作社的基础上形成基层和全国性的农民协会，进一步提高小农户的社会化组织程度。1929年经济危机爆发，荷兰农业发展再次受到重创。为了促进本国经济恢复，政府于1924年、1938年、1954年分别出台土地政策，推动农场之间互换零散土地，通过整合土地扩大规模效益。在规模经营的基础上，政府一方面大力推进农村基础设施建设，另一方面积极引进化肥、农药、农机等现代生产要素和设备。最终，在第二次世界大战结束时荷兰已基本实现农业小规模经营，土地单位产出率得到极大提高。第二次世界大战后，面对经济恢复性的发展和人们需求结构的升级，荷兰与时俱进地确立了出口导向型农业，大力扶持畜牧业发展。

第二，现代农业快速发展阶段（20世纪50年代至80年代中期）。在第二次世界大战后，世界格局发生了改变。西欧国家为了快速恢复经济，走上一体化的发展道路。1957年，欧洲经济共同体成立，荷兰抓住开拓欧洲市场的机会，加快调整国内农业生产结构，优化产业布局，在规模化的基础上发展机械化耕种、集约化经营、产业化生产，迅速实现从劳动密集型小规模生产方式向知识密集型、资本密集型生产方式的转变。首先，持续推动机械化。1950年荷兰仅有拖拉机1.8万台，1975年迅速增加到17.7万台。在1965年前后，荷兰成立了400多个专业性的农业机械化作业合作社，如全国联合收割机、捡拾压捆机、马铃薯和甜薯收获机、甜菜收获机等合作社。其次，持续推动规模经营。荷兰政府不断对土地调整相关法案进行修改，建设具有一定规模的、与现代农业相适应的、具有良好基础设施的现代农场。此外，以发放补助金或收购金等形式，鼓励老年农场主或经营欠佳的农场主离农，将土地转让给善于经营的农场主，优化农地配置。最后，持续投入大量的资金加强农村基础设施建设和农业技术研发，采用无土栽培、一年多生、温室控制等技术，提高农产品科技含量，新型技术极大地提高了小农户的生产效率、土地产出率。在1980年前后，荷兰凭借技术优势实现农业领先，荷兰农民人均收入达到欧盟平均水平的2.5倍。

第三，现代农业质量提升阶段（20世纪80年代中期至今）。进入20世纪80年代，荷兰畜牧业大量普及，农药化肥肆意使用，带来了严重的产品供给过剩、水土污染等问题。2008年的国际金融危机，荷兰高附加值的农产品受到强烈的冲击，政府和小农户将现代农业的发展重点转移到食品安全、环境保护等方面，注重农业的可持续发展。政府降低对农业的直接补贴，更加注重"研究、推广和教育模式的统一"。荷兰在提高农药、化肥、用水等生产物资的使用效率方面取得了显著的成效，绿色、可持续发展成为荷兰现代农业的标签。当前，荷兰正向循环农业过渡，以创新型农业推进荷兰现代农业升级。同时，随着农业利益分配的转变，产业链重心也转向食品加工和零售环节。农业生产经营主体之间的纵向合作所带来的经济效益逐渐优于农业生产经营主体之间的横向合作。普通农场生产端利益下降，1985—2008年各类农场大幅减少（见表8-1）。随着农场数量的减少，荷兰提高了单个农场的面积，推动了土地的规模化。

表8-1　　五类农场经营主体数量（1985—2008年）　　单位：个

年份	1985	1990	1995	2000	2005	2008
草食牲畜	63381	58326	54613	47075	41098	38883
园艺	18907	17975	15889	13281	10239	8532
大田作物	17560	16265	14663	13749	12358	11175
猪禽	12756	11807	10414	8382	6083	5545
混合	17542	14778	11873	9850	7532	6679

资料来源：瓦赫宁根经济研究所。

二　荷兰小农户融入现代农业体系的关键措施

荷兰小农户实现现代农业的主要措施包括四个方面。

一是建立合作共赢的农业合作制。荷兰合作组织可分为合作社和行业协会。合作组织的存在，推动了混合型家庭农场走向专业化生产。"农民合作社—基层农业协会—全国性农业协会"这样一种金字塔式的农业组织结构，极大地增强了社会化组织功能，解决了小农户分散经营的问题。首先，合作社是将小农户组织起来的重要载体，在带动小农户融入现代农业中发挥了关键作用。在长期对抗洪水的过程中，荷兰小农户形成了团结协作的精神，通过合作社将分散的家庭经营集合起来，是小农户的共识。从经营内容来看，合作社可分为农资购买合作社、销售合作社、加工合作社、农机合作社、信贷合作社等；从规模大小来看，合作社也可分为全国性合作社、地区性合作社和基层合作社。合作社主要为小农户提供农产品的统一收储、统一销售等专业的农事服务，使荷兰小农户可从事专业的农产品生产，提高农业专业化分工。目前，合作社为小农户提供超过一半的生产资料，也为小农户销售超过60%的农产品，甚至部分农产品如花卉、奶制品等几乎都由合作社销售。荷兰共有11.6万名小农户，分别加入2000个合作社。其次，行业协会、商品协会等组织将这一行业的生产经营组织或与某一商品有关的生产经营组织集合起来，从横向或纵向方面提高了农业经营组织的市场地位、政治地位，提高了小农场主的社会化组织程度，实现了信息互通、生产要素流动和资源共享。

二是建立"OVO 三位一体"。荷兰有着相当发达的农业科研（Onderzoek）、教育（Onderwijs）和推广（Voorlichting）系统，也被称为"OVO 三位一体"。从事农业技术研究的机构主要以政府单位为主，保障了小农户对先进农业技术的可得性。政府承担对农业技术推广的主要职能，并且设立地区咨询中心、推广咨询理事会等，开展有关技术和信息的推广工作。政府鼓励小农户、私人机构出资参与技术推广工作，形成以政府为主、以市场为辅的多主体参与的农业科技推广体系，保障农业科技推广的长期性和稳定性。荷兰还十分注重"人才战略"，国家于1876年成立国家农业学校并从1901年开始进行免费义务教育，始终把人放在首位，致力于建立高素质的农场主群体。从事农业及有关工作的青年必须完成2—4年的中级职业教育，这一教育以"干中学"为特点，理论学习只占10%，其余时间主要参与农业劳动，促使小农户快速掌握农业科技应用、吸取农业经验等，极大地提高了小农户的职业素质。此外，荷兰还通过实施"绿色证书"工程，培养大量的科技型劳动者，对带动小农户积极性发挥了极大作用。

第八章　小农户融入现代农业体系的国际经验及启示

三是分工明确的组织结构。荷兰农业基础性组织主要有家庭农场、农业合作社、股份制公司三种基本形式。家庭农场生产经营内容根据专业化分工要求确定，主要从事种植养殖业生产、初级农产品提供。农业合作社是由农场主组织形成的代表农民利益的经济组织，合作社负责将农民的初级农产品集合起来统一销售，提高了小农户在市场中的谈判地位，减少了单独交易带来的费用，提高了小农户的销售收入。合作社也为小农户提供有关的农事服务。合作社还承担政府和小农户之间沟通、协调的功能。在多元主体下，小农户将初级农产品与合作社、股份制加工公司或超市连锁公司建立起合作关系，形成小农户和合作社、公司之间相互依存、共同发展的利益联结机制。

四是因势利导的农业政策。灵活适用的农业政策降低了小农户生产的盲目性。首先，政策指导产业结构调整，推动产业升级、产业细化。在发展现代农业产业体系中，削减优势不足的大田作物，充分结合自然条件，发展畜牧业和园艺业，推动农业结构升级。重视种子研发、加工和销售，运用现代育种技术，大力开展种植品种的选育、改良，重视以温室种植为代表的设施农业等，以产业细分带动小农户融入现代农业。同时，政府引导小农户降低对初级农产品的生产，发展畜禽养殖业和高效种植业，优化产业结构。面对国家资源缺乏的现状，政府积极展开与周边国家的分工合作，充分发挥比较优势，形成东部混合农业、北部畜牧业、西部粮油业、南部园艺蔬菜业的产业布局，提高了地区农产品的竞争性。进入21世纪，荷兰更加注重环境、资源的可持续发展，采取了一系列制度改革、立法、税收等措施，推动了现代农业的升级。如通过对土地制度的完善，设置农用地和非农用地，加强对农用地的绿色保护，通过限制化学品的使用促使不宜农作的土地退耕，通过税收政策鼓励发展可持续的农业生产等。其次，建立高效的市场信息流通机制。针对荷兰农业具有高出口的特点，政府专门设置荷兰大使馆农业处（40多个）负责市场调研，提供信息类的公共服务，及时发布有关信息，通过行业组织、协会等传递市场信息，指导农场、企业调整生产计划。最后，为了帮助自然环境恶劣地区的小农户改善产销环境，政府加大对农业基础设施的建设，积极参与环境脆弱地区的产销活动，对山区展开补偿性支付，协助山区小农户发展观光农业，解决发展不平衡问题。

三 荷兰小农户融入现代农业体系的经验启示

荷兰现代农业总体以高投入、高产出、专业化、产业化发展为特征，荷兰设施农业、农产品加工业、仓储物流业等都位于世界前列。荷兰推进农业现代化的政策措施、小农户的组织模式、发展路径等可为中国小农户融入现代农业提供借鉴。

一是积极发展政策的指导作用，推动产业结构升级。荷兰形成畜牧业和种植业的外向型产业结构，离不开政府对国内区域优势的研判。政府充分发挥对农业产业的宏观指导，审时度势地推动产业升级。从我国农业产业"三大体系"来看，农产品产业体系内部产品种类、品质结构不够优化，多功能产业体系种类较少，现代农业支撑体系发展不够完善，产业链较短，农业产业体系滞后于市场需求，需要实现优质化、专用化和多样化的发展，需要政府强有力的支撑，需要出台有关政策支持和保护措施，因地制宜地实施产业政策，加快建设高产值、高效益的农业产业体系。

二是创建面向小农户的农业科技创新体系。荷兰现代农业的快速实现主要得益于建立了高效的研发、教育、推广体系，科研成果能迅速转换为生产力，能带动每一位小农户农业技能的提高。中国正处在现代农业发展的重要阶段，尽管国家启动了系列改造农业生产的科技推广行动计划，但农业科技和教育投入有限，科技推广体系不完善。当前，我国农业科技进步贡献率接近60%，仍然落后于发达国家70%—80%的贡献率。因此，需要系统地制定政策推动农业科技研发体系、推广体系，全面提高小农户素质。

三是完善并切实发挥农业合作组织的作用。荷兰以家庭农场作为基本的经营组织，小农户与小农户之间形成了紧密的利益共同体，而不是竞争关系，小农户和合作社之间也是利益共同体的关系而不是对立关系。合作社主要为农场提供各种社会化服务，也为议会、政府制定农业政策提供建议。合作社不仅为小农户提供优质低价的农资，小农户将农产品销售给合作社后还能获得大部分的利润返还，合作社有效降低了小农户的市场交易费用，进而增加了小农户的收入，农民收入中60%是通过合作社取得的。中国可以借鉴荷兰农民合作社的经营模式，鼓励小农户自发组建合作社，规范合作社运营，推动合作社的专业化，以合作社为载体提高小农户的生产效率和技术水平。

四是实现农产品标准化生产。荷兰对农业的生产、流动等都制定了标准，家庭农场、农业企业等都需要严格按照标准进行生产经营，所有产品可溯源并匹配严格的信用体系，政府也积极发挥监督、支持、规范等职能。从而，荷兰具有高效的农产品流通速度，在农产品拍卖市场，即使购买者不看产品质量也能根据等级进行交易，降低了信息不对称带来的成本。中国农业体量大，农产品质量参差不齐，在推进小农户现代化进程中，可先在具有条件的地方建立严格的质量体系，培育高质量的农产品品牌，逐步提高农业标准化生产，全面提高农产品质量，促进农产品流通。

第四节 本章小结

本章通过对比人均耕地面积较少的日本、韩国和荷兰的农业现代化历程及关键措施，为中国小农户融入现代农业体系提供了经验借鉴。以上国家虽然发展历程不同，采取措施不同，但这些国家都是以小农户家庭经营为基础的农业经营方式，在推动小农户融入现代农业体系中具有共性。一是政府承担重要的职能，无论是土地制度的制定、财政资金的支持，还是科研体系的建设、产业的规划布局，政府都积极参与；二是以合作制为基础，建立代表小农户利益的合作组织并构建多层次的组织结构；三是具有高度发达的农业社会化服务体系；四是十分重视对小农户的培训教育。

中国正处于大力推动小农户融入现代农业体系阶段，农业基础薄弱，小农户生产能力整体低下，土地流转程度低等，面对这些情况都需要政府加强有关政策的制定，大力扶持农业发展。同时，这些国家农业现代化之路也说明，虽然现代农业是建立在一定规模上的农业，通过规模化可提高农业机械化，但规模化并不是现代农业的唯一出路，只有发挥组织化，将小农户纳入生产经营组织体系，才是农业现代化的根本出路。中国应大力发展具有社会化组织功能的生产经营主体，走集约化的道路。此外，还应以发展的眼光看中国现代农业。发达国家的农业现代化都经历了从注重农业生产效益到注重农业生产效益和生态环境效益兼顾的发展过程，中国在推进小农户融入现代农业体系的过程中，应树立长远的目标，杜绝资源消耗型农业、环境污染型农业，坚定不移地走生态可持续发展道路。

第九章 研究结论、政策建议及展望

第一节 主要研究结论

本书运用马克思主义政治经济学、新制度经济学、新古典经济学等理论分析方法和工具,对我国小农户融入现代农业体系进行研究。在论证中国小农户融入现代农业体系这一命题的科学性和现实性的基础上,分析我国小农户融入现代农业体系的内涵。再通过构建小农户融入现代农业体系的"制度—组织—行为"分析框架,对我国小农户融入现代农业体系的制度结构与均衡、组织构建与体系以及行为主体的选择进行分析,得到以下研究结论。

第一,我国小农户融入现代农业体系是一个符合理论和实际的命题。马克思主义经典作家所论述的"小农消亡论"特指封建主义、资本主义制度下自给自足的小农,具有特定的制度背景。"小农消亡论"的立足点是家庭生产,这是社会化分工落后的产物,随着资本主义的兴起,小农生产方式必将走向灭亡。其原因在于:一是随着社会分工的完善,家庭生产必然被社会化经营所取代;二是农业是服务于工业的产业,小农户分散经营不利于对工业产品的购买,小农生产方式也就排斥了社会生产力的发展,大生产将排挤小生产,小农生产必将走向灭亡。中华人民共和国成立之初,我国并未完全脱离自然经济状态,也未能进入发达的商品经济状态,农民具有强烈的发展商品和致富的意愿，盲目推进集体生产导致"去小农化"失败。随着我国市场经济的发展，家庭生产经营被卷入社会化分工体系，已改变一家一户完全孤立的生产模式，其生产的目的、经营方式、运行的内在逻辑、发展演变的动力机制都在发生变革。最重要的是，我国农村实行的是统分结合的双层经营体制，与马克思恩格斯所说的生产资料私有制具有本质区别。西方国家改造小农生产方式主要以牺牲农民利益为主，将土地所有权归属于大土地所有者，实际经营权归属于农业资本家即农场主，将农民转变成农业工人，形成"雇佣工人、产业资本家、土地所有者"三个相互对立又并存的阶级。农民遭受农业资本家与大土地所有者的双重剥削。这一改造方式虽然有效地推动了农业规模化生产经营，但与我国社会主义道路下实现共同富裕的根本目标相违背。同时，我国小农户生产经营方式具有根深蒂固的历史渊源，在改革开放以后，我国农村基本面貌已发生改变，家庭经营出现分化、小生产被卷入社会分工体系、机械化水平持续提高、土地流转的推动等，使小农户融入现代农业体系具有现实性。因此，我国提出小农户融入现代农业体系这一命题，是在坚持社会主义道路的基础上，将农业现代化和实现小农户生产经营现代化相结合，高度契合了我国基本国情、基本农情，这一命题具有科学性和现实性。

第二，现代农业体系包含现代农业生产体系、经营体系和产业体系，"三大体系"既相辅相成又各有侧重。小农户融入现代农业生产体系，重在通过生产要素的流动，解决小农户生产力低下的问题；小农户融入现代农业经营体系，从组织化视角看，重在实现小农户与农业经营组织之间的利益共享，要求将小农户纳入新型农业经营组织统一生产经营核算体系，侧重于改善生产关系的问题。而小农户融入现代农业产业体系，则重在推动小农户加入社会化分工体系，融入产业细分和产业融合过程，促进小农户成为现代农业产业体系的参与者和受益者。现代农业生产体系起基础作用，现代农业经营体系起支撑作用，现代农业产业体系起主导作用，现代农业产业体系决定现代农业体系的高度。因此，现代农业体系是有层次的，小农户通过不同的方式融入现代农业体系的不同层次，小农户实现现代化生产经营的程度和成效便存在差异。在坚持家庭承包经营制度的基础上，农业生产经营的组织化不仅能实现小农户融入现代农业经营体系，还是小农户实现生产现代化和产业化的重要途径，小农户融入现代农业经营体系成为小农户融入现代农业体系的重中之重。

第三，我国农村土地坚持集体所有与家庭经营相结合，农村经营制度实行家庭经营为基础、统分结合的双层经营体制，这是小农户融入现代农业的基础性制度。在这些制度的基础上，国家为推进农业的发展，保障农业用地安全，给小农户提供支撑，衍生出了一系列次级制度。一是为解决家庭承包制度下小农户生产经营的困境，推动土地产权制度改革，推进农村土地"两权分离"到"三权分置"，加强集体产权改革；二是解决小农户土地抛荒问题，形成土地流转制度；三是防范农地在使用中产生土地荒废、转为他用、污染等问题，加强土地管理制度建设；四是为保障粮食生产安全，建立支持保障制度，加强农业科技、财政、金融、保险、信息化发展、信贷、人才培训等一系列制度建设，全方位推进农业现代化。但由于制度需求者具有异质性，而制度制定者囿于偏好和有限认知，致使制度制定者和需求者的目标难以完全一致。加之既得利益者的施压、小农户处于弱势地位等一系列因素，导致小农户在发展现代农业中面临制度供给过剩和制度供给不足并存的问题。同时，由于制度的稀缺性以及路径依赖，政府作为资源的分配者，在"成本—收益"比较下更倾向于将资源向具有现代农业生产能力的新型农业经营主体倾斜，在一定程度上造成小农户边缘化，妨碍了小农户融入现代农业体系的进程。这就要求在农业次级制度变革中不仅要更加注重小农户的利益，还应推动小农户和新型农业经营组织建立更为紧密的利益联结体，形成小农户和新型农业经营主体协同发展的长效机制。

第四，我国已形成家庭类生产经营主体、合作经营组织、农业企业组织、新型农村集体经济组织等并存的生产经营组织体系。在家庭类生产经营主体中，专业大户、家庭农场是小农户的自我升级，专业大户、家庭农场的经营特性和小农户高度契合，成为小农户融入现代农业体系的重要途径。小农户将土地、资金等生产资料流转给专业大户、家庭农场，小农户因流转出土地经营权而获得土地租金，专业大户、家庭农场流转入土地经营权，再将土地连片生产，实现规模化、集约化经营。专业大户、家庭农场为小农户提供生产经营性服务并提供良好的示范性作用。专业大户、家庭农场通过内部组织的优化成为现代农业生产经营体系的微观基础。农民专业合作社是农民利益的联合，产权流动是合作社建立社会化组织功能的前提。小农户将生产要素所有权、使用权、决定权不同程度地让渡给合作社，与合作社构建契约模式、股权模式、混合模式等，合作社通过统一生产资料进行配置，建立起社会化组织功能。农业企业是以资本为组织动力的组织形式。农业企业以资本为纽带，联结现代生产要素与传统农业生产要素，再将这些生产要素进行整合与优化配置，发挥其社会化组织功能。无论是合作社还是农业企业，都具有进入组织内部的门槛与条件，而如何实现共同富裕，将所有小农户带入现代农业体系，则还需充分发挥农村集体经济组织的社会化组织功能。由于单个新型农业经营组织的社会化组织功能有限，为实现"利益共享、风险共担"，组织之间形成了再组织化，从而产生了合作社联合社、农业产业联合体、农业协会等更高级别的农业组织，进一步扩大了社会化组织功能的范围。在社会化组织功能的建设中，农业生产经营主体之间通过组织与再组织实现不同程度的分工合作，有效地提高了生产力，共同发挥起统分结合双层经营体制中"统"的功能。同时，社会化服务体系对带动小农户及其他农业经营主体融入现代农业生产体系和提高经营能力具有重要作用。当前农业社会化服务组织与新型农业经营组织已形成"你中有我、我中有你"的格局。培育新型农业经营组织与健全新型农业社会化服务体系，二者相辅相成，都是推动小农户融入现代农业体系的重要手段。

第五，小农户选择是否加入以及加入何种新型农业经营组织，其行为主要受思想变革与路径依赖、理性与非理性思维以及要素禀赋变化的影响。而新型农业经营组织的选择则主要受资产专用性、产权以及交易费用的影响，不同的组织类型具有不同的经济属性，直接反映为不同的组织行为。在小农户与农业经营组织的博弈中，专业大户、家庭农场比小农户具有更强烈的发展现代农业生产的诉求，更易成为农民专业合作社、农业企业的稳定成员。农民专业合作社能有效提高小农户的市场地位，成为小农户和农业企业的重要纽带。小农户和新型农业经营组织之所以选择组织起来，关键在于能够实现降低双方交易费用、提高规模效率和资源配置效率。新型农村集体经济组织这一特殊的组织形式，其行为不仅需要在市场经济规律下带动小农户生产经营，践行社会化组织功能；还要兼顾发挥基层组织服务、监督、管理等职能，实现经济职能和政治职能的协调。

第六，统分结合的双层经营体制是生产力与生产关系的统一，"统"的实质是农民认可的农业生产经营的社会化组织功能，能够发挥社会化组织功能的新型农业经营组织，即发挥"统"功能的主体。这从理论上转变了只有农村集体经济组织才具有"统"功能的传统观点，重新审视了我国农村基本经营制度中"统"与"分"的辩证关系。从分析来看，小农户融入现代农业体系的关键在于如何通过农民专业合作社、农业企业、农村集体经济组织以及具有更高级别组织功能的合作社联合社、农业产业联合体等与小农户产生生产资料流动、利益共享，实现生产要素的优化配置，形成社会化分工合作，这一过程在推动小农户融入现代农业体系的同时，也发挥了双层经营体制中"统"的功能。可见，实现小农户融入现代农业体系是巩固农村基本经营制度的新举措，坚持和完善农村基本经营制度是实现农业现代化的重要途径与手段，二者相辅相成，协同发展。

本书的研究结论表明，要推进小农户融入现代农业"三大体系"，关键是要在小农户与新型农业经营组织之间建立"风险共担、利益共享"的利益联结机制，充分发挥新型农业经营组织"统"的社会化组织功能。通过推动小农户融入现代农业经营体系改善生产关系，在现代农业生产、现代农业产业发展中提高生产力，推动小农户成为现代农业体系中的获利者、参与者，建立具有"制度—适用""组织—多元""行为—共赢"多特征的现代农业体系。

第二节 政策建议

基于本书的分析，实现我国小农户融入现代农业体系，应通过新型农业经营组织发挥社会化组织功能，推进社会化分工深化，实现生产力和生产关系的协调发展。结合研究结论和国外经验，推进我国小农户融入现代农业体系应从农业有关制度建设入手，发展具有社会化组织功能的生产经营主体，建设社会化服务体系，健全农村集体经济组织的功能，规范农业生产经营主体之间的行为。"国家直接调控"是中国特色社会主义市场经济的重要特征，[①] 其有效政策措施能在生产力和生产关系层面推动小农户融入现代农业体系，促进农业生产资料在"分"与"统"的矛盾运动中加速组织内部分工和深化社会化分工。为此，本书提出如下政策建议。

一 继续深化农村土地制度改革

农村改革的重点在于土地制度改革，土地制度是我国农村的基础制度之一。农业经营模式的改变，农业产业的发展，都离不开土地制度改革。土地制度改革是完善农村统分结合双层经营体制的重要内容，

---

① 汪洪涛、宋朝阳：《我国提高农村生产力的实践探索和理论创新——基于马克思主义生产社会化理论的分析》，《复旦学报》（社会科学版）2020年第1期。

对于推动小农户融入现代农业体系至关重要。

一是持续推进农村土地的"三权分置"制度。当前，我国已经完成了土地的确权颁证工作，农民土地进一步得到法律确认，巩固了农村土地承包权，接下来应在土地承包关系长久不变的基础上，继续深化"三权分置"改革。应在坚持土地集体所有、家庭承包经营的基础上，推动土地承包权与经营权分离，明确权利内容、权利主体、权利性质。二是完善土地流转制度和办法，建立分级资格审查制度、风险防范制度等，加强规范土地流转行为，严守土地用途。设立有关部门加强对土地流转者与承包者之间的土地流转合同的审核。平等保护土地经营权，赋予经营权抵押、担保等权能。明确农民集体、承包农户、经营主体在土地流转中的权利及责任。引导全国各地根据实际情况探索符合本地的土地流转模式，鼓励创新，发展多形式的适度规模经营。三是加快构建有利于新型农业经营主体发展的土地管理制度。在严格土地用途管制制度的基础上，配套新型农业经营主体建设用地指标，积极响应2020年中央一号文件提出的"设施用地可以使用耕地"政策，在土地转用原则下，提高农村用地制度的弹性。在法律允许的范围内提供建设用地，对新型农业经营主体所需的建设用地征收有偿使用费，科学选取土地质量指标，尝试将土地质量指标纳入土地流转合同中。四是兼顾部分小农户对于退出土地承包经营权的需求，建立依法有偿的土地退出机制，给予退出土地的小农户相应的经济补偿。

二 推动农村集体产权制度改革

在土地制度改革中，土地产权制度改革是土地制度改革的重中之重。当前，推动农村集体产权制度改革对于盘活农村资源、壮大集体经济实力、带动小农户发展具有重要意义，具体应从以下几个方面入手。一是集体资源产权确定以后，通过农村集体经济组织对集体资产采取自主经营、委托经营、合作经营等方式，提高集体资产获利能力。通过集体产权股份合作制改革，实现农民对集体资产的股份占有，赋予农民收益分配权、资产决策权等，赋予农村集体经济组织所有权实权，丰富处置权、收益权等权能，明晰小农户与农村集体经济组织之间的权利界限。二是充分发挥农村集体的农地所有权对土地进行管理和整合的功能，将小农户撂荒的土地经营权统一起来，通过集体转包，租赁给其他农业生产主体并收取一定的承包费，对超出承包地范围的农户收取一定的管理费。三是推进集体资产股份细分，赋予小农户集体产权，尽可能地将资源变资产。在股权设置方面，除了常见的土地股、资金股、劳动力股、知识产权股，还可以引导设置管理股、林权股、自然风光股、房屋股、水库股、基础设施股、技术（技艺）股等。鼓励小农户用量化后的股份参与发展集体经济，发展多种形式的股份合作社，通过壮大集体经济，提升农村集体经济组织对小农户的服务能力。此外，还应建立更加公平统一的市场化制度，为股份制改革提供交易环境。推进农村土地权益价值化，做实集体土地所有权。

三　大力发展新型农业经营主体

完善农村基本经营制度，重点在于协调"统"与"分"之间的关系。"统"的实质是农民认可的农业生产经营的社会化组织功能，能够发挥社会化组织功能的新型农业经营组织，即发挥"统"功能的主体。只有充分发挥双层经营制度的优越性，才能在坚持家庭承包经营制的基础上克服小生产的弊端。不同的新型农业经营主体具有不同的组织功能，应鼓励小农户与新型农业经营组织建立紧密的利益联结，实现优势互补，协同发展，共同带动小农户融入多层次的现代农业体系。

一是加强基础性农业经营组织的建设。首先，大力培养专业大户、家庭农场。专业大户、家庭农场是现代农业的微观组织，既能优化小农户的内部组织结构，实现传统小农户向现代农户的升级，也能对周边小农户产生良好的示范带动作用。因此，要积极引导具有生产经营潜力的小农户升级为专业大户、家庭农场，同时各个地方因地制宜地出台认定标准，引导专业大户、家庭农场适度规模经营。其次，大力发展自发性农民合作社、农业企业、农村集体经济组织等组织形式，实现小农户、新型农业经营组织之间的要素流动和资源互补，以组织带动小农户融入现代农业体系。最后，在建设新型农业经营组织的基础上改善培育主体的环境，加强农村集体经济组织的政治和经济功能建设，充分发挥农村集体经济组织在带动小农户融入现代农业体系中的双重作用。

二是推行以政府牵头、积极引进龙头企业等具有产业化生产特征的新型农业经营组织，扶持农业产业联合体、农业协会、合作社联合社等具有更高级别的社会化组织功能的新型农业经营主体，创建产业平台，积极引导产业体系的构建。以新型农业经营组织为载体，发展"家庭农场＋农业企业""家庭农场＋合作社""家庭农场＋合作社＋企业""行业协会＋合作社""小农户＋合作社＋农村集体经济组织"等具有产业化发展的组织模式。同时，政府有关部门展开全国调研，总结归纳具有代表性的小农户融入现代农业体系组织模式，大力宣传可推广的发展模式，分享发展过程中的经验教训，快速提高小农户的组织化程度。

三是建立新型农业经营主体带动小农户的考核体系。新型农业经营主体与小农户建立的利益联结不同，带动小农户融入现代农业体系的层次也不同，带动小农户实现现代农业生产经营的能力也具有差异。应科学地建立新型农业经营主体带动小农户融入现代农业体系的指标体系，可涉及带动小农户的发展能力、获利能力以及服务能力等方面。对新型农业经营主体政策、资金扶持应直接与其带动小农户的能力挂钩，将新型农业经营主体与小农户之间的资源竞争关系转变为资源共享关系。

四 持续推进社会化服务体系的建设

农业社会化服务不仅能够为小农户、新型农业经营主体直接提供农事服务，带动小农户进行现代农业生产；还能提高小农户的经营能力，优化小农户的生产经营环境。因此，应大力加强对社会化服务体系的建设。

一是建立多主体的社会化服务体系。首先，要建立健全有关农业的公共服务机构。农业需要国家投入大量资金为其提供良好的发展环境，建立社会化服务体系能够快速带动小农户生产经营的现代化。其次，要发挥市场性农业经营组织对小农户的服务作用，尤其要鼓励代表小农户意愿的合作社开展农事服务，培养农业协会、合作社联合社等行业组织，发挥组织在科技、资金、信息等方面的服务，为小农户提供具体的生产服务，完善社会服务体系。由于农民专业合作社、农业企业等市场性经营主体都具有一定的准入门槛，社会化服务成本高、提供服务能力有限，难以辐射所有小农户，进而还需加强建设农村集体经济组织对小农户的社会化服务功能，通过推进新型农业经营体系和社会化服务体系协同建设，构建多主体、多渠道、多层次、全覆盖的社会化服务体系。

二是现阶段对小农户的社会化服务主要集中在生产环节，而对农业生产的前端服务以及农业生产的后端农产品加工、销售、运输等联结市场的服务都存在大量空缺，阻碍了小农户融入现代农业体系。因此，在社会化服务体系中，在兼顾完善农业生产服务的同时，应提供更多的经营性服务、产销服务，推动农业向专业化方向发展。地方政府可通过宣传先进的农业托管、菜单服务、农事服务超市等优秀案例，引导市场建设适合当地的社会化服务模式。此外，还应积极建设农村互联网工程，扶持农村电商，拓宽对小农户的服务渠道。

五 促进资源要素向小农户倾斜

长期以来，分散经营的小农户与新型农业经营组织形成竞争之势，小农户难以得到政策的有力扶持，需要从政策层面促进资源要素向小农户倾斜。一是各地有针对性地出台促进小农户融入现代农业体系的具体措施政策，优化支持保护制度，成立专项资金，合理利用价格支持和补贴政策，扩大良种补贴、农资补贴，建立政府和市场主体共同参与的金融服务、信贷服务，扶持为小农户提供小额贷款的金融机构，解决小农户在发展现代农业中的资金短缺问题，完善保险服务，降低小农户的经营风险。二是推动农村基础设施建设，加快电网、道路、水利等工程建设，推进农田改造，配套建设晒场、烘干、仓储等设施，通过基础设施的建设改善小农户生产环境，提高我国小农户的现代农业生产水平。三是制定有关政策法规维护小农户和新型农业经营主体的权利，明确双方义务。制定相关细则规范小农户和新型农业经营主体之间的合作合同，将双方权利和义务明文化，规范新型农业经营主体行为，督促服务型组织建立公开透明的服务价格体系并根据地方情况对小农户购买的农事服务提供补贴，让更多小农户享受社会化服务，防范新型农业经营主体凭借自身优势对小农户实行强买强卖，稳定小农户和新型农业经营主体之间的利益联结。四是始终加大对农村土地使用的监管，严格执行耕地准入和动态监管政策、耕地保护政策，积极发挥农村集体经济组织对土地的监管职能，对小农户、新型农业经营主体的土地用途和风险监管能力进行跟踪督查，严厉打击浪费土地资源以及更改土地用途等违法违规行为，保障小农户的根本利益。五是引导小农户在发展中组建代表自己权益的社会性组织，积极反映利益诉求，建立代表小农户发展现代农业的意愿表达渠道，以便政府机构听取、掌握农民的真实意愿，及时解决问题。此外，在制定具体政策时，还应注意我国小农户融入现代农业体系的效率具有明显的区域异质性。东部地区重在优化，中部地区重在稳健发展，西部地区重在提速，可通过加强地区的联系，提取一批具有代表性的实践模式，相互借鉴学习，在实践中严防"一刀切"。

六 加强对小农户职业技能的培养

我国小农户是现代农业最基础的参与主体、实践主体，只有提高小农户的生产经营能力，提高小农户对现代农业的认知，才能从根本上推动小农户现代化经营的实现。虽然国家在党的十八届三中全会中提出了科技兴农，但是小农户所掌握的科技能力极其有限，农民职业素质有待提高。现阶段，将小农户传统生产经营观念转变为现代生产经营观念，重点应加强对小农户职业技能的培养，树立小农户的现代农业观。一是完善对新型职业农民的培训体系，建立现代农民培训长效机制，改革配套的教育体系，尤其是在涉农学校，开办理论和实践相结合的有关农业生产经验的专业和课程，以"干中学"为教育理念，提高农业从业人员的操作能力，让农业培训成为系统工程。二是建立新型职业农民资格认定体系，对符合条件的农户颁发职业证书，分批次推动传统小农户转变为现代农户。通过内培外引，建立具有高素质生产经营管理能力的职业农民队伍，提高农民的综合能力。三是建立新型职业农民带动小农户的能力评价体系，鼓励并支持具有资格证书的农户创建新型农业经营组织，发挥新型职业农民带动、引领周边小农户的作用，给予具有带动能力的新型职业农民一定的政策、资金等支持，提高新型职业农民带动周边小农户的积极性。四是安排专项资金展开对现代农业有关内涵、实现方式、参与方式的宣传、培训，减少小农户获得培训的成本，提高农民参与的积极性，帮助农民树立正确的现代农业观念。鼓励学校、科研院所、农村集体等设立专门部门进行线下教学，结合互联网开展线上教学，发展多样化的培训方式，拓宽小农户获得现代农业知识技能的途径。

主要参考文献

一 中文参考文献

(一) 经典著作

《斯大林全集》(第11卷),人民出版社1955年版。

《马克思恩格斯全集》(第25卷),人民出版社1974年版。

《马克思恩格斯全集》(第47卷),人民出版社2006年版。

《马克思恩格斯文集》第1—9卷,人民出版社2009年版。

《毛泽东选集》(第三卷),人民出版社1991年版。

《邓小平文选》(第一卷),人民出版社1994年版。

《邓小平年谱(1975—1997)》(下卷),中央文献出版社2004年版。

习近平:《决胜全面建成小康社会 夺取新时代中国特色社会主义伟大胜利——在中国共产党第十九次全国代表大会上的讲话》,人民出版社2017年版。

(二) 中文著作

曹阳:《当代中国农村微观经济组织形式研究》,中国社会科学出版社2007年版。

陈敬山:《经济学与中国经济改革》,上海人民出版社1995年版。

韩喜平:《中国农户经营系统分析》,中国经济出版社2004年版。

贺雪峰:《组织起来:取消农业税后农村基层组织建设研究》,山东人民出版社2012年版。

黄少安主编:《制度经济学》,高等教育出版社2008年版。

蒋和平、辛岭：《建设中国现代农业的思路与实践》，中国农业出版社 2009 年版。

王慎之：《生产力理论史》，吉林人民出版社 1988 年版。

于金富：《马克思主义经济学的经典理论与现代观点》，中国社会科学出版社 2008 年版。

余练：《农业经营形式变迁的阶层动力》，华中科技大学出版社 2018 年版。

张宇、柳欣主编：《论马克思主义经济学的分析范式》，经济科学出版社 2005 年版。

周晓东：《农村集体经济组织形式研究》，知识产权出版社 2011 年版。

邹东涛主编：《社会主义市场经济学》，人民出版社 2004 年版。

（三）中文期刊

本刊编辑部：《我国土地管理进行重大变革——分级限额审批制度将废止》，《中外房地产导报》1998 年第 10 期。

蔡昉：《中国经济改革效应分析——劳动力重新配置的视角》，《经济研究》2017 年第 7 期。

蔡昉、王美艳：《从穷人经济到规模经济——发展阶段变化对中国农业提出的挑战》，《经济研究》2016 年第 5 期。

曹利群：《农村组织形态创新：现状与问题》，《农业经济问题》2000 年第 10 期。

陈航英：《小农户与现代农业发展有机衔接——基于组织化的小农户与具有社会基础的现代农业》，《南京农业大学学报》（社会科学版）2019 年第 2 期。

陈江：《家庭经营为基础、统分结合的农村基本经营制度的反思与重构》，《西华师范大学学报》（哲学社会科学版）2016 年第 4 期。

陈靖、冯小：《农业转型的社区动力及村社治理机制——基于陕西 D 县河滩村冬枣产业规模化的考察》，《中国农村观察》2019 年第 1 期。

陈磊、张春霞、许佳贤：《基于 DEA 的农业产业化龙头企业带动农户能力评价研究——以福建省 87 家龙头企业为例》，《经济问题》2011 年第 12 期。

陈锡文：《把握农村经济结构、农业经营形式和农村社会形态变迁的脉搏》，《开放时代》2012 年第 3 期。

陈锡文：《中国特色农业现代化的几个主要问题》，《改革》2012 年第 10 期。

陈忠明、郭庆海、姜会明：《居民食物消费升级与中国农业转型》，《现代经济探讨》2018 年第 12 期。

陈苗：《行为经济学的方法论困境》，《学术月刊》2018 年第 8 期。

程民选、徐灿琳：《对坚持和完善农村基本经营制度的新探索》，《江西财经大学学报》2018 年第 5 期。

程启智：《论马克思生产力理论的两个维度：要素生产力和协作生产力》，《当代经济研究》2013 年第 12 期。

池泽新等：《制度经济学的逻辑与中国农业经济组织形式的选择》，《中国农村经济》2003 年第 11 期。

邓大才：《论当前我国制度供给现状及制度变迁方式的转换》，《江苏社会科学》2002 年第 6 期。

丁长发：《百年小农经济理论逻辑与现实发展——与张新光商榷》，《农业经济问题》2010 年第 1 期。

董志凯：《当代中国环境变化与小农经济形态、作用变异》，《古今农业》2013 年第 3 期。

杜志雄、刘文霞：《家庭农场的经营和服务双重主体地位研究：农机服务视角》，《理论探讨》2017 年第 2 期。

段忠桥：《20 世纪 70 年代以来英美的马克思主义研究》，《中国社会科学》2005 年第 5 期。

范红忠、周启良：《农户土地种植面积与土地生产率的关系——基于中西部七县（市）农户的调查数据》，《中国人口·资源与环境》2014

年第 12 期。

冯小:《新型农业经营主体培育与农业治理转型——基于皖南平镇农业经营制度变迁的分析》,《中国农村观察》2015 年第 2 期。

傅丽芳、魏薇:《基于面板数据广义 DEA 的农业生产效率综合评价》,《统计与决策》2016 年第 6 期。

高帆:《过渡小农:中国农户的经济性质及其政策含义》,《学术研究》2008 年第 8 期。

高帆:《中国农地"三权分置"的形成逻辑与实施政策》,《经济学家》2018 年第 4 期。

高泽华:《生产社会化理论的本源与分析框架——对于马克思主义经典作家相关论述的总结和阐释》,《政治经济学评论》2017 年第 6 期。

耿明斋、吴乐、蔡胜勋:《农业适度规模家庭经营的理论思考与政策建议》,《河南大学学报》(社会科学版) 2015 年第 1 期。

管珊:《社会化服务的双重组织化:小农户与现代农业的衔接机制——基于土地托管模式的分析》,《当代经济管理》2020 年第 11 期。

郭红东:《我国农户参与订单农业行为的影响因素分析》,《中国农村经济》2005 年第 3 期。

郭津佑、石白玉、萧洪恩:《乡村振兴:中国现代化道路探索的新成果》,《贵州民族研究》2018 年第 12 期。

郭小聪:《制度分析的方法论评价——兼论马克思主义制度分析的方法论特征》,《中山大学学报》(社会科学版) 2006 年第 2 期。

韩长赋:《中国农村土地制度改革的历史变迁与创新实践》,《农村·农业·农民》(B 版) 2019 年第 1 期。

韩朝华:《个体农户和农业规模化经营:家庭农场理论评述》,《经济研究》2017 年第 7 期。

韩俊:《适度规模的家庭经营可以让农民更体面》,《农村工作通讯》2014 年第 4 期。

韩庆龄:《村社统筹:小农户与现代农业有机衔接的组织机制》,

《南京农业大学学报》(社会科学版)2020年第3期。

韩士元:《农业现代化的内涵及评价标准》,《天津社会科学》1999年第5期。

韩文龙、徐灿琳:《农民自发性合作社的组织功能探究——兼论小农户与现代农业融合发展的路径》,《学习与探索》2020年第11期。

韩喜平:《试论马克思的改造小农理论》,《当代经济研究》2002年第5期。

韩占兵:《中国新生代农业劳动力主体行为研究》,《华中农业大学学报》(社会科学版)2016年第3期。

何宇鹏、武舜臣:《连接就是赋能:小农户与现代农业衔接的实践与思考》,《中国农村经济》2019年第6期。

贺雪峰:《关于"中国式小农经济"的几点认识》,《南京农业大学学报》(社会科学版)2013年第6期。

贺雪峰:《论中坚农民》,《南京农业大学学报》(社会科学版)2015年第4期。

贺雪峰、印子:《"小农经济"与农业现代化的路径选择——兼评农业现代化激进主义》,《政治经济学评论》2015年第2期。

胡冰川:《改革开放四十年农业支持保护制度:脉络与发展》,《江淮论坛》2019年第2期。

黄宗智:《农业合作化路径选择的两大盲点:东亚农业合作化历史经验的启示》,《开放时代》2015年第5期。

黄宗智:《中国过去和现在的基本经济单位:家庭还是个人?》,《人民论坛·学术前沿》2012年第1期。

黄祖辉:《让合作社成为农村产业化经营的主力军》,《中国合作经济》2009年第10期。

黄祖辉、傅琳琳:《新型农业经营体系的内涵与建构》,《学术月刊》2015年第7期。

蒋南平、李博:《中国农业现代化的一个途径:基于人—地关系的现代小农经济模式》,《经济理论与经济管理》2012 年第 3 期。

蒋永穆:《积极探索农村基本经营制度的多种实现形式》,《社会科学辑刊》2017 年第 3 期。

蒋永穆、戴中亮:《小农户衔接现代农业中的价值创造与价值获取》,《社会科学研究》2019 年第 4 期。

蒋永穆、高杰:《农业经营组织与农业产业体系的多层级共同演化机理》,《财经科学》2013 年第 4 期。

蒋永穆、刘虔:《新时代乡村振兴战略下的小农户发展》,《求索》2018 年第 2 期。

蒋永穆、卢洋、张晓磊:《新中国成立 70 年来中国特色农业现代化内涵演进特征探析》,《当代经济研究》2019 年第 8 期。

景维民、白千文:《次级制度:转型的逻辑起点》,《天津商业大学学报》2009 年第 6 期。

Joachim von Braun:《全球化及其对小农户的挑战》,《南京农业大学学报》(社会科学版) 2005 年第 2 期。

孔祥智:《把准新时代创新农村双层经营体制的核心》,《农村经营管理》2018 年第 11 期。

孔祥智:《合作社需要再合作》,《中国农民合作社》2019 年第 7 期。

孔祥智:《农业农村发展新阶段的特征及发展趋势》,《农村工作通讯》2012 年第 2 期。

孔祥智、刘同山:《论我国农村基本经营制度:历史、挑战与选择》,《政治经济学评论》2013 年第 4 期。

孔祥智、穆娜娜:《实现小农户与现代农业发展的有机衔接》,《农村经济》2018 年第 2 期。

郎秀云:《关于小农户若干观点的辨析》,《马克思主义与现实》2019 年第 5 期。

李谷成:《人力资本与中国区域农业全要素生产率增长——基于

DEA 视角的实证分析》,《财经研究》2009 年第 8 期。

李谷成、冯中朝、范丽霞:《小农户真的更加具有效率吗？来自湖北省的经验证据》,《经济学》(季刊) 2010 年第 1 期。

李孔岳:《农地专用性资产与交易的不确定性对农地流转交易费用的影响》,《管理世界》2009 年第 3 期。

李尚蒲:《农村基本经营制度：在稳定的前提下不断完善——"中国农村基本经营制度学术研讨会"综述》,《中国农村经济》2013 年第 4 期。

李太淼:《论我国土地所有制结构的动态调整》,《江汉论坛》2019 年第 1 期。

李铜山、周腾飞:《小农户经营困境：表象、成因及破解》,《中州学刊》2015 年第 4 期。

李维安、丁军、朱光华:《论所有权与经营权分离形式的硬化机制——两权分离比较研究的启示》,《南开经济研究》1987 年第 3 期。

廖祖君、郭晓鸣:《中国农业经营组织体系演变的逻辑与方向：一个产业链整合的分析框架》,《中国农村经济》2015 年第 2 期。

林岗:《诺斯与马克思：关于制度变迁道路理论的阐释》,《中国社会科学》2001 年第 1 期。

林政:《对农业家庭经营组织的辩证思考》,《经济问题》2004 年第 10 期。

刘承昊:《新时代我国粮食生产小农户经营的现实性及其现代化路径探究》,《兰州学刊》2019 年第 9 期。

刘凤芹:《农业土地规模经营的条件与效果研究：以东北农村为例》,《管理世界》2006 年第 9 期。

刘明国:《我国农业发展进入新阶段》,《宏观经济研究》2010 年第 3 期。

刘守英:《适度规模家庭农场将成为我国农业经营主要形式》,《中国合作经济》2012 年第 12 期。

刘涛：《我国农民专业合作社发展的调查与建议》，《北京工商大学学报》（社会科学版）2012年第6期。

刘同山、吴刚：《农地资源错配的收益损失——基于农户农地经营规模调整意愿的计量分析》，《南京农业大学学报》（社会科学版）2019年第6期。

刘喜波、张雯、侯立白：《现代农业发展的理论体系综述》，《生态经济》2011年第8期。

刘笑萍：《论我国农村基本经营制度的演变与创新》，《经济地理》2009年第2期。

卢莉芳：《消费需求是社会生产力发生发展的永恒内在动力》，《管理学刊》2010年第2期。

卢现祥：《论制度变迁中的制度供给过剩问题》，《经济问题》2000年第10期。

芦千文：《现代农业产业化联合体：组织创新逻辑与融合机制设计》，《当代经济管理》2017年第7期。

陆倩、向云、孙剑：《类型划分与路径优化：一个新的合作社产权治理分析框架》，《农村经济》2018年第8期。

吕宁：《我国农产品消费的现状与趋势分析》，《商业经济》2017年第12期。

吕萍：《产业化：农业现代化的重要途径》，《贵州财经学院学报》2005年第4期。

吕一清、张东生：《如何有机衔接小农户与现代农业——基于新中国成立以来农户分化的现实思考》，《现代经济探讨》2020年第11期。

罗必良：《观念、制度与思想解放》，《广东社会科学》2008年第6期。

罗必良：《论农业分工的有限性及其政策含义》，《贵州社会科学》2008年第1期。

罗必良：《农业经营规模的效率决定》，《中国农村观察》2000年第 5 期。

罗必良：《小农经营、功能转换与策略选择——兼论小农户与现代农业融合发展的"第三条道路"》，《农业经济问题》2020 年第 1 期。

罗必良、李玉勤：《农业经营制度：制度底线、性质辨识与创新空间——基于"农村家庭经营制度研讨会"的思考》，《农业经济问题》2014 年第 1 期。

罗玉辉、林龙飞、侯亚景：《集体所有制下中国农村土地流转模式的新设想》，《中国农村观察》2016 年第 4 期。

毛飞、孔祥智：《中国农业现代化总体态势和未来取向》，《改革》2012 年第 10 期。

孟召将：《交易费用决定了农地流转契约选择——区域比较研究》，《江西财经大学学报》2012 年第 4 期。

米运生、罗必良、曾泽莹：《农村基本经营制度改革：中心线索、重点变迁与路径取向》，《江海学刊》2015 年第 2 期。

潘云：《对马克思小农经济改造理论的几点认识》，《中国农村经济》1991 年第 10 期。

逄树春：《法国、荷兰的农业现代化、产业化经营和农业合作制情况》，《上海农村经济》2001 年第 2 期。

朋文欢、傅琳琳：《贫困地区农户参与合作社的行为机理分析——来自广西富川县的经验》，《农业经济问题》2018 年第 11 期。

任红霞：《基于 DEA 模型的农业生态效率综合测度》，《统计与决策》2019 年第 6 期。

阮文彪：《小农户和现代农业发展有机衔接——经验证据、突出矛盾与路径选择》，《中国农村观察》2019 年第 1 期。

石晓平、郎海如：《农地经营规模与农业生产率研究综述》，《南京农业大学学报》（社会科学版）2013 年第 2 期。

宋伟、陈百明、陈曦炜：《东南沿海经济发达区域农户粮食生产函数研究——以江苏省常熟市为例》，《资源科学》2007 年第 6 期。

宋亚平：《规模经营是农业现代化的必由之路吗?》，《江汉论坛》2013年第4期。

孙新华：《农业经营主体：类型比较与路径选择——以全员生产效率为中心》，《经济与管理研究》2013年第12期。

孙亚范：《现阶段我国农民合作需求与意愿的实证研究和启示——对江苏农户的实证调查与分析》，《江苏社会科学》2003年第1期。

孙正东：《论现代农业产业化的联合机制》，《学术界》2015年第7期。

孙正东：《现代农业产业化联合体运营效益分析——一个经验框架与实证》，《华东经济管理》2015年第5期。

孙中华：《关于稳定和完善农村基本经营制度的几个问题（上）》，《农村经营管理》2009年第5期。

谭贵华：《改革开放以来农村基本经营制度的内涵演变》，《农林经济管理学报》2014年第4期。

唐忠：《改革开放以来我国农村基本经营制度的变迁》，《中国人民大学学报》2018年第3期。

汪洪涛、宋朝阳：《我国提高农村生产力的实践探索和理论创新——基于马克思主义生产社会化理论的分析》，《复旦学报》（社会科学版）2020年第1期。

王建军、陈培勇、陈风波：《不同土地规模农户经营行为及其经济效益的比较研究——以长江流域稻农调查数据为例》，《调研世界》2012年第5期。

王敬尧、魏来：《当代中国农地制度的存续与变迁》，《中国社会科学》2016年第2期。

王理：《正确认识西方经济学的非正式制度演化理论——基于马克思主义经济学的视角》，《海南大学学报》（人文社会科学版）2010年第1期。

王立胜：《改革开放40年的农村基本经营制度》，《当代经济研究》2019 年第 1 期。

王阳：《要素流动对发达国家农业经济发展的影响研究》，《世界农业》2014 年第 4 期。

王志刚、于滨铜：《农业产业化联合体概念内涵、组织边界与增效机制：安徽案例举证》，《中国农村经济》2019 年第 2 期。

卫思祺：《现代农业发展的要素整合与政策选择》，《中州学刊》2012 年第 3 期。

翁贞林、阮华：《新型农业经营主体：多元模式、内在逻辑与区域案例分析》，《华中农业大学学报》（社会科学版）2015 年第 5 期。

吴菊安、祁春节：《家庭农场和小农户生产效率的比较》，《江苏农业科学》2017 年第 3 期。

吴重庆、张慧鹏：《小农与乡村振兴——现代农业产业分工体系中小农户的结构性困境与出路》，《南京农业大学学报》（社会科学版）2019 年第 1 期。

伍嘉冀、杨君：《走向"终结"抑或迈向转型：传统"小农"的现代转向》，《西北农林科技大学学报》（社会科学版）2018 年第 1 期。

伍开群：《制度变迁：从家庭承包到家庭农场》，《当代经济研究》2014 年第 1 期。

徐旭初、吴彬：《合作社是小农户和现代农业发展有机衔接的理想载体吗?》，《中国农村经济》2018 年第 11 期。

徐勇、邓大才：《社会化小农：解释当今农户的一种视角》，《学术月刊》2006 年第 7 期。

许庆、尹荣梁：《中国农地适度规模经营问题研究综述》，《中国土地科学》2010 年第 4 期。

闫威、夏振坤：《利益集团视角的中国"三农"问题》，《中国农村观察》2003 年第 5 期。

阎世平、龚大永：《我国小农户经营困境与出路》，《广西大学学报》（哲学社会科学版）2018 年第 6 期。

姚洋：《中国农地制度：一个分析框架》，《中国社会科学》2000年第2期。

叶敬忠、豆书龙、张明皓：《小农户和现代农业发展：如何有机衔接?》，《中国农村经济》2018年第11期。

叶敬忠、张明皓：《"小农户"与"小农"之辩——基于"小农户"的生产力振兴和"小农"的生产关系振兴》，《南京农业大学学报》（社会科学版）2019年第1期。

叶兴庆、翁凝：《拖延了半个世纪的农地集中——日本小农生产向规模经营转变的艰难历程及启示》，《中国农村经济》2018年第1期。

于金富：《马克思恩格斯农业生产方式理论及其现实意义》，《经济研究导刊》2011年第30期。

于金富：《马克思主义经济学与新制度经济学的主要区别与科学综合》，《经济纵横》2008年第8期。

于金富、胡泊：《从小农经营到现代农业：经营方式变革》，《当代经济研究》2014年第10期。

苑鹏：《对马克思恩格斯有关合作制与集体所有制关系的再认识》，《中国农村观察》2015年第5期。

岳武、彭文戈：《马克思与诺斯的制度变迁理论比较研究》，《长春理工大学学报》（社会科学版）2017年第1期。

曾博：《基于组织形态发展的工商资本下乡合作模式研究——兼论农户主体权益保障》，《学习与探索》2018年第3期。

翟涛、胡俊、孙哲、韩旭：《我国农村基本经营制度的制度潜力与实现路径》，《农业经济》2016年第2期。

张德元：《农村基本经营制度的异化及其根源》，《华南农业大学学报》（社会科学版）2012年第1期。

张东生、吕一清：《农村基本经营制度变革及策略选择——改革开放40年的经验总结》，《现代经济探讨》2019年第6期。

张冬平、黄祖辉：《农业现代化进程与农业科技关系透视》，《中国农村经济》2002 年第 11 期。

张光辉：《农业规模经营与提高单产并行不悖——与任治君同志商榷》，《经济研究》1996 年第 1 期。

张河函、郭晴：《中国、日本、韩国农业政策对比研究》，《世界农业》2014 年第 1 期。

张红宇：《大国小农：迈向现代化的历史抉择》，《求索》2019 年第 1 期。

张红宇等：《中国特色农业现代化：目标定位与改革创新》，《中国农村经济》2015 年第 1 期。

张慧鹏：《现代农业分工体系与小农户的半无产化——马克思主义小农经济理论再认识》，《中国农业大学学报》（社会科学版）2019 年第 1 期。

张群、吴次芳：《我国土地用途管制的制度演变与优化路径》，《中国土地》2019 年第 3 期。

张树焕、李传松：《现代社会中自耕农持久生命力原因探析》，《华南农业大学学报》（社会科学版）2011 年第 2 期。

张晓山：《农民专业合作社的发展趋势探析》，《管理世界》2009 年第 5 期。

张孝德：《世界生态文明建设的希望在中国——第 7 届生态文明国际论坛观点综述》，《国家行政学院学报》2013 年第 5 期。

张孝德、张文明：《农业现代化的反思与中国小农经济生命力》，《福建农林大学学报》（哲学社会科学版）2016 年第 3 期。

张新光：《"小农"概念的界定及其量化研究》，《中国农业大学学报》（社会科学版）2011 年第 2 期。

赵海：《家庭农场的制度特征与政策供给》，《农村金融研究》2013 年第 12 期。

赵佳、姜长云：《兼业小农抑或家庭农场——中国农业家庭经营组织变迁的路径选择》，《农业经济问题》2015 年第 3 期。

赵平之：《马克思主义小生产理论与社会主义实践》，《毛泽东邓小平理论研究》1997年第4期。

周其仁：《家庭经营的再发现——论联产承包制引起的农业经营组织形式的变革》，《中国社会科学》1985年第2期。

（四）学位论文

陈军民：《新制度经济学视角下家庭农场的生成及运行效率研究》，博士学位论文，沈阳农业大学，2017年。

冯小：《去小农化：国家主导发展下的农业转型》，博士学位论文，中国农业大学，2015年。

李继志：《新型农民专业合作社：参与主体行为、组织制度与组织绩效》，博士学位论文，湖南农业大学，2014年。

廉高波：《中国农村经济组织：模式、变迁与创新》，博士学位论文，西北大学，2005年。

邵培杰：《中国现阶段农业生产方式变革研究》，博士学位论文，河南大学，2012年。

孙正东：《现代农业产业化联合体的理论分析和实践范式研究》，博士学位论文，北京交通大学，2016年。

汪艳涛：《农户分化背景下新型农业经营主体培育机制研究》，博士学位论文，中国海洋大学，2015年。

王春艳：《城镇化进程中小农生命力研究》，硕士学位论文，南京师范大学，2019年。

徐田：《中国共产党农业家庭经营思想研究（1978—2017）》，博士学位论文，西南交通大学，2019年。

张溪：《契约选择与农村土地经营权流转模式的创新研究》，博士学位论文，山东大学，2017年。

张学彪：《中国小农户经营规模变迁与生产效率研究》，博士学位论文，中国农业科学院，2018年。

周尤正：《中国特色农业现代化道路论》，博士学位论文，武汉大学，2014年。

（五）中译著作

［英］A. J. 雷纳、［英］D. 科尔曼：《农业经济学前沿问题》，唐忠、孔祥智译，中国税务出版社、北京腾图电子出版社2000年版。

［俄］A. 恰亚诺夫：《农民经济组织》，萧正洪译，中央编译出版社1996年版。

［美］道格拉斯·C. 诺思：《制度、制度变迁与经济绩效》，杭行译，格致出版社、上海三联书店、上海人民出版社2014年版。

［美］罗纳德·H. 科斯等：《财产权利与制度变迁》，刘守英等译，格致出版社、上海三联书店、上海人民出版社2014年版。

［美］斯蒂芬·P. 罗宾斯、［美］蒂莫西·A. 贾奇：《组织行为学（第12版）》，李原、孙健敏译，中国人民大学出版社2008年版。

［日］速水佑次郎、［美］弗农·拉坦：《农业发展的国际分析》，郭熙保等译，中国社会科学出版社2000年版。

［日］速水佑次郎、［日］神门善久：《农业经济论（新版）》，沈金虎等译，中国农业出版社2003年版。

［美］西奥多·W. 舒尔茨：《改造传统农业》，梁小民译，商务印书馆2006年版。

［英］亚当·斯密：《国富论》，谢宗林、李华夏译，中央编译出版社2011年版。

（六）报纸与网络文献

郭芸芸、胡冰川、方子恒：《2019中国新型农业经营主体发展分析报告（一）——基于农业产业化龙头企业的调查和数据》，《农民日报》2019年2月22日第7版。

郭芸芸、胡冰川、谢金丽：《2020中国新型农业经营主体发展分析报告（二）——基于农业企业的调查和数据》，《农民日报》2020年10月31日第4版。

张红宇：《发挥新型农业经营主体对改革的引领作用》，《经济日报》2017年2月10日第15版。

《日本农民收入过半为政府补贴》，http://www.jjckb.cn/2013-10/24/content_472400.htm。

《全国98%以上的农业经营主体仍是小农户》，http://www.gov.cn/xinwen/2019-03/01/content_5369755.htm。

《全国开始正式清理"空壳社"，骗补贴的好日子要结束了》，http://www.haonongzi.com/news/20190531/964.html。

《中办国办印发〈关于促进小农户和现代农业发展有机衔接的意见〉》，http://finance.people.com.cn/n1/2019/0222/c1004-30896030.html。

《中国农业科学院关于〈全国农业现代化评价结果〉的公示》，http://www.moa.gov.cn/xw/zxfb/201711/t20171117_5903945.htm。

屈冬玉：《这篇文章关系着全国2.6亿小农户：农业部部长手把手教小农户衔接现代农业》，http://www.sohu.com/a/207169441_355256。

屈冬玉：《以信息化加快推进小农现代化》，http://www.rmlt.com.cn/2017/0605/477119.shtml。

吴宏耀：《健全农业支持保护制度》，http://www.gov.cn/zhengce/2015-11/04/content_2959815.htm。

二 外文文献

Allen, D. W., Lueck, D., "The Nature of the Farm", *Journal of Law and Economics*, Vol. 41, No. 2, Oct. 1998, pp. 343-386.

Assunção, J. J., Ghatak, M., "Can Unobserved Heterogeneity in Farmer Ability Explain the Inverse Relationship Between Farm Size and Productivity", *Economics Letters*, Vol. 80, No. 2, Aug. 2003, pp. 189-194.

Barnum, H. N., et al., "A Model of an Agricultural Household: Theory and Evidence", *World Bank Occasional Paper*, No. 27, Jan. 1979, pp. 105-107.

Becker, G. S., "A Theory of the Allocation of Time", *The Economic*

Journal, Vol. 75, No. 299, Sep. 1965, pp. 493 – 517.

Bissonnette, J. F., Rodolphe, D. K., "The Return of the Plantation? Historical and Contemporary Trends in the Relation between Plantations and Smallholdings in Southeast Asia", *Journal of Peasant Studies*, Vol. 44, No. 3, May. 2017, pp. 918 – 938.

Charnes, A., Cooper, W. W., Rhodes, E., "Measuring the Efficiency of Decision-Marking Units", *European Journal of Operational Research*, Vol. 2, No. 6, Nov. 1978, pp. 429 – 444.

Chavas, J. P., "Chapter 5 Structural Change in Agricultural Production: Economics, Technology and Policy", *Handbook of Agricultural Economics*, Vol. 1, Part A, Jun. 2001, pp. 263 – 285.

Cheung, S. N. S., "The Structure of a Contract and the Theory of a Non-Exclusive Resource", *Journal of Law and Economics*, Vol. 13, No. 1, Apr. 1970, pp. 49 – 70.

Chiappori, P. A., "Collective Labour Supply and Welfare", *Journal of Political Economy*, Vol. 100, No. 3, Jun. 1992, pp. 437 – 467.

Dethier, J. J., Effenberger, A., "Agriculture and Development: A Brief Review of the Literature", *Economic Systems*, Vol. 36, No. 2, Jun. 2012, pp. 175 – 205.

Fleisher, B. M., Liu, Y., "Economies of Scale, Plot Size, Human Capital, and Productivity in Israel Agriculture", *Quarterly Review of Economics and Finance*, Vol. 32, No. 3, Aut. 1992, pp. 112 – 123.

Frank, S. D., Henderson, D. R., "Transaction Costs as Determinants of Vertical Coordination in the U. S. Food Industries", *American Journal of Agricultural Economics*, Vol. 74, No. 4, Nov. 1992, pp. 941 – 950.

Ghosh, A. K., Maharjan, K. L., "Impacts of Dairy Cooperative on Rural Income Generation in Bangladesh", *Journal of International Development and Cooperation*, No. 8, Jan. 2001, pp. 91 – 105.

Gras, C., "Changing Patterns in Family Farming: The Case of the Pampa Region, Argentina", *Journal of Agrarian Change*, Vol. 9, No. 3, July. 2009, pp. 345 – 364.

Gutiérrez, R. L., et al., "Maintaining the Contract Responsibility System of Forest Land Distribution in China: Evidence from a Novel Financial Compensation Scheme in Daxi Village of Anji County, Zhejiang", *Land Use Policy*, Vol. 30, No. 1, Jan. 2013, pp. 863 – 872.

Helfand, S. M., Levine, E. S., "Farm Size and the Determinants of Productive Efficiency in the Brazilian Center-West", *Agricultural Economics*, Vol. 31, No. 2 – 3, Aug. 2004, pp. 241 – 249.

Hsieh, C. T., Klenow, P. J., "Misallocation and Manufacturing TFP in China and India", *Quarterly Journal of Economics*, Vol. 124, No. 4, Nov. 2009, pp. 1403 – 1448.

Ironstone, R. G., "Rural Renovation in les Landes, South West France: A French Regional Development Experiment", *Policy Reform*, Vol. 12, No. 27, 1968, pp. 347 – 482.

Lemba, J., et al., "Comparing the Technical Efficiency of Farms Benefiting from Different Agricultural Interventions in Kenya's Drylands", *Development Southern Africa*, Vol. 29, No. 2, May. 2012, pp. 287 – 301.

Lewis, A., "Economic Development with Unlimited Supplies of Labour", *The Manchester School of Economic and Social Studies*, Vol. 22, No. 2, May. 1954, pp. 139 – 191.

Li, G., Rozelle, S., Brandt, L., "Tenure, Land Rights, and Farmer Investment in Centives in China", *Agricultural Economics*, Vol. 19, No. 1 – 2, Sep. 1998, pp. 63 – 71.

Liu, S., Carter, M. R., Yao, Y., "Dimensions and Diversity of Property Rights in Rural China: Dilemmas on the Road to Further Reform", *World Development*, Vol. 26, No. 10, Oct. 2004, pp. 1789 – 1806.

Lobley, M., Potter, C., "Agricultural Change and Restructuring: Recent Evidence from A Survey of Agricultural Households in England", *Journal of Rural Studies*, Vol. 20, No. 4, Oct. 2004, pp. 499 - 510.

Michael, L., "The Theory of the Optimising Peasant", *Journal of Development Studies*, Vol. 4, No. 3, Aug. 1968, pp. 327 - 351.

Milovanovic, V., Smutka, L., Jusufi, G., "Cooperative Farming Potential for Establishing Food Security within Rural Bangladesh", *Acta Universitatis Agriculturae et Silviculturae Mendelianae Brunensis*, Vol. 64, No. 6, Dec. 2016, pp. 2067 - 2074.

North, N. C., "Economic Performance through Time", *American Economic Review*, Vol. 84, No. 3, June. 1994, pp. 359 - 368.

Paul, C., et al., "Scale Economies and Efficiency in U. S. Agriculture: Are Traditional Farms History?", *Journal of Productivity Analysis*, Vol. 22, No. 3, 2004, pp. 185 - 205.

Raungpaka, V., Savetpanuvong, P., "Information Orientation of Small-Scale Farmers' Community Enterprises in Northern Thailand", *Kasetsart Journal of Social Sciences*, Vol. 38, No. 3, Sep. 2017, pp. 196 - 203.

Sadoulet, E., Fukui, S., Janvry, A. D., "Efficient Share Tenancy Contracts under Risk: the Case of Two Rice-Growing Villages in Thailand", *Journal of Development Economics*, Vol. 45, No. 2, Dec. 1994, pp. 225 - 243.

Sauer, J., Davidova, S., Latruffe, L., "Determinants of Smallholders' Decisions to Leave Land Fallow: the Case of Kosovo", *Journal of Agricultural Economics*, Vol. 63, No. 1, Feb. 2012, pp. 119 - 141.

Syrquin, M., *Productivity Growth and Factor Reallocation*, London: Oxford University Press, 1986, pp. 75 - 81.

Tummalapalli, T. P. K., Swamy, V. R., Muralikrishna, I. V., "Land Resources Information System for Sustainable Land Use Planning", *Nature Environment and Pollution Technology*, Vol. 10, No. 4, Dec. 2011, pp. 525 -

534. Uzun, V., Shagaida, N., Lerman, Z., "Russian Agriculture: Growth and Institutional Challenges", *Land Use Policy*, Vol. 83, Apr. 2019, pp. 475-487.

后　　记

　　本书是在我的博士学位论文《我国小农户融入现代农业体系基于"制度—组织—行为"的研究》基础上修改而成的。从论文的选题、框架的构建到细节的敲定、文字的精练等无不凝聚着西南财经大学程民选教授的大量心血。在做论文期间，为获得更多的一手资料，程老师支持我赴贵州、安徽、浙江等地调研，引导我从实践中发现问题，分析问题，感恩程老师的教导与支持。

　　本书基于对我国小农户融入现代农业体系命题的思考，建构了"制度—组织—行为"分析框架，从制度的结构与均衡、组织的构建与体系以及行为主体的选择等方面，理论结合实际，进行了一般性的分析，加深了对我国小农户融入现代农业体系的认知。由于我国幅员广阔，农业发展情况不尽相同，不同地区的社会、经济和人文条件等存在很大的差异，尤其是东中西部地区的差异十分明显，表面上的一般性探讨尚需联系各地实际进一步研究。同时，现代农业及其体系又是一个发展中的概念，随着分工的细化，其表现形式也将更加丰富，新型农业经营主体的形式和带动小农户融入现代农业体系的具体方式也将不断发生改变，这一命题还需要进行动态研究，不断推进，可作为下一步的研究方向。

　　书稿能顺利出版，感谢贵州财经大学的资助，感谢中国社会科学出版社各位编辑的辛苦工作！

由于诸多原因，尤其是编者水平有限，书中难免出现个别纰漏，恳请各位专家、学者批评指正！

徐灿琳

2023 年 12 月 31 日